Tanja Popović

Vergangenheitsarbeit in post-jugoslawischen Zivilgesellschaften

Basler Studien
zur Kulturgeschichte Osteuropas

Band 22

Herausgegeben von
Thomas Grob, Andreas Guski, Heiko Haumann,
Frithjof Benjamin Schenk und Ulrich Schmid

Tanja Popović

Vergangenheitsarbeit in post-jugoslawischen Zivilgesellschaften

Eine lebensweltliche Analyse anhand von Beispielen aus Serbien, Kroatien und Bosnien-Herzegowina

PVER
VALA
ERNG
LAGO

Publiziert mit freundlicher Unterstützung des Max-Geldner-Fonds und des Dissertationenfonds der Universität Basel.

Bibliografische Informationen der Deutschen Nationalbibliothek

Die Deutsche Nationalbibliothek verzeichnet diese Publikation in der Deutschen Nationalbibliografie; detaillierte bibliografische Daten sind im Internet über http://dnb.dnb.de abrufbar.

Umschlaggestaltung: Simone Ackermann, Zürich
Satz: Michael Anderau, Belzig
Druck: Rosch Buch, Scheßlitz
ISBN 978-3-290-22032-7

www.pano.ch

Inhalt

Für Dana

Vorwort

Die vorliegende Arbeit basiert auf meiner Dissertation, welche im Zeitraum 2010 bis März 2013 entstand, und wäre nicht möglich gewesen, ohne die Teilnahmebereitschaft zahlreicher GesprächspartnerInnen in Kroatien, Bosnien-Herzegowina und Serbien, die sich fast ausnahmslos sehr aufgeschlossen und am Thema interessiert gezeigt haben. Ihrer offenen, vertrauensvollen Haltung und ihrer Hilfsbereitschaft in Bezug auf Kontaktvermittlung, Büchergaben oder weiteren Hinweisen sei an dieser Stelle zuvorderst herzlich gedankt. Eigentlich wäre die ausführliche namentliche Nennung sämtlicher InterviewpartnerInnen an dieser Stelle diesem Dank angemessen; da den GesprächspartnerInnen Vertraulichkeit zugesichert wurde, muss jedoch entsprechend davon abgesehen werden.

Nicht alle geführten Interviews sind schliesslich zur lebensweltlichen Analyse herangezogen worden: manche Biografien hätten den Untersuchungsumfang gesprengt und wären es vielmehr wert gewesen, im Zentrum einer eigenen Untersuchung zu stehen. Andere Gespäche hingegen ergaben wichtige und spannende Einsichten, aber wurden im Hinblick auf eine möglichst grosse Bandbreite verschiedener Erfahrungen und Analysekategorien zurückgestellt. Gleichwohl haben alle Eindrücke das Bild der zivilgesellschaftlichen Sphäre, die hier im Vordergrund steht, mitbeeinflusst und bereichert.

Der Geduld und Unterstützung meiner Doktorväter an der Universität Basel, Prof. em. Dr. Heiko Haumann und Prof. em. Dr. Georg Kreis, verdanke ich es, dieses Unterfangen in Momenten des Zweifels und angesichts anderweitiger beruflicher Verpflichtungen zu Ende gebracht zu haben. Ihrem fachlichen wie persönlichen Engagement verdanke ich es, dass die letzten Jahre nicht nur inhaltlich, sondern auch in persönlicher Hinsicht eine immens bereichernde Zeit des Lernens und der Entwicklung waren.

Jonathan Sisson, ehemals bei Swisspeace und zuletzt beim Eidgenössischen Departement des Äusseren (EDA) verantwortlich für das Programm *Dealing with the Past* für die Region des ehemaligen Jugoslawiens/Westbalkan, bestärkte mich darin, mich diesem Thema zu widmen und gab mir wichtige Impulse mit auf den Weg.

Meinen langjährigen FreundInnen und engen Kolleginnen Julia Richers, Margarete Polus Dangerfield, Elke Balzhäuser, Vuk Djurović, Annina Bürgin und Michaela Jordi möchte ich herzlich für ihre wertvolle und tatkräftige Hilfe beim Reflektieren, Sichten, Kommentieren und Motivieren danken. Neda Schön und Nicolas Moll haben mich dankenswerterweise mit Kontaktempfehlungen ebenso unterstützt wie Lola Djurovic mit ihrer herzlichen Gastfreundschaft bei den Interview-Aufenthalten. Der sorgfältigen Korrektur durch Julia Schramm verdankt die Arbeit eine entscheidende Aufwertung.

Nicht unerwähnt bleiben darf das Europainstitut der Universität Basel, dessen ganzes Team mir über viele Jahre ein kollegiales und stimulierendes Umfeld bot. Zu diesem gehörten ebenso verschiedene Abteilungen der Universität Basel, die sich mit zahlreichen Nachwuchs-Programmen vorbildlich für den Erfolg von Dissertationsprojekten einsetzen und die mir beispielsweise mit Reisefondsbeiträgen für die Interview-Reisen, mit Beratungsangeboten und Förderprogrammen geholfen haben, so manche Schwierigkeit aus dem Weg zu räumen; insbesondere Agnes Hess Bumbacher sei hier gedankt. Die Dissertationsjahre habe ich somit, weit über den inhaltlichen Rahmen meines Themas hinaus, als wertvolle Jahre der Persönlichkeitsentwicklung erfahren. Dankbar bin ich in diesem Zusammenhang schliesslich auch dem Max-Geldner-Fonds und dem Dissertationsfonds der Universität Basel, die mittels Druckkostenbeihilfen die Publikation dieser Dissertation möglich machten.

Dank gebührt schliesslich meiner Familie, Freunden und Bekannten, die mich über die Jahre – je nach Situation – mit nicht nachlassendem Optimismus oder diskretem Gleichmut auf die ein oder andere Weise getragen und diesem Projekt viel Verständnis entgegengebracht haben.

1. Einleitung

"One of the frequently stated goals of efforts to confront the recent past is to ensure that it will not be repeated. A part of this effort requires asking questions which go deeper than the investigations required for criminar prosecution.

[...] The problems posed by guilt are legal and technical, while the problems posed by responsibility are social and moral. Conceptions of collective guilt, while often politically popular, do not assist the process of dealing with responsibility. This process has to be engaged at home, through dialogue and reflection. It may be slow and is certain to be difficult and painful.

[...] An effort to build a culture of responsibility does more to challenge authoritarian legacies and lay a groundwork for a democratic future than any other intervention in political culture."

Eric D. Gordy[1]

1.1. Fragestellung und Zielsetzung

Die Zivilgesellschaft wird gemeinhin als ein gesellschaftlicher Aktionsraum betrachtet, dem eine besondere Bedeutung bei der Überwindung von Konflikten und dem Aufbau einer zukunftsfähigen, ‹inklusiven› Gesellschaft zukommt.[2] Entsprechend wird heute in Friedensverträgen und Massnahmeprogrammen der internationalen Konfliktbearbeitung sowie in der

1 Eric D. Gordy: What does it mean to break with the past? In: *Facing the Past, Facing the Future: Confronting Ethnicity and Conflict in Bosnia and Former Yugoslavia*. Ed. by Florian Bieber and Carsten Wieland. Ravenna 2005, S. 85–101, hier S. 95–101.

2 Vgl. Denisa Kostovicova: Civil Society in the Western Balkans: Vehicle for or Obstacle to Transitional Justice? In: *Conflict and Memory: Bridging Past and Future in (South East) Europe*. (Southeast European Integration Perspectives, No. 3). Baden-Baden 2010, S. 287–293, hier S. 288.

Entwicklungszusammenarbeit auf einen verstärkten Einbezug von zivilgesellschaftlichen Akteuren Wert gelegt.

Dies gilt inbesonders im Falle des ehemaligen Jugoslawiens, wo – trotz wichtiger juristischer Erfolge des Internationalen Strafgerichtshofs für das ehemalige Jugoslawien (International Criminal Tribunal for Former Yugoslavia, ICTY) – die gesellschaftlichen Implikationen relativ schwach ausfielen und zunehmend gar unerwünschte Wirkungen nach sich zogen, was andere und tiefergehende Formen der Vergangenheitsarbeit verstärkt in den Vordergrund rücken lässt.[3] In Anlehnung an den amerikanischen Soziologen Eric D. Gordy liegt hier die Anahme zugrunde, dass es eben die zivilgesellschaftlichen AkteurInnen sind, die für den Diskurs von Vergangenheitsarbeit und Wahrnehmung von Verantwortung eine Schlüsselrolle in den jeweiligen Gesellschaften spielen.

Ausgangspunkt der vorliegenden Arbeit ist das langjährige Interesse der Autorin am Umgang mit der Geschichte im ehemaligen Jugoslawien und seinen Nachfolgestaaten; sei es jener seitens der staatlichen Obrigkeiten, der Medien, verschiedener Öffentlichkeiten oder der individuelle. Stand einst die Instrumentalisierung der Geschichte seitens Staat, Eliten, Medien und Unterhaltungskultur mit ihren Auswirkungen auf die Alltagswelt der

3 Katarina Ristić: Silencing Justice: War Crime Trials and the Society in Former Yugoslavia. In: *Südosteuropa Mitteilungen*, 03/2012, S. 32–42. Ristić präsentiert darin Resultate von Diskursanalysen, wonach die Perzeption des ICTY weitgehend dem jeweiligen ethno-nationalistischen Selbstbild ent-spräche: Demzufolge fühle man sich in Bosnien-Herzegowina als grösstes Opfer der Kriege bestätigt; in Serbien hingegen einmal mehr als Opfer einer internationalen Verschwörung und in Kroatien werde das ICTY hautpsächlich zur Kenntnis genommen, wenn das Narrativ des gerechten Unabhängigkeits-krieges bestätigt würde. Vgl. Holm Sundhaussen: Metakriege. Kriegserfahrung und Kriegsbewältigung im ehemaligen Jugoslawien. In: *Kulturelle Orientierungen und gesellschaftliche Ordnungsstrukturen in Südosteuropa*. Hg. von Joachim von Puttkamer und Gabriella Schubert (Forschungen zu Südosteuropa, Bd. 4). Wiesbaden 2010, S. 161–200.

Menschen im Vordergrund[4] – gewissermassen ‹ein Blick von oben›, konzentriert sich diese Untersuchung auf ausgewählte zivilgesellschaftliche AkteurInnen[5] in ebendieser Region, die sich auf unterschiedliche Art und Weise der Vergangenheitsarbeit widmen und dies im Sinne einer grassroot-Bewegung, eines Engagements von ‹unten›. Im Vordergrund stehen dabei die individuellen Lebenswelten und persönlichen Geschichtserfahrungen dieser Menschen sowie ihre Beweggründe für ihr Engagement.

Das Interesse für das weite Feld des zivilgesellschaftlichen Schaffens in Ländern des ehemaligen Jugoslawiens ist auch vor dem Hintergrund eigener Arbeitserfahrungen in der Entwicklungszusammenarbeit zu verstehen. Eigene ehrenamtliche Aktivitäten als Wahlbeobachterin oder im Rahmen der Studierendengruppe für den Balkan conTAKT an der Universität Basel haben zusätzlich dazu beigetragen. Diese Auseinandersetzung führte zu vielfältigen Einsichten und neuen Fragestellungen, ermöglichte Erkenntnisse hinsichtlich formaler Prozesse und struktureller Bedingungen und lenkte das Augenmerk schliesslich auf die zivilgesellschaftlichen AkteurInnen und ihr Wirken im Spiegel ihrer eigenen Geschichtserfahrungen.

Im vorliegenden Fall soll weder eine Geschichte der zivilgesellschaftlichen Organisation(en) in jugoslawischen Nachfolgestaaten geschrieben noch die Wirkungen von zivilgesellschaftlich orientierten NGOs analysiert werden. Vielmehr soll der Versuch unternommen werden, einen bestimmten Bereich der zivilgesellschaftlichen Landschaft am Beispiel ihrer ProtagonistInnen näher zu erfassen und analysieren.

Die im Folgenden hier vorgestellten verschiedenen, individuellen Beispiele haben nicht den Anspruch, die Vielfalt oder Breite des zivilge-

---

4 Tanja Popović: *Die Mythologisierung des Alltags.* Kollektive Erinnerungen, Geschichtsbilder und Vergangenheitskultur in Serbien und Montenegro seit Mitte der 1990er Jahre (Basler Studien zur Kulturgeschichte Osteuropas, Bd. 5). Zürich 2003.

5 Im Folgenden wird, der besseren Lesbarkeit wegen, konsequent die Personenschreibweise vereinheitlicht und mit der Endung *-innen* verwendet, die jedoch grundsätzlich Angehörige beider Geschlechter umfasst. Die Endung *-innen* wurde bewusst gewählt, da in der vorliegenden Untersuchung eine Mehrheit der zivilgesellschaftlichen AkteurInnen Frauen sind. Hierzu mehr in Kapitel 4 und 5.

sellschaftlichen Schaffens abzubilden. Sie sind vielmehr – wie Puzzleteile eines grösseren Ganzen – als einzelne Beispiele zu sehen, die eingehender betrachtet und aus ihren individuellen Kontextualisierungen heraus, Einblicke in Motivationen, Erfahrungen und Erwartungen bieten sollen. Im Idealfall können anhand dieser ‹Miniaturaufnahmen› Muster herausgearbeitet, Besonderheiten aufgespürt und grössere Zusammenhänge sichtbar gemacht werden, in Bezug auf Menschen, die sich in Reaktion auf ihre Lebensumstände zum gesellschaftlichen Engagement entschlossen haben.

Allen AkteurInnen ist das Engagement für Themen der Vergangenheitsarbeit gemein; einem komplexen und sensiblen Themengebiet. Im Vordergrund stehen die lebensweltlichen Prägungen und Anschauungen, welche die individuellen AkteurInnen beeinflusst und ihre Motivation für das heutige Engagement mitgestaltet haben. Der Blick auf die Geschichte ist im vorliegenden Fall gewissermassen ein doppelter: So stehen AkteurInnen im Zentrum, denen es um die Beleuchtung und Diskussion dunkler, das heisst relativ unbekannter oder tabuisierter Flecken der Geschichte geht, wobei zum besseren Verständnis ihres Engagements, die jeweils eigene Geschichte und lebensweltlichen Erfahrungen herbeigezogen werden.

Dieses Erkenntnisinteresse orientiert sich an der Forschungsperspektive des Historikers Heiko Haumann:

> *«[...] Darüber hinaus ist insgesamt die Erforschung und öffentliche Diskussion der Geschichte eine erstrangige Aufgabe – und zwar beleuchtet aus der Sicht der Bevölkerung, vom Leben der Menschen her, nicht nur aus dem Blickwinkel der politischen Akteure und ihrer Ideologien. Dies muss selbstverständlich in der dortigen Region selbst geschehen. Auf diese Weise kann ein Beitrag dazu geleistet werden, dass sich die Menschen allmählich von den langwirkenden Mythen, von der Last der Vergangenheit befreien, dass sie ihre Identität kritisch reflektieren und in sich gefestigt an die Lösung der Zukunftsaufgaben gehen können. Der Umgang mit der Geschichte wäre dann eine Möglichkeit – im positiven Sinn eine ‹kulturelle Gewalt› –, eine dauerhafte Friedensordnung mitzugestalten. [...] Wenn die internationalen Organisationen ihre Anstrengungen darauf richten, für solche Aufgaben*

die notwendigen Voraussetzungen zu schaffen, werden sie den Menschen dort den besten Dienst leisten, ihren eigenen Weg in die Zukunft zu finden […]».[6]

Die erkenntnisleitende Frage ist, welche lebensweltlichen Erfahrungen für diese Personen prägend waren, was die Motivation für ihre gegenwärtige Arbeit in dem erwähnten Bereich ist und welche Erwartungen sie diesbezüglich für die Zukunft der Gesellschaft und Region, in der sie leben, haben. Ziel der Arbeit ist es, Erkenntnisse auf der Basis von Selbstzeugnissen zum besseren Verständnis für die Herausforderungen und Bedürfnisse jener Kräfte zu gewinnen, die sich aus unterschiedlichen Gründen der Vergangenheitsarbeit verschrieben haben. Darüber hinaus sollen, sofern aus diesem bescheidenen Blickwinkel ersichtlich oder ableitbar, Chancen und Grenzen dieses zivilgesellschaftlichen Engagements skizziert werden, um schliesslich Bedingungen für ein möglichst erfolgreiches Fortwirken zu formulieren.

Diese Untersuchung basiert auf der Überzeugung, dass *Dealing with the Past*, so der gängige Terminus in der Fachliteratur, eine unabkömmliche Bedingung für die langfristige, nachhaltige Befriedung der post-jugoslawischen Gesellschaften ist. Das schliesst sowohl die möglichst unvoreingenommene Auseinandersetzung der jüngsten Vergangenheit, das heisst der Kriegsereignisse der 1990er Jahre ein, als auch die Geschichte des Zweiten Weltkrieges und des sozialistischen Jugoslawien, unter Berücksichtigung der jeweils verschiedenen nationalen, gesellschaftlichen und politischen Ausprägungen. Gerade die Tatsache, dass die Ereignisse des Zweiten Weltkrieges nicht umfassend aufgearbeitet wurden, sondern unter ideologischen Vorzeichen im sozialistischen Jugoslawien instrumentalisiert oder tabuisiert wurden, schuf ein gefährliches Vakuum, in dem sich im Laufe der 1980er Jahre nationalistische Geschichtsinterpretationen, Ängste und Manipulationen wirkungsmächtig entfalten konnten. Vergangenheitsarbeit

6 Heiko Haumann: Geschichte als Waffe. Über die Bedeutung einer Aufarbeitung der Vergangenheit Südosteuropas. In: ders.: *Lebenswelten und Geschichte*. Zur Theorie und Praxis der Forschung. Wien, Köln, Weimar 2012, S. 22–34, hier S. 32.

versteht sich aufgrund seines präventiven Charakters in der vorliegenden Untersuchung stets auch als Arbeit an der Zukunft.

Eine andere Grundanahme folgt dem Ansatz der Politologin und ehemaligen Journalistin Jelena Subotić, demzufolge viele Jahre lang Massnahmen im Bereich der Transitional Justice – und dazu gehören auch *Dealing with the Past*-Massnahmen – in Serbien, Bosnien-Herzegowina und Kroatien zu wenig durchdacht, entsprechend zu wenig angepasst und schliesslich gar kontraproduktiv für einen echten, umfassenden *Dealing with the Past*-Prozess waren. Jelena Subotić kritisiert vor allem den Missbrauch von Transitional Justice-Massnahmen für aussen- und innenpolitische Zwecke, mit fatalen Folgen für die eigentlich angestrebten Ziele:

> *"Transitional justice institutions have become such a popular way of addressing past abuses that more and more states are adopting some mechanism of transitional justice. [...] States now use transitional justice to get rid of domestic political opponents, obtain international material benefits, or gain membership in prestigious international clubs, such as the European Union. [...] This domestic misuse of transitional justice norms, a phenomenon I call hijacked justice, is tremendously problematic and significant in that it greatly reduces the effectiveness of international justice projects, jeopardizes their legitimacy, and does not bring about the profound social transformations that countries coming out of violent conflict require."*[7]

Zentral ist auch ihre folgende Aussage, die sich auf das Beispiel Serbien bezieht:

> *"Transitional justice became a trading currency between local elites and the international community, effectively remaining the substantive issue of addressing past wrongs from the public debate."*[8]

Um zu gewährleisten, dass Transitional Justice-Massnahmen möglichst wirkungsvoll umgesetzt werden, sind nicht nur diese Massnahmen, sondern auch die handelnden Akteure von hoher Relevanz. Die hier zugrunde

---

7 Jelena Subotić: *Hijacked justice – Dealing with the Past in the Balkans*. Ithaca, London 2009.

8 Ebd., S. 51f.

liegende Annahme ist, dass Transitional Justice-Massnahmen zwar bisweilen von aussen angestossen und oben herab implementiert werden müssen, aber es unabdingbar ist, dass sie mittel- und langfristig von der Bevölkerung eingefordert, vorangetrieben und unterstützt werden müssen. Die Einsicht hat sich mittlerweile durchgesetzt, dass nur ein "societal process of dealing with the past", also ein gesellschaftlich möglichst breit abgestütztes Vorgehen, zu echten Fortschritten führen kann.[9]

Unbestritten ist die Bedeutung, die der Schulbildung, den Wissenschaften und den Medien bei der Meinungsbildung zukommt. Zahlreiche Arbeiten haben die Strategien von Vereinnahmung und Manipulation von Geschichte und öffentlichem Diskurs seit dem Aufflammen der Nationalismen in den 1980er Jahren untersucht, um Erklärungen zu liefern, wie diese zum Zerfall Jugoslawiens und insbesondere zu den gewaltsamen Kriegen beigetragen haben.[10] Das Wissen darüber hat sich in der Region unter den Menschen indes bei Weitem noch nicht etabliert; nicht zuletzt weil Bil-

9 Martina Fischer: Struggling for Justice, Truth and Reconciliation in the Western Balkans. In: *Nach Krieg, Gewalt und Repression*. Vom schwierigen Umgang mit der Vergangenheit. Hg. von Susanne Buckley-Zistel, Thomas Kater (AFK-Friedensschriften, Bd. 36). Baden-Baden 2011, S. 59–79, hier S. 60.

10 Siehe beispielsweise hierzu: Dubravka Stojanović, Radina Vučetić, Sanja Petrović Todosijević, Olga Manojlović Pintar, Radmila Radić: *Novosti iz proslosti. Znanje, neznanje, upotreba i zloupotreba istorije*. [Neuigkeiten aus der Vergangenheit. Wissen, Unwissen, Gebrauch und Missbrauch der Geschichte.] Hg. vom Belgrader Zentrum für Menschenrechte. Beograd 2010; *Öl ins Feuer? Schulbücher, ethnische Stereotypen und Gewalt in Südosteuropa* / Oil on fire? Textbooks, Ethnic Stereotypes and Violence in South-Eastern Europe. Hg. von Wolfgang Höpken (Studien zur internationalen Schulbuchforschung, Bd. 89). Hannover 1996; ferner die Beiträge in Kapitel II «Identität, Ideologie und Kultur». In: *Der Jugoslawien-Krieg*. Handbuch zur Vorgeschichte, Verlauf und Konsequenzen. Hg. von Dunja Melčić. Opladen, Wiesbaden 1999, S. 227–331; des Weiteren: *Serbiens Weg in den Krieg*. Kollektive Erinnerung, nationale Formierung und ideologische Aufrüstung. Hg. Von Thomas Bremer, Nebojša Popov, Heinz-Günther Stobbe. Berlin 1998; Florian Bieber: *Nationalismus in Serbien vom Tode Titos bis zum Ende der Ära Milosević* (Wiener Osteuropa Studien Bd. 18). Wien 2005.

dung, Wissenschaft und Medien noch nicht umfassend reformiert wurden oder in Sachen Professionalität und Qualität zu wünschen lassen.

Von Krieg, autoritären Regimen, wirtschaftlicher Not und den Herausforderungen von Transition und EU-Integration gezeichnet, harren die Gesellschaften in der Region weiterhin einer umfassenden Vergangenheitsarbeit. Ohne den Druck von aussen wäre die Bereitschaft von Staat und Politik zur Auseinandersetzung mit der Vergangenheit noch geringer ausgefallen. Die Umsetzung schreitet nur langsam voran und ist von vielen Rückschlägen und Wiedersprüchen gekennzeichnet. Vergangenheitsarbeit ist kompliziert, unbequem, anstrengend und schmerzhaft. Zu den progressivsten und engagiertesten Kräften in diesem Bereich gehören bezeichnenderweise zivilgesellschaftliche Akteure, die die Dringlichkeit dieser Aufgabe sehen und sich teilweise bereits seit vielen Jahren dafür einsetzen. Sie engagieren sich in Bereichen, die ihnen tatsächlich als Bürger und Mitglieder der Gesellschaft auch zustehen. Nur allzu oft aber sind sie nicht einfach die treibende Kraft unter verschiedenen Akteuren (Staat und Gesellschaft), sondern gar die einzige und erhalten dafür auch noch Kritik. Vor dem Hintergrund des in zwei Jahren auslaufenden Mandats des ICTY kommt der weiteren, tiefer reichenden Auseinandersetzung mit der Vergangenheit und den dabei beteiligten Akteuren daher besondere Bedetung zu.[11]

Die vorliegende Arbeit widmet sich einzelnen VertreterInnen des zivilgesellschaftlichen Engagements im Bereich der Vergangenheitsarbeit in der Region[12] und weist diesen eine wichtige Rolle zu. Angesichts der Komplexität und Heterogenität dieses Raums soll sich im Folgenden der Blick auf Beispiele aus Serbien, Kroatien und Bosnien-Herzegowina konzentrieren. Diese drei Staaten stellen nicht nur die drei grössten unter den sieben Nachfolgestaaten Jugoslawiens dar, sondern sind zudem auch auf enge Weise speziell durch die Ereignisse der jüngsten Geschichte miteinander verbunden.

---

11 Martina Fischer: *Struggling for Justice*, S. 75.

12 Der Begriff «Region» meint in dieser Arbeit jeweils das Gebiet des ehemaligen Jugoslawiens.

Diese Untersuchung möchte in einem ersten Schritt verschiedene Hauptbegriffe vorstellen und eingrenzen, ehe in einem zweiten Schritt die hier verwendete Methode der lebensweltlichen Analyse beschrieben und qualitative Interviews als gewählte Quellenbasis erläutert werden (Kapitel 2). Zum besseren Verständnis des zivilgesellschaftlichen Kontextes und der Darlegung normativer Aspekte führt anschliessend Kapitel 3 in die Geschichte der zivilgesellschaftlichen Entwicklung in Serbien, Kroatien und Bosnien-Herzegowina ein. Zunächst soll die historische Entwicklung inklusive allfälliger Vorläuferformen bis zum Zerfall des sozialistischen Jugoslawiens 1991 dargestellt und anschliessend die weitere Ausdifferenzierung des zivilgesellschaftlichen Engagements in den Nachfolgestaaten bis hin zur Gegenwart skizziert werden. Dabei sollen Unterschiede sowie Gemeinsamkeiten aufgezeigt werden.

Im eigentlichen Hauptteil (Kapitel 4) wird eine Auswahl der der Untersuchung zugrunde liegenden Interviews in transkribierter Form präsentiert, mit Hintergrund- und Kontextinformationen ergänzt sowie auf prägende lebensweltliche Erkenntniskategorien analysiert. Von insgesamt 26 in den Jahren 2010 bis 2012 geführten Interviews werden hier 9 Gespräche wiedergegeben. Im Vordergrund stehen hierbei die biografischen Erfahrungen und Prägungen der Gesprächspartner und Gesprächspartnerinnen, die individuellen Geschichtserfahrungen sowie die Motivation für ihr teilweise bereits langjähriges Engagement. Ziel ist es, entscheidende Charakteristika und aufschlussreiche Phänomene anhand der geschilderten Lebenswelten zu erschliessen.

Im abschliessenden Kapitel 5 sollen diese Erkenntnisse vergleichend und anhand verschiedener Aspekte vertieft weiter analysiert werden. Von Interesse sind hierbei auch die Einschätzungen der befragten AkteurInnen zu bereits erreichten Fortschritten sowie zu Unzulänglichkeiten, zu Chancen wie Risiken im Bereich der Vergangenheitsarbeit. Dabei sollen Gemeinsamkeiten und Unterschiede zwischen den verschiedenen AktivistInnen herausgearbeitet, Bezüge zu den unterschiedlichen Lebens- und Wirkungsbedingungen hergestellt und Ableitungen anhand bestimmter sinnstiftender Kategorien vorgenommen werden. Idealerweise sollen aus der lebensweltlichen Untersuchung weiterführende Erkenntnisse zum zivilgesellschaftlichen Engagement erlangt, Empfehlungen für die Friedensarbeit im Hinblick auf die Bedeutung und den Beitrag der Zivilgesellschaft(en) für die Vergangenheitsarbeit in der Region formuliert sowie neue Forschungsdesiderate ausgemacht werden.

1.2. Forschungsstand und Literaturlage

Seit der politischen Wende 1989/91 in Osteuropa und der starken Zunahme von Bürgerkriegen und innerstaatlichen Konflikten[13] weltweit im Verlauf der 1990er Jahre hat die wissenschaftliche Beschäftigung mit zivilgesellschaftlichen Bewegungen grossen Auftrieb erfahren.[14] Der Fall des Eisernen Vorhangs lenkte unter anderem den Blick der Geschichts- und Sozialforschung auf die historische Bedeutung von zivilgesellschaftlichen Bewegungen wie Solidarnosc oder Charta 77 und die weitere Entwicklung der Zivilgesellschaften in den sich rekonstituierenden und demokratisierenden Gesellschaften in den Transitionsstaaten Ost-, Mittelost- und Südosteuropas.[15]

Aus den Politik-, Sozial- und Rechtswissenschaften, aber auch aus weiteren Disziplinen wie der Psychologie, Philosophie und Ethnologie hatte sich seit den 1960er Jahren sukzessive die interdisziplinäre Friedens- und Konfliktforschung entwickelt. Stand in Zeiten des Kalten Krieges vor allem

---

13 Nicht nur die hohe Zahl ist charakteristisch, sondern auch der zunehmende Anteil an zivilen Opfern. Siehe die einführende Übersichtsdarstellung von Herfried Münkler: *Die neuen Kriege* (Schriftenreihe der Bundeszentrale für politische Bildung, Bd. 387). Hamburg 2002.

14 Vgl. Tobias Diebel, Holger Niemann, Lutz Schrader: Zivile Konfliktbearbeitung. In: *Friedens- und Konfliktforschung*. Hg. von Peter Schlotter und Simone Wisotzki (AFK-Friedensschriften der Arbeitsgemeinschaft für Friedens- und Konfliktforschung, Bd. 35). Baden-Baden 2011, S. 312–342, hier S. 315.

15 Wim van Meurs: Leitideen und Rahmenbedingungen zivilgesellschaftlicher Zivilgesellschaft – für, gegen oder ohne den Staat? In: *Zivilgesellschaftliche Entwicklungen in Südosteuropa*. Hg. von Anton Sterbling (Südosteuropa-Jahrbuch, Bd. 36). München 2009, S. 31–44.

die atomare Bedrohung und die Konfrontation der beiden Supermächte USA und Sowjetunion im Zentrum der Aufmerksamkeit, differenzierte und dynamisierte sich das Forschungsinteresse vor allem in den vergangenen 20 Jahren angesichts der komplexen weltpolitischen Veränderungen weiter aus.

Insbesondere die gestiegenen Herausforderungen in quantitativer und qualitativer Hinsicht an die Internationale Gemeinschaft bezüglich Interventionen und friedensfördernden Massnahmen in kriegsversehrten Ländern[16] haben einerseits das Bedürfnis nach kompetenten Handlungsempfehlungen und andererseits das Interesse am Potenzial der Zivilgesellschaften in den jeweiligen Konfliktgebieten geweckt.[17] Diesem lag ein Paradigmenwechsel Mitte der 1990er Jahre zugrunde: Während anfangs der Fokus noch vor allem auf die Rolle und Handlungsoptionen von externen Akteuren gerichtet war, gerieten nach und nach die internen Akteure in den Vordergrund und mit ihnen die Frage, wie diese zu unterstützen wären, damit sie (kurzfristig) zu Motoren des Wandels und (langfristig) zu Trägern einer zukünftigen Zivilgesellschaft werden könnten.[18] Mehr und mehr wuchs das Interesse an und die Auseinandersetzung mit der Zivilgesellschaft als einer der wichtigen Faktoren – oder gar Schlüsselfaktoren – im weiten Feld der Konflikttransformation.

Erwähnt seien hierbei insbesondere die Untersuchungen des Berghof Conflict Research Centers in Berlin, das sich mit zahlreichen Publikationen und der online-basierten Plattform einer Synthese der lange Zeit nebeneinander existierenden Bereiche von Theorie und Praxis im Bereich der

---

16 Vgl. den UN-Report des damaligen UN-Generalsekretärs Boutros Boutros-Ghali: An Agenda for Peace, New York 1992, welcher den Rahmen der neuen Herausforderungen beim internationalen Friedensstiften skizzierte und erstmalig den Begriff *Peacebuilding* in die öffentliche Diskussion einbrachte, http://www.unrol.org/files/A_47_277.pdf (letzter Zugriff 26.3.2013).

17 Thania Pfaffenholz, Christoph Spurk: *Civil Society, Civic Engagement, and Peacebuilding* (Social Development Papers – Conflict Prevention and Reconstruction, Paper No. 36). Washington D. C. 2006, hier vor allem S. 18–36.

18 Ebd., S. 18.

Konflikttransformation verschrieben hat und internationale Anerkennung als Schnittstelle zwischen akademischer Forschung und praxisorientierter Feldarbeit geniesst. Zum vorliegenden Themenkomplex sind namentlich von Martina Fischer in den letzten Jahren wichtige Untersuchungen vorgelegt worden.[19] Eine jüngst erschienene Publikation behandelt den Stand der Vergangenheitsarbeit in der Region, indem die verschiedenen Massnahmen der Transitional Justice ebenso untersucht werden, wie zivilgesellschaftliche Initiativen im Bereich der Friedensförderung.[20] Diese Untersuchung erschien in der Schlussphase der vorliegenden Studie, was eine breitere Einbettung der eigenen Einschätzungen ermöglichte.

Der Berghof Report bietet eine konzise Darstellung über den Stand der verschiedenen Programme und Initiativen, indem es die Institutionen und den Beitrag der Transitional Justice, der internationalen Akteure, der politischen Parteien sowie der Zivilgesellschaft untersucht. Unter Einbezug aller Sphären und Perspektiven (international, regional und lokal) werden dabei Spezifika wie Gemeinsamkeiten der drei hier untersuchten Länder herausgearbeitet, die für das Kapitel 3.2. der vorliegenden Arbeit wichtig sind. Spannend ist, dass auch die Berghof-Autorinnen mit semistrukturierten Interviews arbeiten, was insbesonders bei den Befragungen der zivilgesellschaftlichen Akteure aufschlussreich ist. Dies erlaubt es, Aussagen, Phänomene und Beobachtungen aus der vorliegenden Untersuchung, in einen weiteren Kontext zu stellen und miteinander zu vergleichen, wenn es um die Wirkungen, Probleme und Chancen der Vergangenheitsarbeit geht.

---

19 Vgl. für die hiesige Arbeit Martina Fischer: Civil Society in Conflict Transformation – Ambivalence, Potentials and Challenges. In: *Berghof Handbook for Conflict Transformaton*, http://www.berghof-handbook.net (letzter Zugriff 29.12.2012); dies.: Civil Society in Conflict Transformation: Strengths and Limitations, http://www.berghof-handbook.net/documents/publications/fischer_cso_handbookII.pdf (letzter Zugriff 29.12.2012).

20 Martina Fischer, Ljubinka Petrović-Ziemer (Eds.): *Dealing with the Past in the Western Balkans*. Initiatives for Peacebuilding and Transitional Justice in Bosnia-Herzegovina, Serbia and Croatia. Berghof Report No. 18, Februar 2013. (http://www.berghof-foundation.org/en/news/201/dwp-western-balkans/, letzter Zugriff 5.3.2013).

Gleichwohl gibt es einen wichtigen Unterschied zwischen der Berghof-Studie und der vorliegenden Arbeit: Während erstere bei der Untersuchung der zivilgesellschaftlichen Organisationen und Akteure nach ihrer Rolle und ihrer Wirkung fragen, stehen in der vorliegenden Arbeit die Lebenswelten dieser zivilgesellschaftlichen AkteurInnen im Mittelpunkt. Der Fokus auf das Selbstverständnis einer bestimmten Gruppe von AkteurInnen in Bezug auf ihre Vergangenheitsarbeit stellt somit eine spezifische, weiterführende ‹Mikroanalyse› dar.

Ferner stammen wichtige Beiträge aus den anwendungsorientierten Gebieten der internationalen Entwicklungszusammenarbeit und humanitären Hilfe, basierend auf den Erfahrungen und Erfordernissen der vielfältigen Aufbau- und Unterstützungsprogramme in Ländern in post-conflict-Situationen weltweit. Zu nennen wäre beispielsweise die Publikation vom Schweizer Entwicklungsexperten und Historiker René Holenstein, der anhand von gesammelten Gesprächen einen wichtigen Einblick in Bezug auf Denkweisen und Motivationen von Intellektuellen aus dem ehemaligen Jugoslawien gibt.[21] Eine verbreitete Grundannahme ist auch hier, dass die Existenz einer engagierten Zivilgesellschaft eine wichtige Bedingung für Demokratisierung und nachhaltige Entwicklung ist. Zu nennen sind hierbei auch die Untersuchungen und Beiträge von staatlichen wie nichtstaatlichen Agenturen der Entwicklungszusammenarbeit, internationalen Organisationen sowie Friedensforschungsinstituten und Think Tanks.[22] Schliesslich

21 René Holenstein: *Dieses Schicksal unterschreibe ich nicht.* Gespräche im Balkan. Zürich 2007.

22 Die folgenden Beispiele sollen vor allem die Bandbreite illustrieren: UNDP: *Voice and Accountability for Human Development: A UNDP for Global Strategy to Strengthen Civil Society and Civic Engagement*, http://www.undp.org/content/undp/en/home/librarypage/operations/donors_partners/civil_society/voice_and_accountability-forhumandevelopment/ (letzter Zugriff 5.1.2013); International Center for Transitional Justice: *Transitional Justice in the Former Yugoslavia*, http://www.ictj.com (letzter Zugriff 1.2.2013); Mô Bleeker Massard: Introduction and Recommendations. In: *Dealing with the Past.* Critical Issues, Lessons Learned, and Challenges for Future Swiss Policy. Ed. by Mô Bleeker Massard and Jonathan Sisson, KOFF-Series 2/2004, swisspeace Working Papers, Bern 2004, S. 5–14 sowie Pricilla Hayner: Responding to

haben auch Reflexionen aus der internationalen Friedensarbeit und Menschenrechts-Bewegung Einfluss auf das Verständnis der Zivilgesellschaft genommen.[23]

Im Hinblick auf zivilgesellschaftliche Akteure stehen meist deren Verantwortung, Kapazitäten und Wirkungsmöglichkeiten im Vordergrund.[24] Zentrale Erkenntnisse der erwähnten Forschungsbeiträge sind demnach, dass Zivilgesellschaften bedeutende Funktionen bei der Friedensförderung zukommen, mit den wichtigen Einschränkungen jedoch, dass diese Tätigkeiten in unterschiedlichen Zeitabschnitten unterschiedlich effektiv sein können; dass es auch problematische Aspekte der Zivilgesellschaft gibt; dass die blosse Existenz einer solchen noch keinen Fortschritt für die Friedensförderung darstellt und die Massnahmen ihres Engagements sowie der Gewinn für die Friedensförderung kritisch beurteilt werden müssen.[25] In Bezug auf die wichtigsten Funktionen der Zivilgesellschaften für die Friedensförderung sind zu nennen:[26]

Der Schutz der Bürger durch Verteidigung von Grundrechten seitens des Staates oder anderen Autoritäten; das Überwachen der Rechenschaft von Staat und Regierung gegenüber der Bevölkerung (Monitoring); das Fürsprechen und die Kommunikation von Interessen vor allem marginalisierter Gruppen (Lobbyarbeit); die Sozialisierung einer Gesellschaft mittels Förderung demokratischer Tugenden und Werte (Friedensarbeit); die Entwicklung der Gemeinschaft und gesellschaftlicher Vernetzung (sozialer Zusammenhalt); die Vermittlung zwischen Bevölkerung und Staat (Kom-

---

a Painful Past. In: ebd., S. 45–51; Pierre Hazan: Measuring the impact of punishment and forgiveness: a framework for evaluating transitional justice. In: *International Review of the Red Cross*, Vol. 88 (March 2006), No. 861, S. 19–47.

23 Als ein Beispiel unter vielen siehe das Themengebiet der US-amerikanischen Menschenrechtsorganisation Human Rights Watch zu Bosnien-Herzegowina, welche sich mit Transitional Justice, Versöhnung usw. beschäftigt. http://www.hrw.org/international-justice/178 (letzter Zugriff 28.12.2013).

24 Tobias Debiel, Holger Niemann, Lutz Schrader: *Zivile Konfliktbearbeitung*, S. 314.

25 Thania Pfaffenholz, Christoph Spurk: *Civil Society*, S. 34f.

26 Vgl. ebd., S. 13.

munikation und Mediation) und schliesslich Dienstleistungen in Ergänzung zum Staat.[27]

Die aktuelle Forschung hat das lange Zeit dominierende positive und mit grossen Erwartungen behaftete Bild der Zivilgesellschaft als Akteur in der Friedensförderung unterdessen differenziert und relativiert: Sie weist dieser vor allem eine unterstützende und konstruktive Rolle in konfliktbehafteten Situationen zu; die zentralen Impulse kämen indes in der Regel von politischen Akteuren, Konfliktparteien und anderen.[28] Akteure oder Organisationen der Zivilesellschaft könnten vor allem auf die öffentliche Meinungsbildung einwirken und gerade im Fall von gut koordinierten und vernetzten Anliegen etwas bewirken; darüberhinaus können sie gemäss der oben skizzierten Funktionen unter bestimmten Bedingungen ebenfalls Wirkung entfalten.[29]

Zentral für die hiesige Untersuchung ist ebenfalls das Fazit der Friedens- und Konfliktforscher, dass die Effekte zivilgesellschaftlicher Anstrengungen «durch ein hohes Gewaltniveau, besondere autoritäre oder schwache Regierungen sowie polarisierende Massenmedien reduziert werden» und schliesslich das «zivilgesellschaftliches Engagement politisches Handeln nicht ersetzen kann».[30] Für die vorliegende Arbeit gilt es, sich diese Feststellungen vor Augen zu halten.

Die geschilderten Entwicklungslinien gelten ganz besonders für das ehemalige Jugoslawien und seine Nachfolgestaaten: Angesichts der Dynamik und Schwere des kriegerischen Zerfalls und nicht zuletzt infolge seiner geografischen Lage, gewissermassen mitten in Europa, wurde das ehemalige Jugoslawien nicht nur zu einem Dreh- und Angelpunkt internationaler Peacebuilding-Bemühungen, sondern auch der Konflikt- und allgemeinen akademischen Forschung. Es wurde überdies zu einem regelrechten

---

27 Vgl. hierzu auch Thania Pfaffenholz: NROs als Friedensbringer? Möglichkeiten und Grenzen. In: *Die Friedenswarte, Journal of International Peace and Organization*, Bd. 85, Heft 4 (2010), S. 11–27, hier S. 23ff.

28 Ebd., S. 15.

29 Ebd.

30 Ebd., S. 26.

«Versuchslabor» im Hinblick auf Transitional Justice-Massnahmen, wie Dragović-Soso und Gordy einig gehen.[31]

Als Konsequenz dessen entstanden seit 1990 unzählige Untersuchungen über Kriegsursachen und -folgen und nicht zuletzt auch zur Bedeutung der dortigen Zivilgesellschaften in diesem Kontext. Im Vordergrund standen dabei deren Voraussetzungen, ihre Situation während der Kriege, die Herausforderungen für ihre weitere Entwicklung wie auch ihre Rolle bei der Konflikttransformation in Gesellschaft und Staat unter besonderer Berücksichtigung der unterschiedlichen politischen und rechtlichen Bedingungen in den verschiedenen Staaten.

Insbesondere SoziologInnen bereicherten mit ihren Herangehensweisen den Untersuchungsgegenstand. Als eine der Ersten widmete sich die Soziologin Ana Dević der Antikriegsbewegung. Ihr Aufsatz "Anti-War Initiatives and the Un-Making of Civic Identities"[32], der unter anderem auch die Frage nach den verschiedenen (jugoslawischen) Identitäten in den Blick nimmt, hat früh eine Forschungsperspektive vorweggenommen, die erst in den vergangenen Jahren an Zulauf gewann. Diese konzentriert sich auf Strukturen, Identitäten, kulturelle Dynamiken sowie individuelle Verhaltensweisen und Reaktionen im Alltag des Menschen und erlaubt umfassendere, differenziertere Einblicke in die Ereignisse.[33] Somit rückt die Perspektive entscheidend weg von den dominierenden essentialistischen oder kulturalistischen Erklärungen hinsichtlich Nationalismen und historischen Konfliktlinien.[34]

31 Jasna Dragović-Soso und Eric D. Gordy: Coming to Terms with the Past: Transitional justice and reconciliation in the post-Yugoslav lands. In: *New Perspectives on Yugoslavia.* Key issues and Controversies. Ed. by Dejan Djokić, James Ker-Lindsay. London, New York 2011, S. 193–212, hier S. 193.

32 Ana Dević: Anti-War Initiatives and the Un-Making of Civic Identities in the Former Yugoslav Republics. In: *Journal of Historical Sociology*, Vol. 10 (1997) Nr. 2, S. 127–156.

33 Ebd., S. 142.

34 Ebd., S. 139ff.

Während der Arbeit an dieser Dissertation entstand zeitgleich mit einer Untersuchung von Bojan Bilić, einem Soziologen, Ethnografen und Schüler Eric D. Gordys, ein zentrales Referenzwerk für die vorliegende Arbeit. Bilić nimmt Devićs Ansatz auf und ist als Beleg für die Relevanz des hier gewählten Themas zu verstehen. Bilić widmet sich in seiner Ende 2012 publizierten Doktorarbeit der Geschichte der Antikriegsbewegung im ehemaligen Jugoslawien sowie in den Nachfolgestaaten und konzentriert sich dabei vornehmlich auf Kroatien und Serbien. Es gibt deutliche Berührungspunkte mit der vorliegenden Arbeit, da zum einen, Teile der Antikriegsbewegung zu der hier zu untersuchenden Zivilgesellschaft gehören und zum anderen der methodische Zugang über individuelle Narrative viele Ähnlichkeiten aufweist.

Bilićs Aufarbeitung der Antikriegsbewegung ermöglicht vor allem eine erleichterte Einbettung und Kontextualisierung der hiesigen Interviews und Befunde. Als praktischer Nebenaspekt erweist sich, dass nun Vergleiche zwischen den AkteurInnen beziehungsweise Gruppen gezogen werden, und mit Verweis auf Bilić Belege geliefert werden können, wo der Autorin hier, infolge der den Interview-TeilnehmerInnen zugesicherten Anonymisierung, bisweilen die Hände gebunden sind. Bilićs Dissertation zeichnet mit einem sozialanthropologischen Blick facettenreich und umfassend die Grundlagen und wechselseitigen Beziehungen der Akteure der Antikriegsbewegung in den post-jugoslawischen Staaten nach.[35]

Daneben ist prominent ein ebenfalls aktueller Sammelband von Bilić als Mitherausgeber zu nennen.[36] Die verschiedenen Aufsätze konzentrieren sich auf die Rolle der Antikriegsbewegung im Gebiet des ehemaligen Jugoslawien und untersuchen – aus der akademischen sowie aus der Sicht der Aktivisten – einzelne Aspekte wie die Medien, die Umwelt- oder Frauenbewegung von Slowenien bis Mazedonien.

---

35 Bojan Bilić: *We Were Gasping for Air: (Post-)Yugoslav Anti-War Activism and its legacy*. (Southeast European Integration Perspectives, No. 8). Baden-Baden 2012.

36 Bojan Bilić, Vesna Janković (Eds.): *Resisting the Evil: (Post-)Yugoslav Anti-War Contention* (Southeast European Integration Perspectives, No. 7). Baden-Baden 2012.

Darüber hinaus sind die Beiträge der Politologinnen Jasna Dragović-Soso und Denisa Kostovicova zum Thema der Vergangenheitsarbeit von hohem Erkenntniswert. Insbesondere Dragović-Soso plädiert für Untersuchungsansätze, die sich in Bezug auf die Beschreibung der jugoslawischen Desintegration, den über eine lange Zeit vernachlässigten Perspektiven von "local, social, and family histories and on grassroots forms of mobilization" widmen.[37]

Zivilgesellschaftliche Akteure und Organisationen haben selber zu Themenbereichen aus ihrem Wirkungskontext geforscht und publiziert und die Forschung aus dieser Perspektive bereichert.[38] Ein besonders herausragendes Beispiel hierfür ist der bereits erwähnte Sammelband «Srpska strana rata (Die serbische Seite des Krieges)», der von namhaften Mitgliedern des Neuen Serbischen Forums (Novi Srpski Forum) erarbeitet und 1996 auf Serbisch, 1998 mit Überarbeitungen auch auf Deutsch unter dem Namen «Serbiens Weg in den Krieg» erschien.[39] Das demokratisch orientierte Neue Serbische Forum, 1993 in Belgrad gegründet, widmete sich so differenziert wie prononciert der Aufarbeitung der serbischen Kriegsvergangenheit. So fasst die Slawistin und Historikerin Katrin Boeckh zusammen:

> *«Darin wurden sämtliche ‹heisse Eisen› der serbischen Gegenwart und Vergangenheit – darunter das Memorandum der Serbischen Akademie der Wissenschaften, der Kosovo-Mythos, der Zerfall Jugoslawiens, die Rolle der jugoslawischen Volksarmee und der serbischen Intelligenz – kritisch diskutiert.»*[40]

---

37 Jasna Dragović-Soso: Why did Yugoslavia Disintegrate? An Overview of Contending Explanations. In: *State Collapse in South-Eastern Europe*. New Perspectives on Yugoslavia's Disintegration. Ed. by Lenard J. Cohen and Jasna Dragović-Soso, West Lafayette, Indiana, 2008, S. 1–39, hier S. 28

38 Siehe zum Beispiel die Aufsatzsammlung des Center for non-violent action/ Centars za nenasilnu akciju (Izd.): *20 poticaja za budjenje i promenu*. O izgradnji mira na prostoru bivše Jugoslavije [20 Anregungen zu Erweckung und Wandel. Von der Friedensförderung auf dem Gebiet des ehemaligen Jugoslawien]. Beograd, Sarajevo 2007

39 Thomas Bremer, Nebojša Popov, Heinz-Günther Stobbe (Hg.): *Serbiens Weg in den Krieg*. Berlin 1998.

40 Katrin Boeckh: *Serbien, Montenegro*. Geschichte und Gegenwart (Ost- und Südosteuropa, Geschichte der Länder und Völker). Regensburg 2009, S. 207.

Bis heute gehört die Publikation zu einem der wichtigsten Beiträge zu diesem Thema und ist unterdessen zu einem Standardwerk geworden.

Ein weiteres Beispiel ist die Studie von Ivana Franović, einer Friedensforscherin und Aktivistin des Zentrums für gewaltlose Aktion (Centar za nenasilnu akciju), über Vergangenheitsarbeit in ethnischen Konflikten.[41] Sie stellt verschiedene Akteure der Vergangenheitsarbeit vor, plädiert für eine differenzierte Sicht der Zivilgesellschaft und gegen überzogene Erwartungen. Nur ein kohärenter, die gesamte Gesellschaft und alle Akteure (vom Staat über grassroot-Initiativen bis zu einzelnen AktivistInnen) umfassender Ansatz sei vielversprechend, wobei es dabei auch die finanzielle und moralische Unterstützung der internationalen Gemeinschaft brauche.

Nicht minder breit ist der Bestand an Arbeiten in Bezug auf die Geschichtsaufarbeitung im ehemaligen Jugoslawien und seinen Nachfolgestaaten. Der Untersuchungsgegenstand hat sich zu einem regelrechten Modethema in der Zeitgeschichte Südosteuropas entwickelt. Für die vorliegende Studie sind nicht zuletzt die Forschungsarbeiten aus den Fachbereichen der Ethnologie, der Soziologie und der Geschichtswissenschaften zentral. Diesbezüglich sind vor allem die Untersuchungen von Eric D. Gordy von Interesse, da er sich der Vergangenheitsarbeit mit einem historisch-soziologisch-kulturwissenschaftlichen Fokus nähert und so wichtige Ergänzungen zum Verständnis von Vergangenheit, Geschichte und der kulturellen Dimension eingebracht hat.[42] Seinen Beiträgen sind insbesonders Einblicke in das Wechselverhältnis von Staat und Gesellschaft sowie ein besseres Verständnis der längerfristigen, kulturellen Entwicklungslinien zu verdanken. Der Ethnologe Klaus Roth plädiert bei der Betrachtung von Zivilgesellschaften dafür, «das reale Alltagshandeln

41 Ivana Franović: *Dealing with the Past in the Context of Ethnonationalism*. The Case of Bosnia-Herzegovina, Croatia and Serbia (Berghof Occasional Papers, Nr. 29). Berlin 2008, S. 45.

42 Vgl. Eric D. Gordy: *The Culture of Power in Serbia*. Nationalism and the Destruction of Alternatives. Pennsylvania 1999, S. 202ff. Eric D. Gordy: *Guilt, Responsibility and Denial: The Past at Stake in Post Milošević Serbia*. Philadelphia 2012

der Menschen, ihr Denken und ihre grundlegenden Werthaltungen in den Blick» zu nehmen.[43]

Aus dem deutschsprachigen Raum haben vor allem die Arbeiten der Historiker Wolfgang Höpken, Holm Sundhaussen und Jürgen Kocka wichtige Erkenntnisse zu den historischen Entwicklungslinien der Zivilgesellschaft in Südosteuropa und zu den Herausforderungen der Vergangenheitsarbeit geliefert. Höpken konstatiert unter anderem, dass es – trotz der deutlich eingeschränkten zivilgesellschaftlichen Entwicklung unter der Osmanischen Herrschaft – in Südosteuropa Formen eines Vereinswesens gab und macht «zivilgesellschaftliche Inseln» in einem städtischen Umfeld sowie anderweitige Formen «zivilgesellschaftlicher Praxis» aus.[44] Ferner bringt er in die Diskussion ein, wie eine «Ethnisierung zivilgesellschaftlicher Praktiken» und die hohe Bedeutung von familiären und verwandtschaftlichen Netzwerken die schwachen zivilgesellschaftliche Traditionen bedingt haben, die wir in der Region vorfinden.[45] Verschiedene Aspekte hätten insgesamt zu einem besonderen Verhältnis von Staat und Gesellschaft geführt, das von einem «Antagonismus» und von Misstrauen geprägt war, und bis heute nachwirkt.[46] Holm Sundhaussen hat in diesem Kontext viel zum Verständnis von gesellschaftlichen Entwicklungen in der Region beigetragen. Für die vorliegende Untersuchung sind vor allem diese, sowie

---

43 Klaus Roth: Zivilgesellschaft in Südosteuropa? Beobachtungen aus ethnologischer Sicht. In: *Zivilgesellschaftliche Entwicklungen in Südosteuropa*. Hg. von Anton Sterbling (Südosteuropa-Jahrbuch, Bd. 36). München 2009, S. 45–64, hier S. 51.

44 Wolfgang Höpken: Stadt und Zivilgesellschaft in Südosteuropa: Anmerkungen aus historischer Perspektive. In: *Zivilgesellschaftliche Entwicklungen in Südosteuropa*. Hg. von Anton Sterbling (Südosteuropa-Jahrbuch, Bd. 36). München 2009, S. 111–156, hier S. 146 und S. 115.

45 Ebd., S. 132 und S. 139.

46 Wolfgang Höpken: Gibt es eine «balkanische» politische Kultur? In: *Politische Kultur in (Südost-)Europa*. Charakteristika, Vermittlung, Wandel. Hg. von Sonja Schüler (Südosteuropa-Studien, Bd. 77). München, Berlin 2012, S. 23–43, hier S. 29.

seine Arbeiten zur Bedeutung von Vergangenheitsarbeit und Versöhnung von zentraler Bedeutung.[47]

Einen guten Einstieg zum Begriff und der Entwicklung der Zivilgesellschaft in Europa bietet der von den Historikern Manfred Hildermeier, Jürgen Kocka und Christoph Conrad herausgegebene Sammelband «Europäische Zivilgesellschaften in Ost und West. Begriff, Geschichte und Chancen».[48] Die derzeit fundierteste Überblicksdarstellung zum konkreten Thema ist der bereits erwähnte Aufsatzband «Zivilgesellschaftliche Entwicklungen in Südosteuropa», der sich dem Themenfeld aus rechtlicher, ethnologischer, historischer, städtebaulicher und soziologischer Sicht annähert.[49]

Das hiesige Thema berührt ferner Bereiche der historischen Friedensforschung, einer noch jungen Teildisziplin der Geschichtswissenschaft.[50] Diese entwickelte sich in den 1970er und 1980er Jahren und stellt mit einer interdisziplinären Betrachtungsweise und vielen Bezügen zu Disziplinen wie der Politologie, Anthropologie, den Kulturwissenschaften und der Soziologie das traditionell von der Geschichte gegenüber Krieg

---

47 Vgl. Holm Sundhaussen: Eliten, Bürgertum, politische Klasse? Anmerkungen zu den Oberschichten in den Balkanländern des 19. und 20. Jahrhunderts. In: *Eliten in Südosteuropa.* Rolle, Kontinuitäten, Brüche in Geschichte und Gegenwart. Hg. von Wolfgang Höpken und Holm Sundhaussen (Südosteuropa-Jahrbuch, Bd. 29). München 1998, S. 5–30; ders.: *Metakriege*; sowie ders.: *Jugoslawien und seine Nachfolgestaaten 1943–2011.* Eine ungewöhnliche Geschichte des Gewöhnlichen, Wien, Köln, Weimar 2012.

48 Manfred Hildermeier, Jürgen Kocka, Christoph Conrad (Hg.): *Europäische Zivilgesellschaft in Ost und West.* Begriff, Geschichte, Chancen. Frankfurt am Main 2000.

49 Anton Sterbling (Hg.): *Zivilgesellschaftliche Entwicklungen in Südosteuropa.* 46. Internationale Hochschulwoche der Südosteuropa-Gesellschaft in Tutzing 8.–12.10.2007 (Südosteuropa Jahrbuch, Bd. 36). München 2009.

50 Vgl. Stefanie van de Kerkhof: Historische Friedensforschung – eine Geschichte des Friedens? In: *Friedens- und Konfliktforschung*, Hg. von Peter Schlotter, Simone Wisotzki, AFK-Friedensschriften der Arbeitsgemeinschaft für Friedens- und Konfliktforschung, Bd. 35. Baden-Baden 2011, S. 381–409.

und Konflikten vernachlässigte Feld der Friedensforschung in den Mittelpunkt (Pazifismus, Friedensakteure, Gender, Friedenskulturen, Zivilcourage usw.).[51]

Schliesslich begleitet aktuell eine Vielzahl von weiteren, vor allem interdisziplinären Beiträgen die gegenwärtigen Entwicklungen in der Region im Hinblick auf die Bewältigung der Kriegsfolgen und die EU-Annäherung, was dieser Arbeit zugutekommt.[52] Zusammenfassend lässt sich festhalten, dass die Literaturlage zur Zivilgesellschaft sehr reichhaltig und stark interdisziplinär geprägt ist. Die Herausforderung liegt somit vor allem darin, sich einen Überblick und geeigneten Untersuchungszugang zu verschaffen.

51 Stefanie van de Kerhof: Historische Friedensforschung – eine Geschichte des Friedens? In: *Friedens- und Konfliktforschung*, Hg. von Peter Schlotter und Simone Wisotzki, (AFK-Friedensschriften der Arbeitsgemeinschaft für Friedens- und Konfliktforschung, Bd. 35). Baden-Baden 2011, S. 381–49, hier S. 383ff.

52 Vgl. Wolfgang Petritsch, Vedran Džihić: Confronting Conflicting Memories in (South East) Europe: An Introduction. In: *Conflict and Memory: Bridging Past and Future in (South East) Europe*. Ed. by Wolfgang Petritsch and Vedran Džihić (Southeast European Integration Perspectives No. 3). Baden-Baden 2010, S. 15–27, hier S. 20–27.

2. Methodische Überlegungen

2.1. Definition und Eingrenzung zentraler Begriffe

Unter dem Überbegriff *Transitional Justice* (Übergangsjustiz) verbirgt sich, je nach Definition, ein enger oder weiter gefasster Massnahmenkatalog der transitionalen Justiz «beim Übergang von einem (Un-)Rechtssystem einer Diktatur zum Rechtsstaat».[53] Dazu gehören als elementare Bestandteile:

a) Strafverfolgung mittels internationaler und nationaler Gerichte, wie dem Internationalen Strafgerichtshof für das ehemalige Jugoslawien ICTY und seinen Ablegern in der Region, dem Internationalen Strafgerichtshof ICC sowie den nationalen Strafgerichtskammern;
b) Wahrheitsfindungskommissionen zur Feststellung der Fakten,
c) die Überprüfung und Amtsenthebung von politisch belasteten Personen aus der Politik, dem öffentlichen Dienst und dem öffentlichen Leben (Lustration),
d) Wiedergutmachungen[54] für die Opfer und Leidtragenden in Form von Reparationen, Kompensationen, medizinischer und psychologischer Rehabilitation usw.[55]

Die vorliegende Arbeit bevorzugt ein möglichst umfassendes Begriffsverständnis, bei dem ferner

53 Holm Sundhaussen: *Jugoslawien und seine Nachfolgestaaten 1943–2011*, S. 434.

54 Swisspeace: *A Conceptional Framework for Dealing with the Past.* Holism in Principle and Practice. Dealing with the Past Background Paper. Bern 2012, S. 5, http://www.swisspeace.ch/topics/dealing-with-the-past.html (letzter Zugriff: 6.1.2013).

55 Holm Sundhaussen: *Jugoslawien und seine Nachfolgestaaten*, S. 434–435.

e) die mediale, literarische, künstlerische, museale und wissenschaftliche Aufarbeitung (unter besonderer Berücksichtigung von Schulbüchern[56] und Bildungscurricula)

ebenso einbezogen werden, wie

f) die Integration von (rückkehrenden) Flüchtlingen und Vertriebenen,

g) Gedenkstätten als manifeste Erinnerungsorte, offizielle Gedenkveranstaltungen wie auch symbolische Gesten von Politikern (offizielle Gedenksymbolik),

h) die Verpflichtung zur Nicht-Wiederholung[57] und nicht zuletzt

i) das Engagement der Zivilgesellschaft.

Die Topoi *Dealing with the Past* sowie *Coming to Terms with the Past* finden eine Entsprechung in den deutschen Begriffen Geschichtsaufarbeitung und Vergangenheitsbewältigung. *Dealing with the Past*-Massnahmen sind zwar Teil der *Transitional Justice*, reichen aber als langfristig angelegter und gesellschaftlich tiefergreifender Prozess über den Zeitraum der *Transitional Justice* selbst hinaus, da diese lediglich Übergangscharakter hat.[58]

---

56 Siehe etwa hierzu verschiedene Optionen in Christina Koulouri: The Joint History Project Books: An Alternative to National History? und Tatiana Minkina-Milko: Teaching History for Reconciliation and Tolerance: Experience of the Council of Europe. Beide Aufsätze in: *How to (Re)write European History?* History and Text Book Projects in Retrospect. Ed. by Oliver Rathkolb, Innsbruck 2010, S. 131–149 sowie S. 241–258.

57 Demnach setzt dieser angestrebte nachhaltige Frieden Demokratie voraus, was freie und faire Wahlen, Medienfreiheit und professionelles Medienschaffen, institutionelle Reformen, die Demilitarisierung der bewaffneten Kräfte, eine Reform des Sicherheitssektors und die demokratischen Kontrolle über diesen beinhaltet. Vgl. Swisspeace: *A conceptional Framework for Dealing with the Past*, S. 6.

58 Vgl. Dealing with the Past in Peace Mediation. In: *Peace Mediation Essentials*. Ed. by the Mediation Support Project (swisspeace/ETH Zürich CCS) in consultation with the Mediation Support Unit (United Nations Department of Political Affairs). Bern 2009.

Die oben genannten Begriffe werden oft austauschbar verwendet, wenn es um Prozesse von Erinnerung und um öffentliche Gedenkformen geht, wie offizielle Diskurse und symbolische Handlungen oder populäre Erinnerungsformen, seien es Medienberichte, *Oral History*, Meinungsumfragen usw.[59] Gemäss Jasna Dragović-Soso umfassen diese Begriffe, insbesondere nach kriegerischen Konflikten und ähnlichen Perioden schwerwiegender Menschenrechtsverletzungen, dreierlei:[60]

1. Wahrheitsfindung und Schaffung einer überzeugenden Faktenlage, um Leugnungen und Revanchismus entgegentreten zu können, inklusive der gesellschaftlichen Anerkennung sowohl der verübten Verbrechen als auch der Opfer und ihrer Leiden.
2. Dies schliesst die rechtliche Strafverfolgung der Schuldigen ebenso ein wie Wiedergutmachung beziehungsweise Entschädigung für die Opfer.
3. Schliesslich gehört dazu das breite Bekenntnis von Staat und Gesellschaft, aus den Erfahrungen zu lernen und einer Wiederholung, im Sinne eines ‹Nie wieder›, vorzubeugen.

Dahinter stehen weitere Grundannahmen, die die Notwendigkeit von Vergangenheitsarbeit aufzeigen:

> *"The first of these (assumptions) is a psychological one: it is based on the notion that working through the past is necessary for healing, forgiveness and reconciliation. The second is political: the argument here is that processes of coming to terms with the past foster democracy and promote peace and respect for human rights, and thus act as a deterrent against future conflict and abuses. And the third is a moral one: there is a duty to remember the victims, to acknowledge their trauma, and to confront both individual and collective responsibility for their suffering."*[61]

---

59 Vgl. Jasna Dragović-Soso: Conflict, Memory, Accountability: What does Coming to Term with the Past mean? In: *Conflict and Memory: Bridging Past and Future in (South East) Europe*. Ed. by Wolfgang Petritsch and Vedran Džihić (Southeast European Integration Perspectives, No. 3). Baden-Baden 2010, S. 29–46, hier S. 33f.

60 Ebd., S. 34.

61 Ebd.

In dieser Arbeit soll anstatt Vergangenheitsbewältigung oder Geschichtsaufarbeitung bevorzugt der Begriff Vergangenheitsarbeit verwendet werden, da er umfassender und weitreichender scheint: Er impliziert nicht nur, dass es keinen Endpunkt der Auseinandersetzung mit der Geschichte gibt, sondern geht grundsätzlich davon aus, dass diese – gleich einem *work in progress* – ein permanenter Prozess ist, der jede neue Generation vor die Aufgabe stellt, Fragen an die Geschichte zu stellen und nach weiteren Antworten zu suchen.

Hingewiesen sei an dieser Stelle darauf, dass in der deutschsprachigen Forschung das serbische/kroatische/bosnische Begriffsäquivalent zur Auseinandersetzung mit der Vergangenheit selten reflektiert wird. Der Begriff *suočavanje s prošlošću* wäre als Terminus für diese Arbeit ebenfalls geeignet gewesen, bedeutet er doch sinngemäss *der Vergangenheit ins Auge sehen*, wobei diesem Vorgang die Notion einer Konfrontation inhärent ist. Aus diesem Grund verwendet beispielsweise *REKOM*, die Bewegung für die Einrichtung einer regionalen Wahrheitskommission, auf welche später noch eingegangen wird, als Logo ein stilisiertes Auge.

Die Zivilgesellschaft stellt eine «pluralistische Interessenslandschaft»[62] dar. Zu dieser gehören grundsätzlich eine Vielzahl von Organisationen und Initiativen, die sich in Form und Inhalt stark voneinander unterscheiden: Alternative Kulturorganisationen, Bildungs- und Forschungs-Organisationen, Umweltverbände, Menschenrechtsgruppen, Jugend- und Studierenden-Vereinigungen, Formen von lokaler Selbstorganisation, humanitäre, karitative und religiöse Gruppen, Stiftungen, Berufsverbände, Think Tanks, Friedensgruppen, Opferverbände, Tierschutzorganisationen und vieles mehr.[63] Das Feld ist sehr breit und heterogen und umfasst streng genommen auch solche Gruppierungen wie Angelvereine oder Sportklubs.

---

62 *NGOs im Prozess der Globalisierung*. Mächtige Zwerge – umstrittene Riesen. Hg. von Achim Brunnengräber, Ansgar Klein, Heike Walk (Bundeszentrale für politische Bildung, Schriftenreihe, Bd. 400). Bonn 2005, S. 429 (Glossar).

63 Igor Bandović: The Role of Non-Governmental Organizations and their Impact on Good Governance in Serbia. In: *Civil Society and Good Governance in Societies in Transition*. Ed. by Wolfgang Benedek. Belgrade 2006, S. 185–208, hier S. 193.

In der vorliegenden Arbeit werden indes als Zivilgesellschaft lediglich jene Akteure und Organisationen der Gesellschaft betrachtet, die autonom vom Staat organisiert sind und für Toleranz, Gewaltlosigkeit und Demokratie einstehen.[64]

Zivilgesellschaftliche Akteure[65] werden in der wissenschaftlichen Fachliteratur unterschieden in einerseits lokale Initiativen, oft basierend auf traditionellen Formen der Konfliktbearbeitung, und Nicht-Regierungs-Organisationen (NROs) als meistverbreitete Organisationsform andererseits, zumeist unter der englischen Bezeichnung Non-Governmental-Organisations (NGOs).[66] Das Feld der NGOs ist indessen weitaus umfassender als das oben definierte, spezifische, hier im Blickpunkt liegende zivilgesellschaftliche Spektrum.[67] Anders formuliert: Die Zivilgesellschaft, wie sie hier von Interesse ist, sollte nicht mit NGOs gleichgesetzt werden.[68] Auch in den Zivilgesellschaften auf dem Balkan sind NGOs zwar die verbreitetste, jedoch nicht die einzige Organisationsform. Daneben sind unbedingt Initiativen, Vereinigungen, Vereine, Gewerkschaften und weitere Interessens- oder Expertengruppen sowie Einzelpersonen, wie Intellektuelle, Künstler, Wissenschaftler usw. mit einzubeziehen.

Im Zusammenhang mit dem vorliegenden Thema ist die Verortung zivilgesellschaftlicher Akteure und Organisationen, wie sie in der Friedens- und Konfliktforschung seit den 1990er Jahren vorgenommen wird,

---

64 Vgl. Denisa Kostovicova: *Civil Society in the Western Balkans*, S. 287.

65 Innerhalb dieses wissenschaftlichen Diskurses gibt es wiederum verschiedene Auffassungen, wer zur Zivilgesellschaft zu zählen ist. Die Politologin Thania Pfaffenholz unterscheidet dabei eine engere und eine weitere Definition, wobei die Zuweisung von Parlamentariern, Journalisten sowie lokalen traditionellen oder religiösen Akteuren (wie etwa Ältestenräte oder islamische Wohlfahrtsorganisationen), je nach Standpunkt anders ausfällt. Thania Pfaffenholz: *NROs als Friedensbringer*? Möglichkeiten und Grenzen, S. 12.

66 Denisa Kostovicova: *Civil Society in the Western Balkans*, S. 288.

67 Zur Bedeutung und Funktion von NGOs siehe *NGOs im Prozess der Globalisierung*.

68 Ivana Franović: *Dealing with the Past*, S. 39.

wichtig zu erwähnen:[69] Auf den Handlungsebenen ziviler Konfliktbearbeitung werden drei Kategorien von Akteuren unterschieden und als *Tracks (Gleise)* bezeichnet. *Track I* umfasst die Staatenwelt, das heisst Staaten, internationale Organisationen, Politiker, Diplomaten. Auf *Track II* agiert die Gesellschaftswelt; konkret zivilgesellschaftliche Akteure auf nationaler und transnationaler Ebene, wie NGOs oder besondere Persönlichkeiten. *Track III* repräsentiert ebenfalls die Gesellschaftswelt und zwar lokale grassroot-Bewegungen und NGOs sowie INGOs (Internationale NGOs), die auf lokaler Ebene tätig sind.

Das Track-Modell lehnt sich an die Gesellschaftspyramide von John Paul Lederach an,[70] weshalb die Tracks bisweilen auch entsprechend hierarchisch von oben nach unten dargestellt werden. Bei der folgenden Untersuchung des zivilgesellschaftlichen Engagements hilft es, sich diese Kategorien vor Augen zu halten, da sie eine hilfreiche Struktur zum besseren Verständnis der Akteure, ihrem Handlungsradius wie auch der Rahmenbedingungen für die Vergangenheitsarbeit bieten.

2.2. Lebensweltliche Methode

Der Begriff ‹Lebenswelt› hat sich ursprünglich aus den philosophischen Überlegungen Edmund Husserls zur Bedeutung von individueller Erfahrung und Wahrnehmung für die persönliche Umwelt entwickelt.[71] Dies hat im Folgenden zu fruchtbaren Diskussionen in der Pädagogik und Soziologie geführt, wo der Lebenswelt-Begriff zum Verständnis von Kommunikationsprozessen beigetragen hat. Vor allem die Überlegungen des Philosophen und Soziologen Jürgen Habermas haben den Begriff der Lebenswelt

69 Die folgende Darstellung folgt Tobias Debiel, Holger Niemann, Lutz Schrader: *Zivile Konfliktbearbeitung*, S. 324ff.

70 Ebd., S. 324.

71 Heiko Haumann: Lebensweltlich orientierte Geschichtsschreibung in den jüdischen Studien. Das Basler Beispiel. In: ders.: *Lebenswelten und Geschichte*. Zur Theorie und Praxis der Forschung. Wien, Köln, Weimar 2012, S. 70–84, hier S. 76.

in einer umfassenderen Bedeutung bekannt gemacht. Die Geschichtswissenschaft hat schliesslich die Lebenswelt als eine Perspektive und ein Konzept für sich nutzbar gemacht. Im Rahmen einer neueren Kulturgeschichte[72] hat sich der lebensweltliche Ansatz unterdessen als eine kulturwissenschaftliche Methode herausgebildet, die es vermag, Einsichten zu den Lebenswirklichkeiten von Menschen aus ihrer individuellen, subjektiven Perspektive und aus den Wechselbeziehungen mit ihrer Umwelt zu liefern.

Der auf Selbstzeugnissen (Briefe, Tagebücher oder *Oral History*-Quellen wie Interviews) basierte Rückblick auf die individuelle Geschichte, eigene Sinngebungen und Deutungsmuster gibt Einblick in die ‹kleine› Individualgeschichte, die sich innerhalb der ‹grossen› Ereignisgeschichte vollzieht. Zentral ist dabei, dass diese Individualgeschichte aus der Perspektive des Untersuchungssubjekts heraus geschrieben wird.

Das hier zugrunde liegende Verständnis von Lebenswelt versteht sich als eine Schnitt- oder Kommunikationsstelle von Mikro- und Makrogeschichte, deren Untrennbarkeit dem Begriff inhärent ist. Gemeint ist dies als ein Wechselspiel von Binnen- und Aussenperspektive, gewissermassen als Resultat beider Sichtweisen. Zur Selbstwahrnehmung oder zur ‹inneren Welt› gehören beispielsweise die eigene Identifikation, das Selbst-Verständnis und die soziale Verortung.[73] Diese Eigenwahrnehmung steht im Wechselverhältnis respektive in Kommunikation mit der ‹äusseren Welt›, wozu Gemeinsamkeiten mit anderen, Verbundenheit über Netzwerke oder

---

72 Zum Kultur-Begriff und zur (neueren) Kulturgeschichte siehe Martin Dinges: Neue Kulturgeschichte. In: *Kompass der Geschichtswissenschaft: Ein Handbuch.* Hg. von Joachim Eibach und Günther Lottes. Göttingen 2002, S. 179–192; ferner Ute Daniel: *Kompendium Kulturgeschichte: Theorien, Praxis, Schlüsselwörter.* 3. Aufl., Frankfurt am Main 2002 sowie Heiko Haumann, Martin Schaffner: Überlegungen zur Arbeit mit dem Kulturbegriff in den Geschichtswissenschaften. In: *Uni nova*, 70 (1994), S. 18–21.

73 Julia Richers: Zeiten des Umbruchs und der Liminalität. Lebenswelten Budapester Juden im Vormärz. In: *Konzeptionen des Jüdischen.* Kollektive Entwürfe im Wandel. Hg. von Petra Ernst und Gerald Lamprecht. Innsbruck u. a. 2009, S. 106–131; hier S. 110.

Gruppenzugehörigkeitsgefühle gehören und was sich in einer Gruppenwahrnehmung oder -orientierung niederschlägt.[74]

Menschen sind Träger von Geschichten und handeln gemäss ihren Vorstellungen. Diese Herangehensweise bietet Anknüpfungsmöglichkeiten und Antworten auf Fragen zur Gegenwart, gerade im Bereich der Erinnerungskultur und Konfliktforschung, wie Heiko Haumann nahe legt:

> *«Damit könnte herausgearbeitet werden, welche Bedürfnisse, Notlagen und Bewusstseinsformen, aber auch welche Symbole, Rituale und verinnerlichte Normen eine geschichtspolitische Argumentation aufgreift. [...] Zugleich werden damit Ansatzpunkte deutlich, wie eine kritische Auseinandersetzung mit der Vergangenheit aussehen könnte und welche Möglichkeiten zum Eingreifen in die geschichtspolitischen Vorgänge bestünden.»*[75]

Aus diesem Blickwinkel soll im Folgenden der Versuch unternommen werden, individuelle Einflüsse und Beweggründe aufzuzeigen, die auf zivilgesellschaftliche Akteure gewirkt haben, um herauszuarbeiten, welche Erfahrungen zu ihrem Engagement geführt haben. Auch gilt es, «lebensweltliche Grundeinstellungen»[76] wie Verhaltensweisen oder Werteinstellungen aufzuspüren, die dazu dienen können, Konstanten oder Brüche aufzuzeigen und weitere Erklärungen zu finden. Im Zentrum stehen dabei sowohl ihre biografischen Entwicklungen und Wendepunkte,[77] emotionalen Zäsuren oder sozialen Bezüge als auch die Bedeutungszusammenhänge, die sich durch den Austausch mit der Aussenwelt, mit Gleichgesinnten oder aber in Abkehr von Mehrheitspositionen ergeben.

---

74 Ebd.

75 Heiko Haumann: *Konfliktforschung aus lebensweltlicher Perspektive*. Unveröffentlichtes Manuskript der Rede anlässlich der Festtagung zum 60. Geburtstag von Prof. Dr. Ueli Mäder, Basel, 18.5.2011, S. 5.

76 Heiko Haumann: *Hermann Diamanski (1910–1976)*. Überleben in der Katastrophe. Eine deutsche Geschichte zwischen Auschwitz und Staatssicherheitsdienst. Köln, Wien, Weimar 2011, S. 380.

77 Zum Begriff des «biografischen Wendepunkts» siehe Gabriele Rosenthal: *Erlebte und erzählte Lebensgeschichte: Gestalt und Struktur biographischer Selbstbeschreibung*. Frankfurt am Main, New York 1995, insbesondere S. 134–145.

Schliesslich steht auch die Reflexion der InterviewpartnerInnen von erlebter wie auch tradierter Geschichte im Vordergrund. Dies ist bei der vorliegenden Untersuchung von zentraler Bedeutung, da die hier näher zu betrachtenden Akteure nicht nur besonders ereignisreiche Phasen und komplexe Aspekte von Geschichte selber erfahren haben, sondern im – engeren wie weiteren – Feld der Vergangenheitsarbeit tätig sind und dabei selber Geschichtsbezüge herstellen und wiederum zu wichtigen Trägern, gewissermassen ‹Produzenten›, von Geschichtsbildern werden.

Gleichzeitig wird aus den Perspektiven dieser individuellen Mikrogeschichten ein Stück weit die Makrogeschichte des sozialistischen Jugoslawiens und seiner Nachfolgestaaten nachvollzogen. Bekannte Phasen und Ereignisse werden aus einer vielschichtigen Sicht in seinen unterschiedlichen Wirkungen auf die Menschen der Zeit dargelegt. Über das Handeln der Menschen werden Geschichte und systemische Wirkungsmechanismen erfahrbar, und gleichzeitig wird fassbar, wie dies auf die Geschichte zurückwirkt.

Wie jede Methode, hat auch der lebensweltliche Ansatz seine Schwächen und Stärken. Die Arbeit mit Erinnerungszeugnissen erfordert eine besonders kritische Reflexion; möglicherweise noch mehr als mit klassischen historischen Quellen, da jeder Erinnerungsprozess Einfluss auf das Erinnerte nimmt. Oder wie es Heiko Haumann und Ueli Mäder formulieren: «Erinnerung formt sich im Gespräch.»[78] Aus neurologischen Erkenntnissen über die komplexen und dynamischen Erinnerungsvorgänge hat die Geschichtswissenschaft lernen müssen, dass mit jedem Erinnerungsvorgang und unter dem Eindruck neuer Lebenserfahrungen und veränderten Einstellungen, ja sogar Träumen, das Erinnerte beeinflusst wird und somit einem Wandel unterliegt.[79] Hinzu kommt, wie der Basler Soziologe Ueli

---

78 Heiko Haumann, Ueli Mäder: Erinnern und erzählen. Historisch-sozialwissenschaftliche Zugänge zu lebensgeschichtlichen Interviews. In: *Versorgt und vergessen.* Ehemalige Verdingkinder erzählen. Hg. von Marco Leuenberger und Loretta Seglias. Zürich 2008, S. 279–287, hier S. 280.

79 Heiko Haumann: Geschichte, Lebenswelt, Sinn. Über die Interpretation von Selbstzeugnissen. In: ders.: *Lebenswelten und Geschichte.* Zur Theorie und Praxis der

Mäder konstatiert, dass «sich das Selbstverständnis von Erzählenden im Laufe der Zeit durch weitere Erfahrungen verändert. Die Befragten vermitteln, wie sie das Erlebte in eine verständliche Ordnung bringen, ihr Schicksal erklären und die Welt verstehen. Wenn wir diesem subjektiven Sinn auf die Spur kommen, öffnen sich Welten.»[80]

Dass heisst, dass nicht nur eigene Sinnkonstruktionen bereits eine individuelle Interpretation von Wirklichkeit sind, sondern auch, dass mit jedem Erinnern diese Interpretation eine Modifikation, eine Art Reinterpretation erfährt. Das Erinnern im Rahmen der Interviews ist just ein solcher Vorgang, umso mehr als von vornherein von der Autorin gegenüber den InterviewpartnerInnen dargelegt wurde, dass es eben dabei auch um die eigene Rückschau auf das bisherige Wirken und die eigene Perzeption von Biografie und Geschichte gehe.

Für die Qualität einer Aussage im Sinne ihres absoluten Wahrheitsgehaltes bedeutet dies zunächst eine Relativierung. Es ist daher grundsätzlich erforderlich, Erkenntnisse auf der Basis lebensweltlicher Methoden in Bezug zu weiteren Quellen und Informationen zu setzen, um sie zu validieren und vor dem Hintergrund der Ereignisgeschichte und der Erfahrungen Anderer besser beurteilen zu können. Bei dieser Arbeit soll mittels einer Bandbreite von Interviews und dem Einbezug von Literatur zur Ereignisgeschichte eine kritische Beurteilung ermöglicht werden. Dabei liegt bei der Autorin die Annahme zugrunde, dass sich, bei aller Unterschiedlichkeit von Biografien und Prägungen sowie des dynamischen, veränderlichen Charakters von Erinnerung, gleichwohl bestimmte Ähnlichkeiten und Aspekte herauskristallisieren, die den Schluss allgemeingültigerer Aussagen bezüglich zivilgesellschaftlicher AkeurInnen und ihrer Arbeit zulassen und somit zu neuen Einsichten beitragen.

Schliesslich unterliegt auch die Auseinandersetzung der Autorin mit den Lebenswelten der Interviewten subjektiven Wahrnehmungen, wie jede

---

Forschung. Wien, Köln, Weimar 2012, S. 85–95, hier S. 85.

80 Ueli Mäder: Unterwegs. In: *Vom Nutzen der Geschichte*. Nachbardisziplinen im Umgang mit Geschichte. Hg. von Claudia Opitz-Belakhal und Regina Wecker (Basler Beiträge zur Geschichtswissenschaft, Bd. 181). Basel 2009, S. 97–103, hier S. 101.

Interaktion eines Forschenden mit seinem Untersuchungssubjekt. Für das methodische Vorgehen bedeutet dies, möglichst nicht von vorgefertigten Annahmen auszugehen, sondern von der Quellenbasis aus, Themen und Aspekte herauszuarbeiten. In praktischer Hinsicht erfordert es im vorliegenden Fall, eine möglichst transparente Vorgehensweise bei der Auswahl der GesprächspartnerInnen sowie bei der Durchführung und Analyse der Interviews.

2.3. Interviews als Quelle

Zunächst galt es abzuwägen, wie die zivilgesellschaftlichen AkteurInnen befragt werden sollten. Zur Auswahl stand die Option von schriftlichen Umfragen oder mündlichen Interviews. Der entscheidende Unterschied der beiden Techniken ist, dass Letztere mehr Gestaltungsraum bietet und keine vorgefestigten Annahmen an die Interviewpartner heranträgt, sondern sie halbwegs frei sprechen lässt. Zudem bietet eine Interview-basierte Vorgehensweise die Chance, direkt nachzufragen, aufschlussreich klingende Seitenaspekte spontan zu vertiefen, Gestik und Mimik zu beobachten und die Persönlichkeit schiesslich genauer zu erfassen, was eine bessere Einbettung des Gesagten ermöglicht. Auch können direkt Missverständnisse geklärt und kann Ungereimtheiten nachgegangen oder falschen Schlussfolgerungen vorgebeugt werden. Da zudem keine Sprachbarriere bestand, konnte so auch eine vertraulichere und authentischere Gesprächssituation geschaffen werden, die im besten Fall Raum für weitere Gesprächsthemen und Erkenntnisse bot.

Um einerseits durchgängig essenzielle Fakten und Kernaspekte zu erfassen, erschien es sinnvoll, einen semi-strukturierten Fragebogen als Grundlage für die Gespräche zu erstellen. Andererseits sollte jedoch genug Freiraum für die individuellen Ausführungen der Befragten eingeräumt werden. Der Fragebogen gliederte sich schliesslich in sechs Kategorien wie folgt:

1. Formale Kontextdaten (zur Person und ihrem Betätigungsfeld, Ort, Zeit usw.)
2. Informationen zur Organisation, Institution u.ä. (Mission Statement[81], Aktivitäten)
3. Informationen zu Biografie und Lebenswelt (der eigenen wie auch von anderen)
4. Eigene Einschätzung zur Rolle der Zivilgesellschaft (eigenes Verständnis dessen, Rolle im eigenen Land sowie in anderen jugoslawischen Nachfolgestaaten, Erfolge und Widerstände)
5. Umgang mit der Geschichte (eigene Erfahrungen, Einschätzung über Land und Region, Bildungslandschaft, Gender-Aspekte, Jugend, sonstiges)
6. Abschlusskapitel für eine Art Gedächtnisprotokoll, um eigene Eindrücke und Beobachtungen nach den Interviews ergänzend zu erfassen. Letzteres war hilfreich für die Notierung von Begleitumständen; für Beobachtungen, die relevant für die spätere Gesprächsanalyse sein konnten; zur weiteren Memorierung des Gesagten sowie für das Festhalten von Folgefragen.

Der Fragebogen wurde der eingereichten Dissertation als Anhang beigefügt, ebenso wie die Aufnahmen aller präsentierten beziehungsweise verwendeten Interviews auf einer beigelegten CD. Zu einer Audio-Aufzeichnung waren erfreulicherweise alle GesprächspartnerInnen ohne Zögern bereit. Die Interview-Aufnahmen dienten zum einen dem Nachweis, um das Gesagte zu belegen, und zum anderen der Sicherung der Originalaussagen, für die transkribierte und übersetzte Wiedergabe des Gesagten in der schriftlichen Ausarbeitung.[82] Die Gespräche waren naturgemäss von unterschiedlicher Länge: Die kürzesten Gespräche dauerten circa eine Stunde,

81 Ein Mission Statement ist das Leitbild einer Organisation, gewissermassen ihre «raison d'être».

82 Soweit nicht anders vermerkt, stammen alle Übersetzungen aus dem Kroatischen/Bosnischen/Serbischen von der Autorin.

was zumeist dann der Fall war, wenn das Gespräch mit der zweiten oder dritten RepräsentantIn der gleichen Organisation geführt wurde und daher zum Zwecke der Vermeidung von Redundanzen der Themenblock zu den allgemeinen Informationen bezüglich der Organisation kürzer gefasst oder ganz übersprungen werden konnte. Das längste Gespräch dauerte rund 5 Stunden; der Grossteil der Interviews belief sich im Schnitt zwischen 1,5 bis 2 Stunden.

Zur Sicherheit (falls die Technik unerwartet Probleme bereiten sollte), aber auch aufgrund einer persönlichen Präferenz der Autorin, wurden während der Interviews die wichtigsten Aussagen auf dem Gesprächsleitfaden festgehalten und spontan, interessante Aspekte, Gedankengänge und Zusammenhänge markiert. Alle 26 für diese Arbeit relevanten Gespräche wurden selbständig geführt; die zitierten Gespräche werden der besseren Lesbarkeit wegen kursiv und kompakt eingerückt wiedergegeben.

Allen InterviewpartnerInnen wurde weitestmögliche Anonymität zugesichert, wenngleich dies nur für die wenigsten eine Bedingung war. Das ist bemerkenswert: Einerseits angesichts des grundsätzlich sehr persönlichen Charakters der anvertrauten Informationen und andererseits in Anbetracht der Tatsache, dass die Art des hier geschilderten zivilgesellschaftlichen Engagements in den betreffenden Ländern auf teilweise sehr harsche Kritik und breiten Widerstand stösst. Der Grossteil der befragten Personen berichteten von solchen Erfahrungen aus dem jeweiligen Wirkungskreis, persönliche Verunglimpfungen und Gewaltandrohungen für Leib und Leben mit eingeschlossen. Gleichwohl soll daran festhalten werden, nicht zuletzt auch, um die teilweise sehr persönlichen Lebensgeschichten und -erfahrungen dieser Personen der Zeitgeschichte auf diese Art zu schützen. Weil es KennerInnen der Länder und Aktionsfelder vermutlich gelingen könnte, Rückschlüsse auf die Personen zu ziehen, musste konsequenterweise darauf verzichten werden, weitere Unterlagen wie die Webseiten von Organisationen, Publikationen der betreffenden Personen und ähnliches zu zitieren sowie besondere Merkmale zu schildern, was ein beträchtliches Dilemma darstellt. Anstelle der Namen der Personen werden Pseudonyme verwendet. Lediglich für die Beurteilung der Arbeit wurde für die beiden Gutachter ein gesonderter Hinweis im Anhang der Originalausgaben der

Dissertation beigelegt, welcher die wirklichen Namen inklusive Verschlüsselungsmodus nennt.

Aus grundsätzlichen Überlegungen, aber auch gerade angesichts des Umstandes, dass ich praktisch allen InterviewpartnerInnen bei dieser Gelegenheit zum ersten Mal begegnet bin, schien es angebracht, offen und situationsbedingt in das Gespräch einzusteigen, schliesslich galt es in kurzer Zeit eine möglichst vertrauensvolle Atmosphäre zu schaffen. Wenn dies nicht schon im Vorfeld beim Erstkontakt via Telefon oder Email kommuniziert wurde, begann das Gespräch jeweils mit einer kurzen Vorstellung meinerseits mit ergänzenden Informationen zum Dissertations-Projekt und meinem persönlichen wie beruflichen Hintergrund.

Im Folgenden erwies sich oft der chronologische Einstieg über die Kapitel I und II des Fragebogens als hilfreich, da somit eine erste Annäherung erfolgt war, ehe es mit dem Kapitel III schliesslich in den vertraulichen Bereich der eigenen Biografie ging. Bisweilen ergab sich der Einstieg genau andersherum, nämlich über die Biografie, an die sich anschliessend nach und nach die anderen Themenblöcke reihten.

Eine der wichtigsten Feststellungen dieser Untersuchung ist der Sachverhalt, dass bei dem Grossteil der Interviews eine grosse Offenheit und Vertraulichkeit seitens der GesprächspartnerInnen entgegengebracht wurde, ohne die diese Arbeit kaum von Erkenntniswert wäre. Teilweise er folgten unmittelbar während oder nach dem Gespräch positive und teilweise erstaunte Rückmeldungen seitens der Interview-PartnerInnen, demnach sie über bestimmte Aspekte, Zusammenhänge oder Fragen bislang nie nachgedacht hätten oder sich mit mir auf ein derart vertrauliches Terrain begeben haben, wie sie es bisweilen mit engen Familienmitgliedern oder Freunden nicht unternommen hatten.

Der Auswahl der GesprächspartnerInnen kommt eine zentrale Bedeutung bei jeder Untersuchung zu. Es war im vorliegenden Fall die Absicht, RepräsentantInnen aus verschiedenen Aktionsfeldern der Zivilgesellschaft in Serbien, Bosnien-Herzegowina und Kroatien einzubeziehen, wobei beide Geschlechter ebenso vertreten, wie ein Querschnitt durch verschiedene Kategorien wie Generation, Altersgruppe, Religionszugehörigkeit, Bildungs- und Berufshintergrund gewährleistet sein sollten. Eine Mischung aus erfahrenen, teilweise (sehr) bekannten Persönlichkeiten neben AkteurInnen aus dem engeren und weiteren Umfeld der Organisationen schien erstrebenswert, um schliesslich eine gewisse Bandbreite von unterschiedlichen Erfahrungen und Perspektiven zu erhalten, die sich ferner auch durch die verschiedenen Funktionen, Hierarchien, gesetzlichen Rahmenbedingungen und politischen Situationen ergeben.

Die Eingrenzung möglicher KandidatInnen ergab sich mehrstufig: Zunächst aus dem langjährigen Nachverfolgen der Zivilgesellschaft mittels Medien und Literatur, ergänzt von persönlichen Begegegnungen, Gesprächen und Beobachtungen, die sich in den vergangenen rund 15 Jahren im Rahmen der geschilderten Tätigkeiten sowie zahlreicher Reisen und Aufenthalten in der Region ergaben. Des Weiteren erfolgte eine Eingrenzung thematischer Art, in dem nur VertreterInnen solcher Organisationen und Gruppen in Betracht gezogen wurden, die sich im Bereich der Vergangenheitsarbeit engagieren. Wie im Folgenden noch dargelegt wird, ist bei vorliegender Arbeit ein breiteres Verständnis dieses Begriffs herbeigezogen worden.

Schliesslich wurden die anvisierten Personen und/oder Organisationen per Email kontaktiert und um Teilnahme zur Untersuchung angefragt, ein telefonisches Nachfassen erwies sich zusätzlich als hilfreich. Zu einem kleineren Teil war es schwierig, mit dem Anliegen bis zur Weiterleitung an eine geneigte und/oder geeignete Person zu gelangen. Dies war bei den bekannteren Organisationen der Fall, was nachvollziehbar ist, angesichts ihrer nationalen, regionalen und internationalen Bedeutung, ihrem grossen Beziehungsnetz und ihrer daraus ableitbaren Funktion als wichtige Informations- und Auskunftsstelle für Medienschaffende, ausländische Delegationen, Forschende und weitere Bittsteller: Manche Angefragten waren schlicht zu beschäftigt. In einem Fall hingegen könnte die Arbeitsbelastung möglicherweise als Grund für eine Absage vorgeschoben worden sein, während in einem anderen Fall alle Kontaktversuche unbeantwortet blieben.[83]

83 Später erwies sich, dass die angefragte Organisation die Arbeit (zumindest einstweilen) eingestellt hatte und die Führungsperson sich Anschuldigungen, Projekt-

Gleichwohl muss die grundsätzlich hohe und sehr unkomplizierte Teilnahmebereitschaft betont werden, auf die ich mit meinem Unterfangen gestossen bin. Nicht zuletzt waren es dann praktische Gründe, die zu einem Interview führten: Je bekannter eine Person und je bedeutsamer die ausgeübte Funktion, desto häufiger die Absenzen infolge Reisetätigkeiten, Kongressteilnahmen, Weiterbildungsaufenthalten oder Projektarbeit ‹im Feld›. Das verunmöglichte einige vielversprechende Begegnungen ebenso wie der Faktor der ‹internen Selektion›: Dies war dann der Fall, wenn – wohlmeinend wie selbstbewusst – seitens der Organisationen alternative GesprächspartnerInnen vorgeschlagen wurden, in der Meinung, dass diese aufgrund Funktion, Erfahrung, Alter oder anderen Gründen ‹besser› geeignet seien, um über das Thema zu sprechen. Dieses Phänomen hatte positive wie negative Seiten: Während sich dadurch unvorhergesehen ertragreiche Kontake und spannende Gespräche ergaben, wurde so teilweise auch der Fokus von einer anvisierten Person weg hin zu einer anderen geleitet. Um dieser Herausforderung zu begegnen, wurden einerseits diese neuen Vorschläge dankbar aufgenommen und andererseits freundlich darauf beharrt, zusätzlich mit den Wunschpersonen zu sprechen. Manchmal gelang dies, manchmal nicht.

Es ist Bilićs sensibler Einschätzung zuzustimmen, dass grundsätzlich ein Sättigungsmoment unter den zivilgesellschaftlichen AkteurInnen auszumachen ist, wenn es um Befragungen seitens ausländischer Akademiker/Forscher/Experten/Konsulenten geht, die bisweilen mit einem Mangel an Wissen und Sensibilität ausgestattet, auf Einsichten in einem emotional schwierigen Umfeld aus sind.[84] Als sehr erfreulich, wenn auch nicht verwunderlich, erwies sich daher die durchweg positive Bereitschaft, über das Thema Vergangenheitsarbeit an sich zu sprechen – war ebendieses doch ein zentrales Anliegen des zivilgesellschaftichen Engagements dieser Personen. Der Umstand jedoch, dass sie selbst jeweils im Zentrum stehen sollten, dass ihre lebensweltliche Prägung und der entsprechende Blick auf ihre und die Lebenswelten anderer von Interesse sein sollten, führte zu

gelder veruntreut zu haben, gegenüber sah.

84 Bojan Bilić: *We Were Gasping for Air*, S. 31.

überraschten Reaktionen. Die entlang des semistrukturierten Leitfadens geführten Interviews verliefen in grosser Offenheit, und auch auf spätere Nachfragen wurde positiv und reziptiv reagiert.

Lediglich an Stellen, wo unmittelbare Kriegserfahrungen im Mittelpunkt standen oder die Gesprächspartner nicht von sich aus und wie zuvor üblich, detailliert ausführten oder das Thema betont knapp behandelten, wurde von pointierten Nachfragen abgesehen, auch wenn die Beantwortung dieser in einigen Fällen vielversprechende Erklärungen hätten bedeuten können. Dies geschah aus Respekt vor möglicherweise belastenden Erfahrungen und im Wissen um die Gefahr von Evozierung von *Flashback*-Momenten (Rückblenden) in Interviews, die eine erneute Traumatisierung bewirken könnten. Bei manchen Gesprächen galt es im Nachhinein, während der Transkription und Auswertung, bei den InterviewpartnerInnen zwecks Präzisierungen oder Unklarheiten nachzufassen; bei diesen Gelegenheiten wurde die Möglichkeit eingeräumt, Sachverhalte zu ergänzen oder nachzutragen.

Als hilfreiche Quelle erwies sich auch das Verzeichnis der *REKOM*-Bewegung, auf die im späteren Verlauf noch eingegangen wird. Die *REKOM*-Datenbank[85] führt die verschiedensten Mitglieder (Organisationen wie Individuen) mitsamt nützlichen Informationen, wie zum Beispiel Website, Typ von Organisation, und Adresse auf. Diese Übersicht hat sich als nützliche Information erwiesen, als es darum ging, zwischen Organisationen abzuwägen oder Kontaktpersonen ausfindig zu machen.

Praktisch alle Befragungen hätten es verdient, in der Auswertung berücksichtigt zu werden; da dies jedoch den Umfang dieser Arbeit gesprengt hätte, musste eine Auswahl getroffen werden. Dies geschah, indem ein Querschnitt der Interviews hinsichtlich der Art des Engagements (in Bezug auf die Vergangenheitsarbeit), des Alters und der Bezugsgruppe (allgemeine Vergangenheitsarbeit oder spezifische mit/für Veteranen, Frauen oder Jugend) angestrebt wurde. Die übrigen Gespräche fliessen als Kontextinterviews gleichwohl in die Analyse ein, da sie weitere wertvolle

85 http://www.zarekom.org/documents/Coalition-members.en.html (letzter Zugriff: 23.3.2013).

Einsichten bringen und das in den Schwerpunkt-Interviews Dargelegte ergänzen, verstärken oder kontrastieren.

3. Zivilgesellschaft im ehemaligen Jugoslawien und in den Nachfolgestaaten

Im folgenden Kapitel 3.1. soll der Hintergrund der zivilgesellschaftlichen Ausdifferenzierung in Jugoslawien mit den wichtigsten Entwicklungslinien skizziert werden. Wichtig ist hierbei hervorzuheben, dass die einsetzende gesellschaftliche Ausdifferenzierung in alle politische Richtungen erfolgte, auch wenn sich im Folgenden der Blick auf die tendenziell demokratischen und friedensorientierten Kräfte im ehemaligen Jugoslawien richten soll. Es gilt jedoch dabei sich vor Augen zu halten, dass sich – parallel zu den hier dargelegten Entwicklungen – zahlreiche weitere zivilgesellschaftliche Gruppierungen, wie etwa neu gegründete Schriftstellerverbände oder akademische Initiativen, herausbildeten, die sich zumeist nationalen Fragen widmeten und dabei dezidiert nationalistische und militaristische Positionen vertraten.[86]

Bei dieser Vorgehensweise sollen die Voraussetzungen ebenso wie die Wirkung dieses gesellschaftlichen Engagements umrissen werden. Dies ist auch insofern wichtig, weil viele der Initiativen und AktivistInnen aus der wegweisenden Phase der 1980er und frühen 1990er Jahre, später zu gesellschaftlichen Triebfedern und Schlüsselfiguren im Bereich der Vergangensarbeit werden sollten.

Eine gewisse Ausführlichkeit an manchen Stellen über den Rahmen der beabsichtigten groben Skizzierung der zivilgesellschaftlichen Entwicklung hinaus, trägt dem Umstand Rechnung, dass im folgenden Kapitel (Kapitel 4) aufgrund der zugesicherten Anonymisierung der Gesprächspartner-

86 Vgl. Nick Miller: Intellectuals and Nationalism in Tito's Yugoslavia. In: *State Collapse in South-Eastern Europe*. New Perspectives on Yugoslavia's Disintegration. Ed. by Lenard J. Cohen and Jasna Dragović-Soso. West Lafayette, Indiana, 2008, S. 179–200. Miller beschreibt darin die Nationalismen in Slowenien, Kroatien und Serbien unter dem Einfluss der Intellektuellen. Siehe diesbezüglich auch die verschiedenen Beiträge zum Wandel in der Kirche, Wissenschaft, Literatur sowie in den Medien in Bezug auf Serbien. In: *Serbiens Weg in den Krieg*.

Innen, nur in begrenztem Masse Auskunft über die Organisationen gegeben werden kann, um entsprechende Rückschlüsse auf die Personen zu vermeiden.

Anschliessend wird im Kapitel 3.2. der Fokus beschränkt auf die drei hier relevanten Länder Serbien, Bosnien-Herzegowina und Kroatien, und die weitere Entwicklung betrachtet, unter ausschliesslicher Berücksichtigung jener Gruppen und AkteurInnen, die sich im Bereich der Vergangenheitsarbeit engagieren.

3.1. Zivilgesellschaft im sozialistischen Jugoslawien (bis 1991)

Im sozialistischen Leben gab es ein breites und vielfältiges Betätigungsfeld für gesellschaftliche Aktivitäten und auch soziales Engagement: So existierten Kultur-, Jugend-, Studenten-, Sport-, Veteranen-, Wohltätigkeits- und Frauenverbände oder Gewerkschaften,[87] allerdings wuren sie organisiert und kontrolliert von Staat und Partei, womit sie nicht zu genuin zivilgesellschaftlichen Organisationen zu zählen sind. Die Ausdifferenzierung der Zivilgesellschaft und Herausbildung von Akteuren und Akteurinnen, wie sie für die vorliegende Arbeit von Interesse ist, vollzog sich im sozialistischen Jugoslawien vor allem in den 1980er Jahren, wobei signifikante Unterschiede zwischen den verschiedenen Republiken bestanden. Vorläuferformen, wie etwa in der Frauenbewegung sichtbar, und Ereignisse wie die Studentenbewegung 1968, dürfen dabei nicht unerwähnt bleiben, da sie wichtige gesellschaftliche Impulse setzten.[88]

Zwei Hauptentwicklungslinien in den Jahren bis zum Auseinanderbrechen Jugoslawiens, das sich in unterschiedlichen Abstufungen seit 1990/1991 vollzog, lassen sich hierbei festhalten: Erstens eine Ausdiffe-

87 Julia Nietsch: Zivilgesellschaft in Kosovo und Bosnien-Herzegowina. In: *Zivilgesellschaftliche Entwicklung in Südosteuropa*. Hg. von Anton Sterbling (Südosteuropa-Jahrbuch, Bd. 36). München 2009, S. 239–251, hier S. 242.

88 Vgl. Bojan Bilić: *We Were Gasping for Air*.

renzierung von Studenten- respektive Jugendgruppen, Frauenorganisationen sowie Umweltgruppen im Laufe der 1980er Jahre, oft charakterisiert von personellen Überlappungen und weiteren Interdependenzen, die keine strikte Trennung erlauben. Diese ersten zivilgesellschaftlichen Aktivitäten reagierten auf erste sicht-· oder zumindest spürbare Krisensymptome im sozialistischen Jugoslawien, die sich vor allem zunächst in einer wachsenden wirtschaftlichen Krise manifestierte.[89] Zweitens eine Friedens- respektive Antikriegsbewegung gegen Ende des Jahrzehnts, die sich zum einen vor dem Hintergrund einer allgemeinen Meinungspluralisierug, nicht zuletzt infolge des Systemwechsels in Osteuropa, und der jugoslawischen Desintegration zum anderen herausbilden sollte.[90] Eine besondere Situation herrschte in der autonomen Provinz Kosovo, wo sich das zivilgesellschaftliche Engagement vor dem Hintergrund des Strebens nach kosovoalbanischer Autonomie vollzog und den serbischen Bestrebungen, dies zu unterbinden.[91]

Die längste Entwicklungslinie zivilgesellschaftlichen Engagements zeigt die Frauenbewegung im ehemaligen Jugoslawien auf. Sie bildete sich, nach ersten Vorläufern im 19. Jahrhundert, innerhalb der sozialistischen Arbeiterpartei 1919 heraus und erfuhr ein entscheidendes Moment gegen Ende des Zweiten Weltkrieges, als die *Antifaschistische Frauen-Front Jugoslawiens* gegründet wurde (*Antifašistički front žena Jugoslavije, AFZJ*).[92] Bestärkt durch die emanzipatorische Erfahrung im Krieg, setzte sich diese national wie international für die Verbesserung der Stellung der Frau und die Gleichberechtigung von Frauen und Männern ein.[93] Infolge des star-

---

89 Friedbert W. Rüb: Von der zivilen zur unzivilen Gesellschaft: Das Beispiel Jugoslawien. In: *Systemwechsel 5*. Zivilgesellschaft und Transformation. Hg. von Wolfgang Merkel, Opladen 2000, S. 173–201, hier S. 174.

90 Bojan Bilić: *We Were Gasping for Air*, S. 109ff.

91 Vgl. Ana Dević: *Anti-War Initiatives*.

92 Bojan Bilić: *We Were Gasping for Air*, S. 87. Vgl. auch Svetlana Slapšak: Die Frauen und der Krieg im ehemaligen Jugoslawien. In: *Verschwiegenes Serbien*. Stimmen für die Zukunft? Hg. von Irina Šlosar. Klagenfurt 1997, S. 179–191.

93 Bojan Bilić: *We Were Gasping for Air*, S. 87.

ken Zulaufs, der bald sogar die Zahl der Mitglieder der Kommunistischen Partei übertreffen sollte, wurde die *AFZJ* 1953 kurzerhand aufgelöst.[94] Die bestehende Diskrepanz zwischen sozialistischem Gender-Anspruch und den realen Gegebenheiten wurde 1968 von Akademikerinnen in Zagreb und Belgrad kritisiert; dies vor dem Hintergrund der weltweiten Studentenunruhen und im Bewusstsein um die Entwicklung des Feminismus im Westen.[95]

Wichtige weitere Wegmarken bildeten der Frauenkongress *Genossin Frau. Die Frauenfrage – neuer Ansatz?* (*Drugca žena. Žensko pitanje. Novi pristup?*) 1978 in Belgrad, der als eigentliche Geburtsstunde der feministischen Frauenbewegung in Jugoslawien gilt, ferner die Gründungen zweier Gruppen namens *Frau und Gesellschaft* (*Žena i drustvo*) 1980 in Zagreb und Belgrad sowie die Schaffung von *SOS-Notruf*-Diensten in Zagreb (1988), Ljubljana (1989) und Belgrad (1990).[96] Die Feministinnen entstammten in der Regel der gebildeten, städtischen Mittel- und Oberschicht und verfügten via Ausbildung, Beruf oder familiäre Bindungen über die wichtigen Zugänge zu den informellen Wissens- und Polit-Netzwerken.[97]

Angesichts des erstarkenden Nationalismus und Militarismus Anfang der 1990er Jahre, erkannten die AktivistInnen die gesellschaftlichen Gefahren, der damit einhergehenden patriarchalen, klerikalen und gewalttätigen Tendenzen.[98] In Belgrad gründeten Frauen 1990 die *Belgrader Frauen Lobby (Beogradski ženski lobi),* die gegen Frauendiskriminierung und jede Form von staatlicher Unterdrückung protestierte.[99] Als weitere Frauenorganisation mit ausgeprägt anti-militaristischer und anti-nationalistischer Ausrichtung inklusive einem ausgeprägten theoretischen (Publikationen, Konferenzteilnahmen u.ä.) und praktischen Profil (Protestaktionen,

94 Svetlana Slapšak: *Die Frauen und der Krieg*, S. 180f.

95 Bojan Bilić: *We Were Gasping for Air*, S. 89.

96 Bojan Bilić: *We Were Gasping for Air*, S. 89–92.

97 Ebd., S. 92.

98 Ebd., S. 93.

99 Ebd.

Flüchtlingshilfe, Spendenaktionen usw.) gründete sich 1991 in Serbien die Gruppe *Frauen in Schwarz (Žene u Crnom, ŽUC).*[100]

In Kroatien entstand im November 1992 das *Zentrum für Frauen Opfer des Krieges* (*Centar za žene žrtve rata*), welches eine entschieden kritische Haltung gegenüber Staat und katholischer Kirche vertrat und sich um Frauen jeglicher Herkunft kümmerte, die in den Kriegen in Kroatien und Bosnien-Herzegowina zu Opfern und Flüchtlingen geworden waren.[101] Das Zentrum wurde initiiert von der *Frauen Lobby Zagreb*, dem *Autonomen Frauenhaus Zagreb*, dem *Frauen-Dokumentations-Zentrum* und anderen.

In Bosnien-Herzegowina gab es, anstatt einer Entfaltung von feministischen Gruppen, eher vereinzelte feministische Akteure, allen voran die Psychologin und Universitätsprofessorin Nada Ler Sofronić, die dem Zentrum *Frauen und Gesellschaft (Žene i društvo)* in Sarajewo bis heute vorsteht.[102] Die Frauenbewegung innerhalb der Antikriegsbewegung spaltete sich nicht nur de iure infolge der neuen politischen Gegebenheiten auf; die Gruppierungen entfernten sich auch de facto inhaltlich voneinander, entlang ethnischer Linien infolge unterschiedlicher Kriegserfahrungen, sozialer Realitäten, politischer Einstellungen oder externem Druck.[103] Einige Organisationen behielten nichtsdestotrotz den Kontakt über die Kriegsphase bei und kooperierten und unterstützten einander ideell und praktisch.

Eine wichtige Initialzündung für die zivilgesellschaftliche Entwicklung ging von der Jugend aus, namentlich von der *Sozialistischen Jugendorganisation Sloweniens (Republiska konferenca Zveze socialistične mladine Slovenije, RKZSMS)*, die sich ab 1983 in Form verschiedener Arbeitsgruppen für Themen wie Ökologie, Frieden, Feminismus, New Age Spiritualität

---

100 Siehe http://www.zeneucrnom.org (letzter Zugriff: 23.3.2013).

101 Bojan Bilić: *We Were Gasping for Air*, S. 96f. Siehe auch http://www.czzzr.hr (letzter Zugriff: 23.3.2013).

102 Bojan Bilić: *We Were Gasping for Air*, S. 100, Anm. 49.

103 Ebd., S. 96–103.

sowie Anliegen von Schwulen- und Lesben zu engagieren begann.[104] Nach und nach stiessen Akademiker, Kriegsveteranen, Mitarbeiter der sozialistischen Jugend-Organisation und Weitere hinzu.[105] Aus dieser entwickelte sich in der Folgezeit die *Slowenische Friedensbewegung (Slovensko mirovno gibanje, SMG)*, die unter der Führung von Marko Hren schliesslich für die Gründung des *Friedensinstituts*[106] 1991 in Ljubljana verantwortlich war. Die *SMG* engagierte sich einerseits für eine Transformation der slowenischen Gesellschaft unter demokratischen Vorzeichen, was das Recht auf Selbstbestimmung mit einschloss, und strengte mittels Publikationen, Konferenzen und Lobbyarbeit eine international unterstützte, pazifistische und umfassende Lösung der sich mehr und mehr manifestierenden jugoslawischen Krise an. Eine besondere Rolle spielte die *Slowenische Friedensbewegung* bei der Unterstützung von Kriegsdienstverweigerungen, welche zu jener Zeit gemäss jugoslawischer Verfassung verboten und entsprechend als Delikt geahndet wurden, jedoch mehr und mehr ein öffentliches Thema wurden, und dies nicht nur bei religiösen Gruppen wie den Zeugen Jehovas oder den freikirchlichen Nazarenern.[107]

Die *Sozialistische Jugendorganisation Sloweniens* galt zu jener Zeit als die liberalste in Jugoslawien, die angesichts ihres breiten Interessensspektrums und Aktionsradius' (erinnert sei an die zahlreichen Arbeitsgruppen) starken Einfluss hatte und die Republik in Bezug auf gesellschaftliche Tendenzen zur fortschrittlichsten in Jugoslawien machte.[108] Dies ist einerseits vor dem Hintergrund der Entwicklungen innerhalb des Bundes der Kommunisten Sloweniens zu verstehen, wo sich ab Mitte der 1980er

---

104 Marko Hren: The Slovenian Peace Movement: An Insider's Account. In: *Resisting the Evil. (Post-)Yugoslav Anti-War Contention*. Ed. by Bojan Bilić and Vesna Janković (South-East European Integration Perspectives, Bd. 7). Baden-Baden 2012, S. 63–82, hier S. 64.

105 Ebd.

106 http://www.mirovni-institut.si (letzter Zugriff: 12.3.2013).

107 Marko Hren: The Slovenian Peace Movement, S. 72 sowie Bojan Aleksov: Resisting the Wars in the Former Yugoslavia: Towards an Autoethnography. In: *Resisting the Evil*, S. 105–126, hier S. 116.

108 Ana Dević: *Anti-War Initiatives*, S. 133.

Jahre Pluralisierungstendenzen zeigten, und andererseits im Kontext einer grundsätzlich liberaler eingestellten politischen Kultur.[109] Diese Tendenzen machten sich auch im Bereich des kulturellen Schaffens bemerkbar und strahlten über Theater, Literatur oder Musik in andere Republiken aus.[110]

Gemäss dem einstigen *SMG*-Aktivisten Marko Hren stand die Bewegung in engem Kontakt mit zivilgesellschaftlichen Bewegungen und Friedensaktivisten in Westeuropa wie auch mit Dissidenten in Osteuropa.[111] Eng war auch der Austausch mit der sich formierenden Sozialbewegung um *Svarun* und die *Grüne Aktion* (*Zelena akcija*) im benachbarten Kroatien, wie im Weiteren noch ausgeführt wird.[112]

Nebst den erwähnten Frauen- und Jugend- respektive Studentenbewegungen sind schliesslich auch die Umweltinitiativen zu erwähnen. Ausser der bereits erwähnten *Arbeitsgruppe für Umwelt*, die sich aus der slowenischen *Sozialistischen Jugend-Organisation* entfaltete, widmete sich auch die kroatische Studentenvereinigung *Svarun* (nach dem slawischen Gott der Sonne, des Himmels und des Feuers) diesem Thema.[113] Seit 1986 hatte sich *Svarun* an der Universität Zagreb als Arbeitsgruppe für Umwelt-, pazifistische, feministische und spirituelle Initiativen in Reaktion auf entsprechende globale Bewegungen jener Zeit gegründet.[114] Die europäische Antiatombewegung, der Bau des ersten Atomreaktors Jugoslawiens im slowenischen Krško, der 1981 ans Netz ging, wie auch die Reaktorkatastrophe von Tschernobyl 1986 hatten grossen Anteil am Auftrieb der ökologischen

109 Sabrina Petra Ramet: *Die drei Jugoslawien*. Eine Geschichte der Staatsbildungen und ihrer Probleme. Hg. von Ulf Brunnbauer und Konrad Clewing (Südosteuropäische Arbeiten, Bd. 136). München 2011, S. 756f.

110 Ebd.

111 Marko Hren: The Slovenian Peace Movement, S. 72. Dević erinnert beispielsweise an Kontakte mit der polnischen Solidarność-Bewegung, Ana Dević: *Anti-War Initiatives*, S. 132f.

112 Marko Hren: *The Slovenian Peace Movement*, S. 75.

113 Bojan Bilić: *We Were Gasping for Air*, S. 121.

114 Ebd., S. 121.

Bewegung, vor allem im Nordwesten Jugoslawiens.[115] Aus den Initiativen jener Zeit entstanden später Umwelt-Parteien.[116]

Eine zusätzliche Dynamik erfuhr das zivilgesellschaftliche Engagement angesichts der deutlicher zutage tretenden politischen Divergenzen wie auch infolge des zunehmend pluralistischeren Diskurses in der jugoslawischen Öffentlichkeit, die sich alsbald in der Gründung von Initiativen niederschlugen.

Als eine der bedeutendsten wurde im Frühjahr 1989 in Zagreb die *Vereinigte Jugoslawische Demokratische Initiative* (*Ujedinjena Jugoslovenska Demokratska Inicijativa, UJDI*) gegründet, die sich als eine demokratische, anti-nationalistische, reformorientierte und zugleich pan-jugoslawisch orientierte Option in der politischen Landschaft jener Zeit sah.[117] Bald entstanden *UJDI*-Gruppierungen im ganzen Land. Von dieser (explizit nicht als politische Partei gemeinten) Alternative fühlten sich viele, wenn nicht sogar die meisten der jugoslawischen Intellektuellen, darunter viele Universitätsprofessoren, angezogen. Angeführt vom Ökonom Branko Horvat und dem Soziologen Nebojša Popov, gehörten zu ihnen unter anderem der Philosophieprofessor Žarko Puhovski, die Soziologin Vesna Pešić, der Soziologe Rudi Supek, der Autor Abdulah Sidran, der Theatermacher und Filmregisseur Ljubiša Ristić, der Partisanenkämpfer und ehemalige Aussenminister Koča Popović, die Schriftstellerin Dubravka Ugrešić, der ehemalige Justizminister Tibor Varadi, der kosovo-albanische Philosoph und Publizist Shkelzen Maliqi, der Philosophieprofessor Ljubomir Čučulovski und andere mehr.[118] Die *UJDI* trug wesentlich zur Schaffung des *Jugoslawischen Vor-Parlaments* (*Pretparlament Jugoslavije*) 1990

---

115 Vgl. Ebd., S. 122. Angesichts der Proteste blieb es bislang in der Region bei diesem einzigen Reaktor.

116 Ebd.

117 Ljubica Spaskovska: Landscapes of Resistance, Hope and Loss: Yugoslav Supra-Nationalism and Anti-Nationalism. In: *Resisting the Evil. (Post-)Yugoslav Anti-War Contention*: Ed. by Bojan Bilić and Vesna Janković (South-East European Integration Perspectives, Bd. 7). Baden-Baden 2012, S. 37–61, hier S. 49.

118 Ebd.

bei, welches verschiedene Bürgervereinigungen, -initiativen und Parteien umfasste und zu zwei Sessionen im Juni und Juli 1991 in Sarajewo zusammenkam.[119]

Trotz des Zulaufs von Unterstützern und seiner gewachsenen Bedeutung im ganzen Land, vermochte die *UJDI* nicht, eine tragfähigere Rolle zu spielen. Dies hing hauptsächlich damit zusammen, dass sie weitgehend ausserhalb der politischen Parteienlandschaft blieb und sich somit von mehr Einflussnahme ausschloss, während sie von den dominierenden politischen Kräften vor allem in Serbien, Kroatien und Slowenien, die eine andere Agenda verfolgten, attackiert wurde.[120] Viele der *UJDI*-Mitglieder engagierten sich später weiterhin im zivilgesellschaftlichen Sektor der Nachfolgestaaten oder blieben vernehmbare Stimmen, die sich gegen Nationalismus und für Pazifismus und Menschenrechte in ihren Gesellschaften und in der Region stark machten. Eine andere Gruppierung war die *Jugoslawische Europäische Bewegung* (*Evropski Pokret u Jugoslaviji*), die sich im März 1991 in Belgrad gründete, darunter ehemalige *UJDI*-Anhänger.

Spätestens seit den ersten kriegerischen Zusammenstössen im Juni/Juli 1991 in Slowenien (sogenannter *Zehntagekrieg*) sowie der darauf folgenden Eskalation in Kroatien standen zivilgesellschaftliche Aktivitäten vor allem im Zeichen der Antikriegsbewegung. Die gewalttätigen Ereignisse in Kroatien, die drohende Destabilisation in Bosnien-Herzegowina und die nur vordergründig halbwegs stabile Situation im Kosovo bewog viele besorgte Bürger und Bürgerinnen dazu, ihrer Sorge und ihrem Protest Ausdruck zu verleihen, womit sie nicht selten ein zivilgesellschaftliches Engagement zeigten. Die Antikriegsbewegung, die man als eine vielgestaltige und inhaltlich heterogene Strömung verstehen muss, machte sich grundsätzlich stark gegen Militarismus und Zwangsmobilisierungen sowie für eine friedliche Konfliktlösung auf politischem Weg.[121]

In Serbien protestierte beispielsweise das *Zentrum für Antikriegsaktion* (*Centar za antiratnu akciju, CAA*), gegründet im Juli 1991 in Belgrad von

119 Bojan Bilić: *We Were Gasping for Air*, S. 41f.

120 Ljubica Spaskovska: *Landscapes of Resistance*, S. 53.

121 Vgl. Bojan Bilić: *We Were Gasping for Air*, S. 111f.

20 bis 30 Sozialwissenschaftlern, Journalisten und der Frauen-Lobby sowie unterstützt von einem Mehrfachen an Studierenden, öffentlich gegen den Beschuss von Dubrovnik 1991/92 durch die unterdessen serbisch-montenegrinisch dominierte Jugoslawische Volksarmee.[122] Friedensmärsche fanden in zahlreichen Städten der autonomen Provinz Vojvodina im Norden Serbiens statt, und Petitionen gegen die Einberufung der Wehrdienstpflichtigen wurden in ganz Serbien gezeichnet.[123]

Die *Bürgerallianz (Gradjanski savez Srbije, GSS)* formierte sich als Partei 1992 und gewann an Statur unter Vesna Pešić, der ehemaligen Führungsperson der CAA.[124] Die *Zivile Widerstands-Bewegung* (*Civilni pokret otpora*) brachte unter anderem ihre Solidariät mit der Bevölkerung Sarajewos im Juni 1992 mit schwarzem Trauerflor öffentlich zum Ausdruck, um auf das Leiden in der belagerten Stadt aufmerksam zu machen.[125] Letztere wurde auch weitherum assoziert mit den monatelangen, allabendlichen Kerzenmahnwachen von Oktober 1991 bis Februar 1992 im Rahmen des sogenannten *Antikriegsmarathons* (*Antiratni maraton*) vor dem serbischen Parlament, um gegen den Krieg in Kroatien zu protestieren.[126] *Die Zivile Widerstands-Bewegung (Civilni pokret otpora)* wurde unter anderem angeführt von der Schriftstellerin Biljana Jovanović und der Soziologin Nataša Kandić, wobei sich insbesondere letztere in den folgenden Jahren einen Namen als Menschenrechtsaktivistin machen sollten, sowie weiteren Engagierten aus verschiedenen Teilen Jugoslawiens, darunter der Jurist Nikola Barović, der Theaterdirektor Primož Bebler oder der Filmemacher Emir Geljo.[127]

---

122 Ana Dević: *Anti-War Initiatives*, S. 130.

123 Ebd., S. 131.

124 Ebd.

125 Ljubica Spaskovska: *Landscapes of Resistance*, S. 58.

126 Bojana Šušak: Die Alternative zum Krieg. In: *Serbiens Weg in den Krieg*. Kollektive Erinnerungen, nationale Formierung und ideologische Aufrüstung. Hg. von Thomas Bremer, Nebojša Popov, Heinz-Günther Stobbe. Berlin 1998, S. 399–417, S. 409.

127 Bojan Bilić: *We Were Gasping for Air*, S. 182f.

Eine der bedeutendsten Initiative innerhalb der jugoslawischen Antikriegsbewegung war die bereits erwähnte *Antikriegs-Kampagne Kroatiens (Antiratna kampanja Hrvatske, ARK)*, die in Zagreb im Juli 1991 als ein Zusammenschluss von zivilen Initiativen und Einzelakteuren gegründet wurde und ursprünglich beabsichtigte, sich in ganz Jugoslawien zu engagieren.[128] Wie Bilić aufzeigt, stammten viele *ARK*-Mitglieder wiederum aus der erwähnten Studentenvereinigung *Svarun*. Zu den bekanntesten VertreterInnen gehören Vesna Janković sowie Vesna Teršelić, die sich bereits in der Umweltgruppe *Grüne Aktion* engagierte. Teršelić war, aufgrund ihrer slowenisch-kroatischen Herkunft und da phasenweise zwischen den Wohnorten Ljubljana und Zagreb pendelnd, eine wichtige Verbindungsperson zwischen den slowenischen und kroatischen Bewegungen.[129]

Mit dem Kriegsausbruch in Kroatien verkleinerte sich der Aktionsradius zwangsweise und die Organisation operierte aus dem Dilemma heraus, als Antikriegsbewegung unter dem Einfluss der militärischen Angriffe auf Kroatien und gegen das Recht auf Selbstverteidigung, wenig dagegen ausrichten zu können. Darüber hinaus machte sie sich stark für alternative Kulturformen, prangerte Schwächen des kroatischen Wahlsystems an, kritisierte den Umgang mit ethnischen oder gesellschaftlichen Minderheiten und dokumentierte Menschenrechtsverletzungen.[130] Sie wurde von der Politik und einem Grossteil der Bevölkerung beargwöhnt und sah sich dem Vorwurf des mangelnden Patriotismus ausgesetzt.[131]

Diese Bewegung bildete das Sammelbecken jener zivilgesellschaftlichen Akteure, die sich seit dem Ende der Kriege 1995 im Bereich von Menschenrechten und verwandten politischen Diskursen (Schutz der Minderheiten, Rückkehr von Flüchtlingen usw.) in Kroatien wie in der Region engagierten.[132] 1992 entstand in Osjek unter der Leitung von FrauenrechtlerInnen das *Zentrum für Frieden, Gewaltlosigkeit und Men-*

128 Ebd., S. 118ff.

129 Ebd., S. 129.

130 Ana Dević: *Anti-War Initiatives*, S. 135ff.

131 Bojan Bilić: *We Were Gasping for Air*, S. 113ff.

132 Ebd., S. 112.

schenrechte (Centar za mir, nenasilje i ljudska prava), welches eng mit der Antikriegs-Kampagne zusammenarbeitete und sich vor allem um Flüchtlingsfrauen und -kinder kümmerte und insbesondere um jene, die Opfer sexueller Gewalt geworden waren.[133]

Analog zum *Belgrader Kreis* entstand in Zagreb die *Erasmus Gilde (Erasmus Gilda)* als Kreis unabhängiger, anti-nationalistischer Intellektueller unter Leitung des Historikers Ivo Goldstein.[134] Einen wichtigen Beitrag zum Menschenrechtsdiskurs und zur Stärkung der Zivilgesellschaft generell leistete auch das 1993 gegründete Kroatische Helsinki Komitee (*Hrvatski Helsinški odbor za ljudska prava*).

Die Situation in Bosnien-Herzegowina hingegen war hauptsächlich gekennzeichnet von Friedensprotesten und Antikriegsdemonstrationen in zahlreichen Städten; Sarajewo markierte den höchsten Anteil in ganz Jugoslawien. Im Gegensatz zu den erwähnten Beispielen aus Slowenien, Kroatien und Serbien wurde das dortige *Bürgerforum (Gradjanski Forum)* von liberalen Funktionären und Mitgliedern der Kommunistischen Partei gebildet.[135] In Tuzla stemmte sich das *Bürgerforum* gegen nationalistische Diskurse und kämpfte gegen die Kriegstendenzen an.[136] Grundsätzlich präsentierte sich das zivilgesellschaftliche Engagment in Bosnien-Herzegowina einheitlicher, was sich auch daran zeigt, dass *UJDI* in der Republik, welche oft als ‹Jugoslawien im Kleinen› bezeichnet wurde, die grösste Anhängerschaft überhaupt genoss und die projugoslawischen Kräfte (noch) dominierten.[137]

Auch wenn hier die Entwicklungen in Kroatien, Bosnien-Herzegowina und Serbien im Vordergrund stehen, sollen in Grundzügen auch die Situation in den übrigen Republiken kurz beschrieben werden; nichtzuletzt deshalb, weil vor dem Hintergrund eines jugoslawischen Gesamtbildes, das

133 Ana Dević: *Anti-War Initiatives*, S. 136.

134 Ebd.

135 Ebd., S. 137.

136 Ebd.

137 Ljubica Spaskovsa: *Landscapes of Resistance*, S. 53.

Profil und die Spezifika der verschiedenen gesellschaftlichen Bewegungen deutlicher zu Tage treten.

In Montenegro hatten sich ebenfalls Assoziationen formiert, die als ernsthafte Vertreter der zivilgesellschaftlichen Bewegung jener Zeit hervorgehoben werden können: Namentlich die im Dezember 1989 entstandene *Demokratische Alternative* (*Demokratska Alternativa, DA*) sowie die Bewegung *Öffentlichkeit gegen den Faschismus (Javnost protiv fašizma, JPF*), die im Mai 1993 gegründet wurde.[138] Beide Organisationen sahen sich europäischen, demokratischen Werten verpflichtet, bezogen Stellung gegen Krieg und Nationalismus und stellten eine wichtige Stütze der Antikriegsbewegung in Montenegro dar.[139] Nicht unerwähnt dürfen auch studentische Bewegungen bleiben, deren Antikriegshaltung sich nicht zuletzt aus dem Widerstand gegenüber Zwangsmobilisierungen der jugoslawischen Volksarmee nährte.[140]

In Mazedonien verlief die Entwicklung anders, jedoch bestanden Ähnlichkeiten zur Situation in Bosnien-Herzegowina. Die südlichste Republik Jugoslawiens wurde regiert vom moderaten, projugoslawisch-orientierten Kiro Gligorov, der die Bevölkerung relativ geeint hinter seiner vorsichtigen und um Ausgleich zwischen den Republiken bemühten Haltung wusste. In Mazedonien gab es keine blühende zivilgesellschaftliche Szene, wie in den anderen Republiken, sondern eher sich langsam vollziehende Neuerungen. Gleichwohl entstand 1991 das *Forum für Informationsfreiheit und Demokratie* als eine Diskussionsplattform, die den offiziellen politischen Kurs Mazedoniens aus ziviler Warte zu unterstützen versuchte.[141]

Die Entwicklungen im Kosovo verliefen hingegen unter völlig anderen Vorzeichen und wiesen schliesslich einen hohen zivilgesellschaftlichen

---

138 Srdja Pavlović and Milica Dragojević: Peaceniks and Warmongers: Anti-War Activism in Montenegro, 1989–1995. In: *Resisting the Evil. (Post-)Yugoslav Anti-War Contention.* Ed. by Bojan Bilić and Vesna Janković (South-East European Integration Perspectives, Bd. 7). Baden-Baden 2012, S. 137–158, hier S. 148–151.

139 Ebd., S. 149.

140 Ebd., S. 152.

141 Ana Dević: *Anti-War Initiatives*, S. 138.

Organisationsgrad auf: Nach den Studentenunruhen 1981 an der Universität Pristina, die sich an der Qualität der Studierendenmensa und -unterkünfte entzündeten, breiteten sich in der gesamten autonomen Provinz unter der kosovo-albanischen Bevölkerung Proteste aus. Vom Ruf nach einer Aufwertung der Provinz zu einer Republik bis hin zur Unabhängigkeit und Vereinigung mit Albanien reichten die Forderungen.[142] Nach dem zunehmenden Druck seitens der serbischen Zentralregierung und dem Anwachsen des serbischen Nationalismus in den Jahren danach, erfolgte schliesslich die Aufhebung des autonomen Provinzstatus' 1989.[143] Es kam zu einer umfassenden Entlassungswelle der kosovo-albanischen Bevölkerung aus den Institutionen und dem öffentlichen Leben.[144] In Reaktion darauf wurden Formen zivilen Widerstandes wie Hungerstreiks oder Protestmärsche beispielsweise von Seiten der kosovo-albanischen Minenarbeiter in Trepča/Trepça durchgeführt.[145] Der 1988 gegründete *Schriftstellerverband Kosovos (Shoqatës së Shkrimtarëve të Kosovës)* unter der Führung des Literaten Ibrahim Rugova verteidigte die Rechte der Albaner ebenso, wie ein Aufruf seitens 215 albanischer Intellektueller, der im Februar 1989 an die serbischen und jugoslawischen Behörden gerichtet wurde.[146] Eine wichtige Funktion nahm ebenfalls der *Rat zur Verteidigung der Menschenrechte* (*Këshilli për Mbrojtjen e Lirive dhe të Drejtave të Njeriut, KMLDNJ*) ein, welcher im Dezember 1989 in Pristina gegründet wurde.[147]

Viele der aus den Ämtern und Berufen gedrängten Albaner, allen voran Intellektuelle, Journalisten und Politiker, gründeten infolgedessen zivile Vereinigungen, Initiativen und Parteien.[148] Es entstanden unabhän-

---

142 Gëzim Krasniqi: "For Democracy – Against Violence": A Kosovar Alternative. In: *Resisting the Evil. (Post-)Yugoslav Anti-War Contention.* Ed. by Bojan Bilić and Vesna Janković (South-East European Integration Perspectives, Bd. 7). Baden-Baden 2012, S. 83–103.

143 Vgl. Holm Sundhaussen: *Geschichte Serbiens*, S. 410f.

144 Ana Dević: *Anti-War Initiatives*, S. 138.

145 Gëzim Krasniqi: *"For Democracy – Against Violence"*, S. 88f.

146 Ebd., S. 90.

147 Ebd.

148 Ana Dević: *Anti-War initiatives*, S. 138.

gige Gewerkschaften, Studentenvereinigungen, Frauen-Initiativen und es kam zu einer ganzen Reihe von Parteigründungen.[149] Die in Jugoslawien prominente *UJDI*-Bewegung fand auch im Kosovo Anhänger: Bekannte kosovo-albanische Intellektuelle wie Veton Surroi, Muhamedin Kullashi und andere engagierten sich für die Gründung eines *UJDI*-Ablegers in Pristina.[150]

Alle diese zivilgesellschaftlichen Initiativen wurden seit Ende der 1980er Jahre unter dem Begriff *Kosovarische Alternative (Alternativa)* zusammengefasst. Sie waren geeint in dem Bestreben, eine pluralistische und demokratische Entwicklung im Kosovo wie in Jugoslawien zu unterstützen; hingegen variierten die Vorstellungen bezüglich der albanischen Frage stark[151] und der albanische Nationalismus postulierte zunehmend die Unabhängigkeit des Kosovo oder gar grossalbanische Zukunftsszenarien. Insgesamt bedeutete dies den Auftakt einer Entwicklung, die schliesslich die gesamte kosovo-albanische Gesellschaft im zivilen, und für einige Jahre gewaltlosen, Protest einigen sollte. Dies führte zu einer kosovo-albanischen Parallelgesellschaft mit eigenem Schul-, Gesundheits- und Mediensystem, welche von der kosovarischen Diaspora im Ausland finanziert wurden.[152]

Das geschilderte zivilgesellschaftliche Engagement im ehemaligen Jugoslawien erschöpfte sich nicht mit Aktionen einzelner Bürger und der Formierung von Gruppen und Bewegungen; auch KünstlerInnen und Künstler gehörten zu den zivilgesellschaftlichen AkteurInnen und artikulierten sich zunehmend politisch: Zahlreiche Musikgruppen aus den verschiedenen Teilen des Landes trugen mit Protestliedern die Parolen weiter, die an den Demonstrationen und Strassenaktionen auf Transparen-

---

149 Gëzim Krasniqi: *"For Democracy – Against Violence"*, S. 90f.

150 Ebd., S. 91.

151 Ebd.

152 Ana Dević: *Anti-War initiatives*, S. 138. In Bezug auf wichtige Funktionsunterschiede von Zivilgesellschaften im Hinblick auf ihre Mittlerrolle zwischen Bürger und Staat oder als Form des Widerstandes siehe am Beispiel Kosovos Julia Nietsch: *Zivilgesellschaft in Kosovo und Bosnien-Herzegowina*, S. 243.

ten hochgehalten wurden, oder fassten in Klangteppiche, was alsbald auf den Strassen und an Konzerten von Friedensbewegten und Kriegsgegnern skandiert wurde.[153] Gerade die Musikszenen spiegelten die politischen und gesellschaftlichen Entwicklungen wider. Dies galt sowohl für die nationalistischen wie auch für die friedensbewegten.[154]

Als ein wichtiger, aber von der Forschung in diesem Kontext übersehener Raum zivilgesellschaftlichen Engagements sind auch die neuen, unabhängigen Medien zu nennen. Es ist der Verdienst von Bojan Bilićs jüngsten Arbeiten zur Antikriegsbewegung im ehemaligen Jugoslawien und seinen Nachfolgestaaten, auf diesen Umstand hingewiesen und diesen Bereich gewürdigt zu haben. In Erwartung, dass der Geschichte der unabhängigen Medien in der Region zukünftig noch eingehendere Untersuchungen unter diesem Blickwinkel zuteil werden, seien an dieser Stelle die betreffenden Medienentwicklungen lediglich skizziert:

Mit *ARKzin*, abgeleitet von der *Antikriegsbewegung Kroatiens* (*Antiratna kampanija Hrvatske*, *ARK*), entstand im September 1991 ein Leitblatt der Antikriegsbewegung. Dieses hatte zum Ziel, über die gesamte Antikriegsbewegung in der Region zu berichten, begriffen als ein Netzwerk verschiedenster individueller und gesellschaftlicher Initiativen und Organisationen.[155] Dabei waren der Krieg oder politische Analysen einige

---

153 Siehe Ljubica Spaskovska: Stairway to Hell: The Yugoslav Rock Scene and Youth during the Crisis Decade 1981–1991. In: *East Central Europe*, Vol. 38 (2011), No. 2–3, S. 355–372.

154 Vgl. Sabrina Petra Ramet: Shake, Rattle and Self-Management: Making the Scene in Yugoslavia. In: *Rocking the State*. Rock Music and Politics in Eastern Europe and Russia. Hg. von Sabrina Petra Ramet. Boulder, San Francisco, Oxford 1994, S. 103–139; sowie Eric D. Gordy: *The Culture of Power in Serbia*. Bezüglich musikalischer Kriegspropaganda und Turbo-Folk siehe auch Tanja Popović: *Die Mythologisierung des Alltags*.

155 Bojan Bilić: Islands of Print Media Resistance: ARKzin and Republika. In: *Resisting the Evil. (Post-)Yugoslav Anti-War Contention*. Ed. by Bojan Bilić and Vesna Janković (South-East European Integration Perspectives, Bd. 7). Baden-Baden 2012, S. 159–174, S. 163.

Themen unter vielen, wie zum Beispiel die Rechte von Homosexuellen, feministische Theorien, Neue Medien usw.[156]

Eines der ersten und meistgelesensten Magazine war *Mladina (Jugend)* aus Slowenien, das seit Mitte der 1980er Jahre nach einer redaktionellen Neuausrichtung wöchentlich erschien und mit einer zunehmend pluralistisch-liberalen Tendenz zu einem Leitmedium in Jugoslawien wurde.[157] 1989 erfolgte eine föderale Gesetzesreform, die private Mediengründungen gestattete, was zu einem Medienboom führte. Meinungsvielfalt und Pluralisierung waren die Folge; die neuen Medien konkurrenzierten die bis dato vorherrschende, sozialistisch kontrollierte Mediensphäre.[158] So entstanden zum Beispiel mit dem Wochenmagazin *Vreme (Die Zeit)* und dem Monatsmagazin *Republika* (entstanden als *UJDI*-Organ) im März 1989 gleich neue Periodika, die auch heute noch in Belgrad publiziert werden.[159] *Feral Tribune* aus dem kroatischen Split entwickelte sich aus der Sonntagsbeilage der Zeitung *Slobodna Dalmacija (Freies Dalmatien)* und erschien ab 1993 wöchentlich als unabhängiges, politisches Satiremagazin.[160] In Bosnien-Herzegowina vertraten die Tageszeitung *Oslobodjenje (Befreiung)* sowie das 14tägige Magazin *Dani (Die Tage)* für eine alternative, pluralistisch orientierte Redaktionslinie.[161] Sie wurden zu wichtigen Medien ihrer Zeit, dokumentierten die Kriege und die Antikriegsbewegung, engagierten sich für einen unabhängigen und investigativen Journalismus und wurden auch

---

156 Vesna Janković: Ask Questions, Speak Up, Disobey! In: *Peace News* (2003–2004), http://peacenews.info/node/3981/ask-questions-speak-disobey (letzter Zugriff: 20.3.2013).

157 Zala Volčič, Mojca Planšak: Radio Stations as Spaces for Political Alternatives during the Yugoslav Wars. In: *Resisting the Evil. (Post-)Yugoslav Anti-War Contention.* Ed. by Bojan Bilić and Vesna Janković (South-East European Integration Perspectives, Bd. 7). Baden-Baden 2012, S. 175–196, hier S. 182f.

158 Mark Thompson: *Forging War: The Media in Serbia, Croatia and Bosnia-Herzegovina.* Luton 1999, S. 7ff.

159 Ljubica Spaskovska: *Landscapes of Resistance*, S. 55.

160 Bojan Bilić: *Islands of Print Media Resistance: ARKzin and Republika*, S. 162.

161 Ana Dević: *Anti-War Initiatives*, S. 137.

zu einem wichtigen Raum zivilgesellschaftlichen Engagements. In Montenegro nahm diese Rolle das private Wochenmagazin *Monitor*, in Mazedonien das wöchentliche Pendant *Puls* wahr.[162]

Alternative und sogenannte *Community*-Radios gruppierten in den Hauptstädten eine urbane, oft junge Hörerschaft um sich[163]: In Ljubljana existierte *Radio Student* bereits seit 1969; nun entstanden in Maribor *Radio Mars* (1990), *Radio 101* ging in Zagreb (1990; bereits seit 1984 unter anderem Namen) auf Sendung, in Belgrad *Radio B92* (Mai 1989)[164] sowie in Skopje *Kanal 103* (Mai 1991). In Sarajewo entstand während der Belagerung *Radio Zid* (Dezember 1992) auf Initiative des bekannten Rechtsprofessors und zivilgesellschaftlichen Mahners gegen Nationalismus und Militarismus, Zdravko Grebo.[165]

Mit *YUTEL (Jugoslovenska televizija)* ging auf Bestrebungen des jugoslawischen Staatspräsidiums unter Führung des reformorientierten Ministerpräsidenten Ante Marković im September 1990 schliesslich erstmals ein redaktionell weitgehend unabhängiges und gesamtjugoslawisches Fernsehprogramm auf Sendung, welches ein Programm für alle jugoslawischen Bürger bieten wollte.[166] Bis dato waren alle Medien (Fernsehstationen inklusive) auf Republiksebene organisiert und nicht föderal; die Kontrolle oblag dem Bund der Kommunisten via den politisch Zuständigen in den jeweiligen Republiken von Slowenien bis Mazedonien.[167] Während sich *YUTEL*s Programm schnell einer wachsenden Beliebtheit erfreute, blies

162 Ebd., S. 138.

163 Zala Volčič, Mojca Planšak: *Radio Stations as Spaces*, hier S. 188.

164 Matthew Collin: *This is Serbia Calling. Rock and Roll and Belgrade's Underground Resistance*. London 2001.

165 Larisa Kurtović: The Paradoxes of Wartime "Freedom": Alternative Culture during the Siege of Sarajevo. In: *Resisting the Evil. (Post-)Yugoslav Anti-War Contention*. Ed. by Bojan Bilić and Vesna Janković (South-East European Integration Perspectives, Bd. 7). Baden-Baden 2012, S. 197–224, hier S. 200.

166 Ljubica Spaskovska: *Landscapes of Resistance*, S. 56.

167 Zum Aufbau des jugoslawischen Mediensystems siehe Mark Thompson: *Forging War*, S. 7. Das Mediensystem Jugoslawiens wurde in den 1960er und 1970er Jahren dezentralisiert, die Kontrolle oblag der Kommunistischen Partei der jeweiligen

ihm seitens der meisten Sendehäuser der Republiken starker Wind entgegen; bezeichnenderweise wurde das Programm nur in Bosnien-Herzegowina und Mazedonien live ausgestrahlt, wo zu der Zeit (noch) pro-jugoslawische Orientierungen in der Politik vorherrschten.[168] Spaskovska charakterisiert das Experiment, das nur rund eineinhalb Jahre Bestand haben sollte und unter dem serbischen Beschuss Sarajewos zu Ende ging, wie folgt: "In the memory of many Yugoslavs, *YUTE*L is the last connecting thread running through the already fragmented political, cultural and media space."[169]

Vor dem Hintergrund erschwerter Kommunikations- und Reisemöglichkeiten im jugoslawischen Raum, angesichts gekappter Telefonleitungen, eingestellten Postverkehrs und stillgelegter Verkehrslinien infolge des Krieges, kam dem Austausch zwischen den zivilgesellschaftlichen AkteurInnen zwischen den Republiken respektive nunmehr unabhängigen Staaten besondere strategische Bedeutung zu.

Dank der technischen und finanziellen Unterstützung von Friedensaktivisten aus dem Ausland entstand mit *ZaMir (Für den Frieden)* eine alternative und innovative Kommunikationsform: Ein elektronisches Friedensnetzwerk mit Servern in Grossbritannien, Deutschland und Österreich verband das *Zentrum für die Kultur des Friedens und für Gewaltlosigkeit* (Ljubljana), die *Antikriegs-Kampagne* (Zagreb) und das *Zentrum für Antikriegsaktion* (Belgrad) und ermöglichte es bald Tausenden von AktivistInnen und Interessierten in der Region wie im Ausland, mittels einer Art E-Mail-Service in Kontakt zu bleiben und Informationen auszutauschen.[170]

Angesichts der Ausbreitung und Intensivierung der Kriegshandlungen wurde es für die zivilgesellschaftlichen AkteurInnen immer schwieriger, sich persönlich zu treffen. Gerade auch mit der Eskalation in Bosnien-Herzegowina, welches bis dato eine Brückenfunktion zwischen den Akti-

---

sechs Republiken sowie den zwei autonomen Provinzen Serbiens (Vojvodina und Kosovo), siehe hierzu Zala Volčič, Mojca Planšak: *Radio Stations as Spaces*, S. 177.

168 Ljubica Spaskovska: *Landscapes of Resistance*, S. 56.

169 Ebd.

170 Bojan Bilić: *We Were Gasping for Air*, S. 115f.

vistInnen aus Kroatien und Serbien hatte, sahen sich diese gezwungen, sich fortan im Ausland zu treffen. Dabei waren sie auf Hilfe von westlichen Friedensgruppen und Stiftungen, wie beispielsweise den *Open Society*-Organisationen des ungarisch-amerikanischen Milliardärs und Philanthropen George Soros, angewiesen.[171]

Mit dem Zerfall Jugoslawiens veränderten sich auch Form und Inhalt der Antikriegsbewegung im ehemaligen Jugoslawien. Die Soziologin Ana Dević unterscheidet dabei zwei Phasen: In der ersten von 1991 bis 1992 standen Strassendemonstrationen und künstlerische Proteste gegen die Kriegsgefahr im Vordergrund. In der zweiten Phase wandelten sich zahlreiche Initiativen – "they named themselves 'campaigns', 'forums', 'centers' and 'movements'" – zu ersten NGOs, darunter viele zu Dokumentationszentren, die Kriegsverbrechen dokumentierten, humanitäre oder juristische Hilfe anboten und sich um Flüchtlinge kümmerten.[172]

Diese Periode markiert zugleich den Beginn finanzieller Unterstützung aus den USA und Westeuropa für die Organisationen, wie Bilić konstatiert.[173] Zusammenfassend lässt sich sagen, dass diese Phase gekennzeichnet war von den neuen Rahmenbedingungen angesichts staatlicher Selbständigkeiten sowie neuen politischen und rechtlichen Bedingungen für die verschiedenen Initiativen infolge dessen, sowie gekappter Kommunikations- und Reisemöglichkeiten, die den nunmehr grenzüberschreitenden Austausch und die Zusammenarbeit der zivilgesellschaftlichen AkteurInnen erschwerten.[174]

Auch wenn die Mitglieder der Antikriegsbewegung in der Region nicht automatisch gleichzusetzen sind mit Befürwortern der jugoslawischen Einheit (man denke beispielsweise an viele slowenische oder kroatische Aktivisten, die eine Unabhängigkeit ihrer Republik favorisierten) oder mit Antinationalisten (erinnert sei zum Beispiel an nationalistische Exponenten auf Seiten serbischer Oppositioneller), sollte gemäss Bilić Folgendes

171 Ana Dević: *Anti-War Initiatives*, S. 130.

172 Ebd., S. 129.

173 Bojan Bilić: *We Were Gasping for Air*, S. 47.

174 Ebd.

nicht unterschätzt werden: "[...] there was a small, but persistent group of anti-war activists who perceived the Yugoslav space in its cultural, historical and linguistic entirety in the midst of aggressive insistence on particular ethnic identities and nation-states."[175]

Die Soziologin Dević konstatiert nebst den geschilderten Entwicklungen und Zusammenhängen ein Phänomen, welches das allgemeine Anwachsen des zivilen Sektors zusätzlich begünstigte: Demnach habe der rasante wirtschaftliche Niedergang Jugoslawiens einerseits und eine signifikante Zahl von gut ausgebildeten, jedoch un- oder unterbeschäftigten jungen Leuten andererseits, einen Pool an kritischen Intellektuellen geschaffen, die begannen, sich zivilgesellschaftlich zu betätigten.[176]

Auch wenn die beschriebene zivilgesellschaftliche Ausdifferenzierung und das vielfältige Engagement im ehemaligen Jugoslawien eindrücklich erscheinen mögen, so blieb der Erfolg beschränkt, wenn man diesen an den Zielen bemisst. Die Gründe hierfür sind zahlreich und liegen sowohl in langfristig wirkenden politischen und gesellschaftlichen Bedingungen Jugoslawiens als auch in dem spezifischen politischen und gesellschaftlichen Umfeld zur Zeit der jugoslawischen Desintegration begründet.

Der serbische Historiker und ehemaliger Friedensaktivist Bojan Aleksov macht eine Reihe von Ursachen aus und sieht als einen wichtigen Grund für die weitgehend schwache Resonanz der Antikriegsbewegung die jahrzentelange Dominanz der kommunistischen Partei, die zivile Initiativen bereits im Keim erstickt habe.[177] Trotz einiger Vorläufer zivilgesellschaftlicher Mobilisierung, wie die vorgestellten Frauen-, Jugend- oder Umweltinitiativen, konstatiert Aleksov, dass die zivilgesellschaftlichen Grundlagen,

175 Ebd., S. 49.

176 Ana Dević: *Anti-War Initiatives*, S. 145. Dević zählt dazu vor allem solche mit Abschlüssen aus den Sozial- und Rechtswissenschaften, der Kunst und Literatur oder dem Journalismus. Diese Generation pflegte einen urbanen, liberalen, tendenziell kosmopolitischen Lebensstil und wusste sich angesichts zusehends knapperer finanzieller Mittel unterstützt von den Eltern, bei denen sie zumeist wohnten.

177 Bojan Aleksov: *Resisting the Wars*, S. 113.

auf denen man hätte in der Region aufbauen können, bescheiden waren.[178] Des Weiteren stellt er einen "absolute lack of empathy for 'Otherness', be it in terms of disability, sexual preferences or simply outlook on life» fest, der sich seiner Meinung nach bei einem grossen Teil des politischen Kaders manifestiert, der geprägt war von einer Herkunft, welche er als «rural, patriarchal and conservative" bezeichnet.[179]

Aleksov kritisiert ferner das Bestreben vieler (wenn auch nicht aller) zivilgesellschaftlichen Akteure, sich vom «Mainstream» abzugrenzen, "not only in strictly political terms or in a simple rejection of nationalism, but in group culture and ways of working."[180] Schliesslich haben massive Einschüchterungsversuche und die allgemeine Bedrängung kritischer Köpfe in der Zivilgesellschaft über viele Jahre in einem Klima, welches von nationalistischer Hetze und gesellschaftlichen Gleichschaltungstendenzen geprägt war, dazu beigetragen, die Wirkung des zivilgesellschafltichen Handels deutlich zu beschränken.[181]

178 Ebd., S. 119.

179 Ebd., S. 113.

180 Ebd., S. 114.

181 Ebd.

3.2. Weitere Entwicklungen der Zivilgesellschaft (nach 1991)

Serbien[182]

Die Entwicklung der Zivilgesellschaft[183] stand im Serbien der 1990er Jahre im Zeichen des Regimes unter Präsident Slobodan Milošević und den Kriegen in den benachbarten Staaten, die vorderhand ohne offizielle Teilnahme Serbiens ausgefochten wurden. Zahlreiche Initiativen und erste NGOs hatten sich in Reaktion auf die Kriege gegründet.[184]

Zu den bekanntesten unter ihnen gehören das bereits genannte *Zentrum für Antikriegsaktion (Centar za antiratnu akciju)*[185], welches ein Sammelbecken bildete, aus dem sich in den Folgejahren weitere Initiativen herausbilden sollten sowie die *Frauen in Schwarz (Žene u crnom)*, welche auch explizit Männer aufnahmen und im besonderen Masse Kriegsdienst-

---

182 Serbien bildete nach der Abspaltung von Slowenien, Kroatien, Bosnien-Herzegowina und Mazedonien zusammen mit Montenegro von April 1992 bis Februar 2003 ein Restjugoslawien unter der Bezeichnung Bundesrepublik Jugoslawien; danach als Staatenbund unter dem Namen Serbien-Montenegro bis 2006. Im Folgenden sollen auschliesslich die Entwicklungen in Serbien betrachtet werden, ohne Montenegro und ohne Kosovo, welche sich 2006 respektive 2008 für unabhängig erklärten. Vgl. Katrin Boeckh: *Serbien, Montenegro*, S. 188.

183 Für historische Vorläufer von vereinzelten bürgerlichen oder religiösen Vereinen seit Serbiens Unabhängigkeit im 19. Jahrhundert siehe Igor Bandović: *The Role of Non-Governmental Organizations*, S. 185f. Die Entstehung moderner NGOs datiert Bandović auf die Zeit der frühen 1990er Jahre.

184 Ebd., S. 187. Bandović beziffert die Zahl der gegründeten NGO in der Bundesrepublik Jugoslawien, also für Serbien und Montenegro incl. Kosovo, im Zeitraum von 1991 bis 1994 mit 131.

185 Das Zentrum war die erste Antikriegsorganisation und wurde 1991 nach dem Ausbruch der Konflikthandlungen in Slowenien von verschiedenen Organisationen gegründet, darunter dem *Forum für ethnische Beziehungen*, dem *Frauenparlament*, dem *Helsinki-Ausschuss*, der *UJDI*, der *Most* und anderen, vgl. Bojana Šušak: *Die Alternative zum Krieg*, S. 408.

verweigerer und Deserteure unterstützte. Zu nennen wären desweiteren der *Belgrader Kreis (Beogradski krug)*, das *Belgrader Zentrum für Menschenrechte (Beogradski Centar za ljudska prava)*, der *Fond für Menschenrechte* (*Fond za humanitarno pravo*), das *Zentrum für kulturelle Dekontamination (Centar za kulturnu dekontaminaciju)*, das *Helsinki Komitee für Menschenrechte* (*Helsinški odbor za ljudska prava,* zunächst nur als Ausschuss), *Die Brücke (Most*) und andere.[186]

Unter den Organisationen waren ebenfalls das *Zentrum für Frauenstudien* (*Centar za ženske studije*), das *Autonome Frauen Zentrum (Autonomni ženski centar)* und *Arkadija*, die sich als feministisch und/oder lesbisch orientierte Interessensgruppen gegründet hatten, von Bedeutung. Aus dieser Warte setzten sie wichtige zivilgesellschaftliche Akzente und rückten die Genderthematik in patriarchal geprägten Gesellschaften im Allgemeinen wie auch die Rolle von Frauen als Opfer in den aktuellen Kriegen im Speziellen entscheidend in den Fokus.[187]

Naturgemäss gab es Überschneidungen zwischen den Gruppen und gleiche Schwerpunktsetzungen beziehungsweise Personen, die in mehreren Organisationen tätig waren, was sich zum Beispiel bei den *Frauen in Schwarz* oder dem *Zentrum für Antikriegsaktion* gut nachvollziehen lässt. Teilweise gab es Organisationen, die nahezu deckungsgleich in Bezug auf Vorgehensweise und Zielsetzung waren. Diese alternative Szene bildete ein Sammelbecken von Liberalen, Kriegsgegnern, Antinationalisten und Demokraten, positionierte sich als dritte oder alternative Kraft gegenüber dem Milošević-Regime und der Opposition, die nicht minder nationalistisch und militant war, und wurde mit den Jahren unter dem Begriff *das*

---

186 Obrad Savić: Parallele Welt. Die Belgrader NGO-Szene. In: *Verschwiegenes Serbien*. Stimmen für die Zukunft? Hg. von Irina Slosar. Klagenfurt 1997, S. 41–54, hier S. 41. Für eine hilfreiche Charakterisierung der liberalen Intellektuellen, zu denen viele Mitglieder dieser Organisationen gehören.

187 Lepa Mladjenović: Notes of a Feminist Lesbian in Anti-War Initiatives. In: *Resisting the Evil. (Post-)Yugoslav Anti-War Contention*. Ed. by Bojan Bilić and Vesna Janković (South-East European Integration Perspectives, Bd. 7). Baden-Baden 2012, S. 127–136, hier S. 129.

Andere Serbien (*Druga Srbija*) oder auch *paralleles Serbien* zu einem festen Begriff.[188] Zu dieser organisierten, ausserparlamentarischen Opposition gehören ferner Einzelpersonen, die ebenfalls zur Zivilgesellschaft zu zählen sind. Im konkreten Fall waren dies Gymnasiasten sowie Künstler aus der Theater- und alternativen Musik-Szene.[189]

Die Organisationen dieses Netzwerks widersetzten sich in den 1990er Jahren mit den verschiedensten Mitteln und entsprechend den eigenen Kompetenzen und Zielsetzungen dem Milošević-Regime:[190] Sie engagierten sich in unterschiedlicher Weise für die Dokumentation von Menschenrechtsverletzungen, unterstützten Flüchtlinge aus den Kriegsgebieten ebenso wie Kriegsdienstverweigerer und Deserteure. Sie argumentierten gegen Nationalismus und Kriegspropaganda, protestierten im Besonderen gegen die Kriege, die im Namen des Serbentums geführt wurden[191], sammelten Unterschriften für Petitionen und versuchten mit Diskussionsforen und Vorträgen, mittels Publikationen im Selbstverlag (*Samizdat*), Theateraufführungen, Ausstellungen und Aktionen zivilen Ungehorsams, die Xenophobie und Mythologisierung, die den öffentlichen Diskurs prägten, zu durchbrechen. Hinzu kamen Projekte aus dem Bereich der Friedenser-

188 Ebd., S. 42 und 45. Wie Savić erläutert, geht der Begriff auf den Titel einer bekannten Publikation des angesehenen Belgrader Kreises, einem Verein unabhängiger Intellektueller, zurück. Für eine Charakterisierung der liberalen Intellektuellen siehe Florian Bieber: Nationalismus in Serbien, S. 341.

189 Svetlana Slapšak: Gibt es überhaupt serbische Alternativen? In: *Europa im Krieg*. Die Debatte über den Krieg im ehemaligen Jugoslawien. Frankfurt 1992, S. 73–80, hier S. 78. In Bezug auf die alternative und Rock-Musikszene ist festzuhalten, dass sie – mit Einschränkungen – eine Opposition zur offiziellen Kultur bildete. Siehe hierzu Sabrina Petra Ramet: Shake, Rattle and Self-Management, S. 126.

190 Für die folgenden Beispiele vgl. Bojana Šušak: *Die Alternative zum Krieg*, S. 399–417.

191 So beispielsweise beim *Antikriegsmarathon*, bei dem im Zeitraum von Oktober 1991 bis Februar 1992 angesichts des Krieges in Kroatien allabendlich zwischen dem jugoslawischen und serbischen Parlament Kerzen als Zeichen des Protests und als Zeichen der Solidarität mit den Opfern angezündet wurden. Bojana Šušak: *Die Alternative zum Krieg*, S. 409.

ziehung und gewaltfreien Konfliktlösung. Ferner wurden unter anderem Hilfsaktionen wie *Leben in Sarajewo* durchgeführt, bei denen Hilfsgüter gesammelt und verteilt wurden, und nicht zuletzt der Kontakt zu gleichgesinnten Initiativen sowie zu Bürgern aller ethnischen Gruppen in der Region, die Krieg und Vertreibung ausgesetzt waren, gesucht. Von der offiziellen Politik und der Öffentlichkeit ignoriert, marginalisiert oder offen bekämpft kam der Zusammenarbeit mit den unabhängigen Medien grosse Bedeutung zu.

Was bereits für die zivilgesellschaftliche Entwicklung Jugoslawiens generell festegestellt wurde, gilt in besonderer Weise für Serbien: Bei aller Ernsthaftigkeit wie Vielfältigkeit des zivilgesellschaftlichen Protests in der einst grössten und bevölkerungsreichsten jugoslawischen Teilrepublik: Die Wirkung in die Bevölkerung hinein blieb sehr beschränkt; von einer Bewegung kann streng genommen keine Rede sein, wie die Soziologin Bojana Šušak konstatiert.[192] Zu dominant war einerseits der nationalistisch-militante Diskurs seitens Regierung und Opposition; zu sehr blieb andererseits *das parallele Serbien* in der öffentlichen Wahrnehmung marginalisiert.

Als grosses Erschwernis kam hinzu, dass das Milošević-Regime grosse Anstrengungen unternommen hat, politische Gegner und alternative Programme zu bekämpfen, was gerade auch gegen die Exponenten der Zivilgesellschaft gerichtet war.[193] Nicht vergessen werden darf, dass überdies mehrere Hundertausend vor allem junger und gebildeter Menschen aus Perspektivlosigkeit, Frustration oder Angst vor einer Kriegsmobilisierung das Land verlassen haben und somit eine wichtige soziale Schicht – da potenzielle Unterstützer der Zivilgesellschaft – weiter ausgedünnt wurde.[194]

Hinzu kam, als eigene Schwäche, eine überwiegende Konzentration des Wirkungskreises auf die Hauptstadt Belgrad und allenfalls die grösseren Städte wie Novi Sad oder Niš, womit das Gros der Bevölkerung nicht erreicht wurde. Schliesslich ist die mangelnde Kommunikation und

192 Bojana Šušak: *Die Alternative zum Krieg*, S. 416.

193 Siehe hierzu Eric D. Gordy: *The Culture of Power*.

194 Svetlana Slapšak: Gibt es überhaupt serbische Alternativen?, S. 79.

Kooperation zwischen den einzelnen Organisationen zu bemängeln, die sich somit teilweise gegenseitig schwächten. Infolge mangelnder strategischer Koordination zwischen den Akteuren, die teilweise sehr ähnliche Massnahmen verfolgten, und bestehender Egoismen, insbesondere zwischen Führungspersöhnlichkeiten mancher Organisationen, schmälerten sie ihr ohnehin beschränktes Potenzial zusätzlich. Die Soziologin Bojana Šušak beschreibt dies wie folgt:

> *«Durch diese Vervielfachung von Initiativen und Gruppen haben die Aktivisten selbst zur Verkleinerung der schon bestehenden Gruppen beigetragen. Viele sehr ähnliche Initiativen entstanden parallel, einige lösten sich auf, andere blieben bestehen, aber die Gründer dieser Initiativen schlossen sich im Wesentlichen nicht den schon bestehenden an, sondern schufen abermals neue Initiativen. Ein augenfälliges Beispiel hierfür bietet die gleichzeitige Bildung zweier fast identischer Organisationen des Zentrums für Antikriegsaktion und der Bürgeraktion für den Frieden. Sogar einige ihrer Aktionen überschnitten sich, etwa die verschiedenen Antikriegsveranstaltungen zur Zeit des Belgrader Antikriegsmarathons.»*[195]

Nicht vergessen werden darf schliesslich, dass in Serbien der zivilgesellschaftliche Sektor vor allem aus der Opposition zum Krieg entstanden ist und dem politischen System gegenüber dezidiert kritisch eingestellt war, was ein Spezifikum in Südosteuropa darstellt.[196] Das Regime unter Slobodan Milošević lancierte entsprechend eine Gegenkampagne, was dazu führte, dass die verbreitete Perzeption in der Öffentlichkeit – die mit dem Konzept der Zivilgesellschaft und speziell jenem der NGOs wenig vertraut war –, eine ausgesprochen negative war, wie Bandović feststellt: "This is why the man in the street perceived NGOs as 'anti-governmental', 'hostile' organizations, organizations working against the state interests, subversive organizations. […] The widespread anti-NGO campaign was so intense that the very meaning of the concept NGO was warped, implying something negative: something bad for society and of foreign origin."[197] Der

195 Bojana Šušak: *Die Alternative zum Krieg*, hier S. 416.

196 Igor Bandović: *The Role of Non-Governmental Organizations*, S. 197.

197 Ebd., S. 189.

Zivilgesellschaft Serbiens gelang es somit weder eine breite gesellschaftliche Bewegung des Wandels zu initiieren, noch sich selbst zu einer nach Innen weitgehend geeinten und somit schlagkräftigeren Bewegung zu entwickeln.

Einen zweiten[198] Höhepunkt des gesellschaftlichen Widerstandes[199] wie des zivilgesellschaftlichen Engagements bildeten die Massenproteste in zahlreichen serbischen Städten im Winter 1996/1997, die sich gegen die Manipulationen seitens der regierenden Sozialisten bei den Kommunalwahlen im Herbst 1996 richteten. In allgemeiner Erinnerung blieben die Proteste im In- und Ausland, weil sie friedlich, kreativ und oft humorvoll verliefen.[200] Die Proteste umfasste sehr hetereogene Gruppen: Neben der politischen Koalition *Zajedno (Gemeinsam)*[201], gehörten dazu auch massenweise Studierende, einfache Bürger, national orientierte und nationalistisch eingestellte Kreise sowie die meisten, wenn auch nicht alle der vorgestellten Gruppen der Zivilgesellschaft.

Eine Reihe zivilgesellschaftlicher Aktionen und verstärkter Manifestationen war ab 1998 zu verzeichnen, als zunächst die Studierendenbewegung *Otpor (Widerstand)* gegen ein neues Universitäts- und Mediengesetz mit friedlichen Mitteln zu revoltieren begann und ihren Widerstand gegen Slo-

---

198 Bandović beziffert den Anteil der neu gegründeten NGOs in dieser zweiten Phase (1997–2000) mit 1305. Igor Bandović: *The Role of Non-Governmental Organizations*, S. 187.

199 Es lassen sich noch weitere Protestphasen ausmachen; für eine Übersicht aller Proteste, vom linken bis zum rechten politischen Spektrum Serbien siehe Florian Bieber: *Nationalismus in Serbien*, S. 378ff.

200 Zu den besonderen Formen vgl. die umfassende Zusammenstellung auf http://www.hartford-hwp.com/archives/62/063.html (letzter Zugriff: 30.3.2013).

201 Ebd. Die Koalition setzte sich zusammen aus der Demokratischen Partei (*Demokratska Partija*, DS) unter Zoran Djindjić, der nationalistischen Serbischen Erneuerungspartei (*Srpski pokret obnove*, SPO) von Vuk Drašković und der Bürgerallianz (*Gradjanski savez*) unter Führung von Vesna Pešić. Viele zivilgesellschaftliche AkteurInnen unterstützten die Proteste, blieben aber *Zajedno* gegenüber, wegen des Bündnisses mit Nationalisten, kritisch eingestellt. Nur wenige, darunter vor allem feministische Gruppen, lehnten sie weitgehend ab. Vgl. ebd.

bodan Milošević richtete. Eine breite Protestbewegung setzte ferner mit der NATO-Bombardierung Serbiens vom 24. März bis 9. Juni 1999 ein, quer durch alle Schichten und politischen Lager; vereint lediglich im Hinblick auf die Bombardierung, ohne weiterreichende Bezugspunkte. Schliesslich waren es auch im Folgejahr wieder Demonstrationen unter der Führung der Studierenden- und Jugendbewegung *Otpor*, die nach den verlorenen Präsidentschaftswahlen im September 2000 einen Generalstreik und einen weitgehend gewaltlosen Volksaufstand am 5. Oktober 2000 zum Ende der Regierungszeit Slobodan Miloševićs angeführt hatten.[202] Florian Bieber fasst dies schliesslich wie folgt zusammen: «Ohne *Otpor* und andere zivilgesellschaftliche Organisationen wäre der politische Wandel nicht denkbar gewesen.»[203]

Nach dem Ende der Milošević-Ära lockerte sich zwar unter dem neuen Regierungsbündnis unter dem jugoslawischen Präsidenten Vojislav Koštunica (*Demokratische Partei Serbiens*, *DSS*) und dem serbischen Ministerpräsidenten Zoran Djindjić (*Demokratische Partei, DS*) der unmittelbare politische Druck und es setzte eine markante Zunahme und weitere Ausdifferenzierung des zivilgesellschaftlichen Sektors ein.[204] Es kam jedoch auch zu zahlreichen Gründungen von Organisationen mit nationalistischem, rechtsradikalem, klero-faschistischem, antisemitischem und xenophobischem Gedankengut, womit auch eine Plattform für einen neuen, teilweise noch radikaleren serbischen Nationalismus geboten wurde.[205] Dieser ‹überholte› gewissermassen jenen Nationalismus unter Slo-

---

202 Für eine detaillierte Darstellung der Ereignisse siehe Holm Sundhaussen: *Geschichte Serbiens* 19.–21. Jahrhundert. Wien, Köln, Weimar 2007, S. 451ff. Vgl. Chronologie der Otpor-Aktivitäten unter http://www.canvasopedia.org/images/books/OTPOR-articles/Chronology-OTPOR.pdf (letzter Zugriff: 30.3.2013). Siehe auch Florian Bieber: Nationalismus in Serbien, S. 387–393.

203 Florian Bieber: *Nationalismus in Serbien*, S. 397.

204 Gemäss Bandović wurden in der Post-Milošević Zeit ab Oktober 2000 der Grossteil der heutigen NGOs gegründet. Igor Bandović: *The Role of Non-Governmental Organizations*, S. 187.

205 Kostovicova: *Civil Society in the Wester Balkans*, S. 290. Für eine Übersicht der rechtsnationalen Gruppierungen und Kulturvereinigungen siehe Sundhaussen:

bodan Milošević ‹von rechts›. Zu den Neugründungen respektive bereits bestehenden Organisationen mit wachsendem Zulauf sind insbesondere folgende zu nennen: *Srpski Narodni Pokret (Serbische Volksbewegung) ‹1389›*[206], *Otačastveni pokret (Vaterländische Bewegung) ‹Obraz›*[207], *Srpski sabor (Serbische Versammlung) ‹Dveri›*[208] oder die *Studierendenvereinigung ‹Sveti Justin Filozof›*.[209]

Geschichte Serbiens, S. 456–460.

206 Die Webseite der Organisation unter http://www.snp1389.rs (letzter Zugriff: 2.1.2013). Der Name bezieht sich auf das Jahr 1389, als auf dem Amselfeld im heutigen Kosovo eine christliche Streitmacht unter Führung des serbischen Fürsten Lazar Hrebeljanović dem osmanischen Heer unterlag. Über die Jahrhunderte entwickelte sich ein Mythos, der auf vielfältige Weise Eingang in die Volksüberlieferung fand und auf den wiederholt in der serbischen Geschichte, Kunst und Kultur rekurriert wurde. Vor allem seit Mitte der 1980er Jahre wurde er auf wirkungsmächtige Weise ins öffentliche Bewusstsein der Serben gerufen. Siehe Olga Zirojević: Das Amselfeld im kollektiven Gedächtnis. In: *Serbiens Weg in den Krieg*, S. 45–61; ferner Noel Malcolm: Kosovo. A Short History. London 1998, S. 58–80.

207 *Obraz* (wörtlich: Wange, im übertragenen Sinn: Ehre) ist der Name einer rechtsradikal-faschistischen Bewegung, die sich in Serbien zu einem Sammelbecken vor allem von Jugendlichen entwickelt hat. Zu den Zielen der Bewegung gehört unter anderem «die Einheit der serbischen Länder in einem einzigen serbischen Nationalstaat». Die Organisation wurde 2012 vom serbischen Verfassungsgericht verboten, http://www.obraz.rs (letzter Zugriff: 5.1.2013).

208 Die Bewegung fühlt sich der serbischen Orthodoxie und dem Serbentum sowie unter anderem dem Euroskeptizismus, Antiliberalismus, Antiglobalismus verpflichtet. Seit 2011 ist sie auch als politische Partei unter dem Namen *Dveri za život Srbije* (*Dveri für das Leben Serbiens*) registriert, siehe http://www.dverisrpske.com (letzter Zugriff: 10.1.2013). Bei den Parlamentswahlen im Mai 2012 scheiterte die Partei beim Einzug in das serbische Parlament knapp an der Fünf-Prozent-Hürde.

209 Die Bewegung rekurriert auf den serbischen Theologen und Universitätsprofessor Justin Popović (1894–1979), der 2010 heilig gesprochen wurde. Zum Zusammenhang von serbischer Orthodoxie und Nationalismus siehe Radmila Radić: Die Kirche und die «serbische Frage». In: *Serbiens Weg in den Krieg*, S. 183–203 sowie Maria Falina: Svetosavlje. A Case Study in the Nationalization of Religion. In: *Schweizerische Zeitschrift für Religions- und Kulturgeschichte*, 101 (2007), S. 505–527, http://www.ebookbrowse.com/falina-szrkg-101-pdf-d45962983 (letzter Zugriff: 23.2.2013).

Die Hoffnungen der zivilgesellschaftlichen Kräfte in Bezug auf eine zügig voranschreitende Demokratisierung, auf einen gesellschaftlichen Wandel und nicht zuletzt auf eine selbstkritische politische Führung, die die Auseinandersetzung mit der Vergangenheit auf ihre Agenda setzen würde, erfüllten sich allerdinges nicht. Zwar hatte der westlich orientierte Zoran Djindjić im Juni 2001 massgeblich dazu beigetragen, dass Slobodan Milošević an den Internationalen Strafgerichtshof für das ehemalige Jugoslawien (ICTY) überstellt wurde, aber mit Djindjićs jähem Tod durch ein Attentat am 12. März 2003 erfuhr auch der eingeschlagene Reformkurs einen Rückschlag.

Vom ebenfalls liberalen, proeuropäischen Demokraten Boris Tadić, der von 2004–2012 als Präsident Serbiens amtete, erwartete man ein progressives und mutiges Fortschreiten in Bezug auf den Umgang mit der jüngsten Geschichte, den Beziehungen mit den Nachbarstaaten und dem nach wie vor von serbischer Seite nicht anerkannten Status des nunmehr unabhängigen Kosovos. Es kam zwar zu einigen bedeutsamen Begegnungen Tadićs mit den kroatischen Präsidenten Stipe Mesić und Ivo Josipović, bei denen offizielle Entschuldigungen für das einander verübte Unrecht erklärt wurden, aber viele Themen und Probleme harren weiterhin einer Aufarbeitung seitens des Staates. Mit dem Sieg des Nationalisten Tomislav Nikolić von der *Serbischen Fortschrittspartei* (*Srpska Napredna Stranka, SNS*) bei den Präsidentschaftswahlen im Mai 2012 haben sich die Aussichten für ein Engagement des Staates im Bereich der Vergangenheitsarbeit wieder deutlich verschlechtert.

In der Gesamtschau ergibt die bisherige Vergangenheitsarbeit in Serbien folgendes Bild: Zum einen haben sich die Bemühungen seitens des Staates um den Beginn einer Auseinandersetzung mit der jüngsten Geschichte in vielerlei Hinsicht als unzureichend, wenn nicht gar als Makulatur erwiesen; exemplarisch steht dafür der Umgang mit der Wahrheitskommission. Diese wurde 2001 vom damaligen Präsidenten der Bundesrepublik Jugoslawien Vojislav Koštunica als *Kommission für Wahrheit und Versöhnung (Komisija za istinu i pomirenje)* eingesetzt. Ein schwerwiegender Kritikpunkt stellt die Einsetzung in einem *top-down*-Verfahren dar; ohne vorhergehende öffentliche Diskussion, ohne klar definiertes Mandat und ohne demokratischen, breiten Einbezug wichtiger und erfahrender Akteure, wie zum Beispiel die zivilgesellschaftlichen VertreterInnen.[210] Zwar wurden einige angesehene und kompetente HistorikerInnen, JuristInnen usw. in die Kommission berufen, aber ein Teil von ihnen trat bald schon aufgrund dieser geschilderten grundsätzlichen Vorbehalte zurück. Die Wahrheitskommission wurde unverrichteter Dinge und ohne öffentliche Diskussion 2003 wieder aufgelöst; ein Abschlussbericht wurde bis heute nicht veröffentlicht.[211]

Zum anderen sind die Hoffnungen einer ernüchternden Realität gewichen angesichts des Fortbestands problematischer Elitenetzwerke aus der Regierungszeit Miloševićs, allgemein schleppend verlaufender Reformen und einer Konzentration auf die schwierige wirtschaftliche Lage des Landes. Gleichzeitig hat das Entstehen neuer zivilgesellschaftlicher Bereiche und Akteure, wie die erwähnten klerikal-nationalistischen respektive faschistischen Organisationen, neue Herausforderungen und Gefahren für den weiteren Transformationsprozess gebracht. Neue gesellschaftliche Verwerfungen und noch tiefere Gräben zwischen den verschiedenen zivilgesellschaftlichen Akteuren sind hinzugekommen. Kostovicova ist beizupflichten, wenn sie festhält: "The pursuit of transitional justice in the aftermath of the wars fought in the globalizing era takes place in the context of a fragmented state and fragmented civil society."[212]

Angesichts der zaghaften, widersprüchlichen oder gänzlich fehlenden Massnahmen seitens der Politik, fühlen sich zahlreiche zivilgesellschaftlichen Kräfte, die aus der Antikriegsbewegung entstanden sind, nach wie vor speziell im Bereich der Vergangenheitsarbeit gefordert. So war es beispielsweise ein Video, welches 2005 vom *Fond für Menschenrechte* in Belgrad an die Medien und an das ICTY weitergeleitet wurde, welches die serbische Öffentlichkeit mit lange geleugneten Tatsachen konfrontierte und

210 Vgl. hierzu Martina Fischer, Ljubinka Petrović-Ziemer (Eds.): *Dealing with the Past* in the Western Balkans.

211 Vgl. hierzu auch Jasna Dragović-Soso, Eric D. Gordy: *Coming to Terms with the Past*, S. 201.

212 Kostovicova: *Civil Society in the Western Balkans*, S. 287.

zu heftigen Diskussionen führte. Es zeigte wie serbische (und eben nicht nur ausschliesslich bosnisch-serbische) Spezialeinheiten unter Miloševićs Ägide an der Ermordung bosniakischer Zivilsten beteiligt waren.[213] Drei der im Video gezeigten Täter wurden zu langen Haftstrafen verurteilt.

Es sind weiterhin Organisationen wie *Frauen in Schwarz* oder das *Serbische Helsinki Komitee für Menschenrechte*, welche Gedenktage zu Ehren der Opfer der jugoslawischen Kriege begehen und daran erinnern, wer diese zu verantworten hat: So beispielsweise am 6. April 2012 als im Rahmen einer öffentlichen Podiumsdiskussion der 20. Jahrestag des Beginns der Besatzung Sarajewos begangen wurde, an der Opfer sowie Experten über den Umgang mit Leid und Schuld berichteten und eine Publikation vorgestellt wurde.[214]

Gerade das Beispiel Srebrenica, wo im Juli 1995 rund 8000 bosniakische Jungen und Männer von Militär- und Polizeieinheiten aus der *Republika Srpska* sowie aus Serbien umgebracht wurden, zeigt, wo zivilgesellschaftliche Akteure Verantwortung wahrnehmen und notwendiges Handeln einfordern, während der Staat in Untätigkeit oder Obstruktion verharrt. Es waren bezeichnenderweise folgende Gruppen und NGOs, die einen Deklarationsentwurf 2005 beim serbischen Parlement anlässlich des 10. Jahrestages der Masskers von Srebrenica einreichten: Der *Belgrader Kreis*, *YUCOM – der Juristenverband für Menschenrechte (YUCOM – Komitet pravnika za ljudska prava)*, das *Zentrum für kulturelle Dekontamination*, der *Fonds für Menschenrechte*, das *Helsinki Komitee für Menschenrechte*, die *Frauen in Schwarz*, die *Bürgerinitiativen* (*Gradjanske inicijative, Plural)* und die *Jugend-Initiative für Menschenrechte* (mit dem englisch-

---

213 Martina Fischer, Ljubinka Petrović-Ziemer (Eds.): *Dealing with the Past in the Western Balkans*, S. 13.

214 Die Autorin besuchte diese Gedenkveranstaltung, die im Aeroklub in Belgrad stattfand. Wie Sonja Biserko, Direktorin des *Serbischen Helsinki Komitees* am Rande dieses Anlasses sinngemäss sagte, seien auch zu diesem Anlass nurmehr die immer gleichen AkteurInnen zugegen gewesen, und bedauerte hiermit das beschränkte Interesse der Belgrader Öffentlichkeit.

sprachigen Namen *Youth Initiative for Human Rights*) und andere.[215] Eine Deklaration zu Srebrenica mitsamt einer Entschuldigung wurde nach langen Diskussionen und nach einer knappen Abstimmung erst im März 2010 vom serbischen Parlament verabschiedet; allerdings vermeidet sie das Wort Völkermord und benennt die Verantwortlichen nicht.

Eine weitere wichtige Gruppe von Akteuren bilden Veteranenvereinigungen, wovon es in Serbien mehrere gibt. Manche vertreten lediglich ihre Interessen und Bedürfnisse gegenüber Staat und Gesellschaft; andere hingegen engagieren sich in einem umfassenden Sinn im Bereich der Vergangenheitsarbeit und Friedenspädagogik und bringen eine selbstkritische Sicht aus der eigenen Kriegserfahrung mit ein. Ihrem Engagement kommt besondere Bedeutung zu, da sie als Kriegsteilnehmer in speziellem Masse zur Enttabusierung und Aufklärung sowie als kritische Stimmen zu den Folgen von Krieg und Gewalt zu einem Umdenken beitragen können.[216]

Bosnien-Herzegowina

Die Entwicklung in Bosnien-Herzegowina verlief unter anderen Vorzeichen. Bereits die Voraussetzungen in den 1980er Jahren waren im Vergleich zu den Nachbarrepubliken besonders, insofern als es kaum Grundlagen gab, worauf zivilgesellschaftliche Aktivitäten hätten aufbauen können.[217] Bojan Aleksov schreibt dies auch der noch anhaltenden Dominanz der Parteiensystems zu.[218] Infolge des Krieges und den enormen

215 Belgrade Circle, et al.: *Declaration of the Obligation of the State of Serbia to Undertake all Measures aimed at Protecting the Rights of the Victims of War Crimes, particularly the Rights of the Victims of the Srebrenica Genocide.* http://www.eurozine.com/articles/2005-07-08-belgrade-en.html (letzter Zugriff: 1.4.2013)

216 Martina Fischer, Ljubinka Petrović-Ziemer (Eds.): *Dealing with the Past in the Western Balkans*, S. 13f.

217 Vgl. Miroslav Živanović: Civil Society in Bosnia and Herzegovina: Lost in Transition. In: *Civil Society and Good Governance in Societies in Transition.* Ed. by Wolfgang Benedek. Belgrade 2006, S. 23–53.

218 Bojan Aleksov: *Resisting the Wars*, S. 120.

menschlichen Verlusten, Vertreibungen und Zerstörungen ergaben sich zusätzliche erschwerende Bedingungen. Eine zivilgesellschaftliche Entwicklung wurde unter diesen Umständen verunmöglicht und Formen von Organisationen, Vereinen und Initiativen, die vor dem Krieg existierten, hörten auf zu bestehen.[219] Hinzugefügt sei der Hinweis, dass die Geschichte des Krieges in Bosnien-Herzegowina (1992 bis 1995) viele Episoden von aussergewöhnlichem zivilgesellschaftlichen Engagement kennt, das in Form von lokalen Hilfsmassnahmen und spontaner Selbstorganisation zu humanitären Zwecken von einzelnen Personen unter Extrembedingungen geleistet wurde. Miroslav Živanović formuliert es am prägnantesten: "Among other things, it was a war against the civil society whose best-known representatives and most active members of the pre-war period were the first to be executed or expelled."[220]

Nach dem Krieg stand eine traumatisierte, erschöpfte und zutiefst entlang ethnisch-religiöser Linien gespaltene Gesellschaft vor der schwierigen Aufgabe, wieder eine Lebensperspektive zu finden und sich eine Zukunft aufzubauen. Obwohl der Bedarf an zivilgesellschaftlichem Engagement grösser denn je war, kam es angesichts der schwierigen Umstände zu keinen selbständigen zivilgesellschaftlichen Initiativen.

Die internationale Gemeinschaft, die Bosnien-Herzegowina nach dem Dayton-Friedensschluss 1995 quasi protektionistisch verwaltete, musste das Land wieder aufbauen. Während in den ersten Jahren vor allem Massnahmen zur Errichtung staatlichen Institutionen *top-down* umgesetzt worden sind, kam es angesichts der schwachen Ergebnisse, besonders im Bereich der Demokratisierung, Ende der 1990er Jahre zu einem Umdenken:[221] Die Besinnung auf die Schaffung (respektive Reaktivierung) einer Zivilgesellschaft sollte in Konsequenz dessen, die Bürger befähigen, ihr Schicksal

---

219 Vgl. Julia Nietsch: *Zivilgesellschaft in Kosovo und Bosnien-Herzegowina*, S. 244.

220 Miroslav Živanović: *Civil Society in Bosnia and Herzegovina*, S. 49.

221 Martina Fischer: Zivilgesellschaft und Friedenskonsolidierung. Erfahrungen in Bosnien-Herzegowina. In: *Die Friedenswarte, Journal of International Peace and Organization*, Bd. 85, Heft 4 (2010), S. 77–97, hier S. 80.

mehr und mehr in die eigenen Hände zu nehmen. Alle wichtigen Födernationen und Geberorganisationen, allen voran die Europäische Union, setzen die Förderung der Zivilgesellschaft auf ihre Agenden.[222]

Als die internationale Gemeinschaft ab 1998 bedeutende Hilfsgelder zu diesem Zweck sprach, schossen in der Folge NGOs wie Pilze aus dem Boden. Nebst vielen Neugründungen kam es auch zu Eröffnungen von Zweigstellen und Ablegern einer grossen Zahl von internationalen NGOs (INGOs).[223] Viele dieser NGOs engagierten sich daraufhin bei der Rückführung von Flüchtlingen und Vertriebenen, unterstützten Kriegsopfer, unterstützten die Demokratisierung sowie die Gemeinwesen- oder Menschenrechtsarbeit und kümmerten sich insbesondere um Frauen, Jugendliche und benachteiligte Gruppen, wie etwa die Roma.[224]

Bei aller Heterogenität der internationalen Organisationen, Akteure, Intentionen dahinter: es wurden ein westliches Konzept von der Zivilgesellschaft im grossen Stil und mit massiven finanziellen Mitteln implementiert.[225] Die Massnahmen verliefen oft unkoordiniert, was Folgen nach sich ziehen sollte. Angesichts der desolaten Wirtschaftslage stellte die Arbeit im zivilgesellschaftlichen Sektor für die einheimische Bevölkerung eine attraktive und im Vergleich mit einheimischen Arbeitgebern auch lukrative Perspektive dar. Die meisten NGOs zeichneten sich ferner dadurch aus, dass Mitarbeiter im Angestelltenverhältnis dort gemäss Projektmanagement-Vorgaben, an Projekten der westlichen Geldgeber arbeiteten. Eigene Wertvorstellungen oder Identifikationen mit dem Arbeitsgegenstand waren nicht gefragt, was entsprechende Auswirkungen auf die Mitarbeiter

---

222 Ebd.

223 Siehe hierzu Valère Philip Gagnon Jr.: International NGOs in Bosnia-Herzegovina: Attempting to Build Civil Society. In: Sarah E. Mendelson, Johan K. Glenn (Eds.): *The Power and Limits of NGOs*. A Critical Look at Building Democracy in Eastern Europe and Eurasia. New York 2002, S. 207–231.

224 Martina Fischer: *Zivilgesellschaft und Friedenskonsolidierung*, S. 81.

225 Vgl. Julia Nietsch: *Zivilgesellschaft in Kosovo und Bosnien-Herzegovina*, S. 244.

und Qualität der Arbeit nach sich zog.[226] Dies verlieh diesem Sektor ein Gepräge, welches sich deutlich unterschied von den sonst verbreiteten, genuinen Formen der zivilgesellschaftlichen Organisation in der Region.[227] Diese Voraussetzungen und das weitgehende Fehlen von Alternativen auf dem Arbeitsmarkt, was insbesondere für die Gebiete ausserhalb Sarajewos und der grösseren Städte gilt, liess den zivilgesellschaftlichen Sektor anschwellen.[228]

Die internationale Gemeinschaft hatte beabsichtigt, mit einer derart geschaffenen Zivilgesellschaft kurzfristig die *Peacebuilding*-Massnahmen zu unterstützen und langfristig damit zu einer tragfähigeren Gesellschaft beizutragen, was im Falle der besonders komplexen und schwachen Strukturen Bosnien-Herzegowinas von grosser Wichtigkeit war.[229] Nietsch charakterisiert indes als Fazit das Gros der zivilgesellschaftlichen Organisationen als solche, die vornehmlich als «Dienstleistungsanbieter für internationale Geber» funktionieren; die von der einheimischen Gesellschaft und den politischen Kreisen weitgehend abgekoppelt sind; oft in Konkurrenz zu anderen zivilgesellschaftlichen Organisationen und insgesamt somit ihrem ursprünglichen Zweck diametral entgegenstehen.[230]

Als Resultat dieses geschilderten Vorgehens werden NGO-Outputs beschrieben (sofern vorhanden), die an den Bedürfnissen der Bevölkerung

226 Miroslav Živanović: *Civil Society in Bosnia and Herzegovina*, S. 42.

227 Eine Ausnahme bildet das Kosovo, welches eine ähnliche Entwicklung wie Bosnien-Herzegowina durchlaufen hat. Als Vergleich und anschauliches Fallbeispiel siehe Gülcan Akkaya: Nichtregierungsorganisationen als Akteure der Zivilgesellschaft. Eine Fallstudie über die Nachkriegsgesellschaft im Kosovo. Wiesbaden 2012.

228 Martina Fischer gibt Zahlen wieder, die eine eindrückliche Sprache sprechen: So waren in Bosnien-Herzegowina mit einer Gesamtbevölkerung von rund 4,5 Millionen phasenweise bis zu 8000 Organisationen offiziell gemeldet in denen circa 7000 Menschen arbeiteten. Martina Fischer: *Zivilgesellschaft und Friedenskonsolidierung*, S. 83.

229 Vgl. ebd.

230 Julia Nietsch: *Zivilgesellschaft in Kosovo und Bosnien-Herzegovina*, S. 246ff.

vorbeigehen.[231] Nicht nur inhaltlich sind Probleme auszumachen; auch die Herangehensweise ist zu kritisieren: Nicht selten würde auf die lokale Bevölkerung mit einer Mischung aus Arroganz und mangelndem Wissen herabgesehen, was kontrapoduktive Folgen nach sich ziehe.[232] Die überstürzten, problematischen Entwicklungen im NGO-Sektor haben das Bild von der Zivilgesellschaft bei der einheimischen Bevökerung geprägt und eine Distanz aufgebaut, die ernsthaften Akteuren mit schwierigen Themen wie der Vergangenheitsarbeit, die Arbeit zusätzlich erschwert haben.

Zu jenen, die sich für eine kritische Auseinandersetzung mit der Vergangenheit, für einen interethnischen und interreligiösen Dialog sowie für Formen der Friedenserziehung stark machen, gehört seit 1997 das *Zentrum für gewaltlose Aktion* (*Centar za nenasilnu akciju*), das sich infolge seiner praktischen Friedensarbeit, der theoretischen Auseinandersetzung über Ursachen und Strukturen von Gewalt sowie seiner Arbeit mit Veteranen eine Expertise erarbeitet hat.[233] Das ethnisch gemischte Team setzt auf eine grenzüberschreitende Reflexion über Vergangenheit und eigene Stereotype und unterstützt darum in öffentlichen Debatten und Workshops den Austausch der verschiedenen Narrative.[234]

Das *Forschungs- und Dokumentations-Zentrum (Istraživačko Dokumentacioni Centar)* war über viele Jahre eine zentrale Institution in Bosnien-Herzegowina, die sich dem Zusammentragen von Angaben der Toten und Vermissten im Kriege widmete. Als Resultat der Arbeit erschien unter anderem das *Bosnische Buch der Toten (Bosanska knjiga mrtvih),* das anhand der verifizierten Daten die bis dato geltenden offiziellen

231 Ermin Sinanović: Building Democracy Top-Down: The Role of International Factors in Promoting Civil Society and Democracy in Bosnia and Herzegovina. In: *Ownership Process in Bosnia and Herzegovina.* Contributions on the International Dimensions of Democratization in the Balkans. Ed. by Christophe Solioz and Svebor Dizdarević (Democracy, Security, Peace, Vol. 159). Baden-Baden 2003, S. 120–128, hier S. 123.

232 Ebd.

233 Martina Fischer: *Zivilgesellschaft und Friedenskonsolidierung*, S. 81.

234 Martina Fischer: *Struggling for Justice*, S. 67.

Angaben von zwischen 200 000 bis rund 250 000 Bürgern Bosniens auf knapp 98 000 korrigierte. Das Zentrum mit dem Leiter Mirsad Tokača an der Spitze sah sich danach viel Kritik ausgesetzt, setzte sich aber mit den seriös zusammengetragenen Ergebnissen nach und nach im Bewusststein der Öffentlichkeit fest.[235] Das Zentrum hat im Laufe des Jahres 2012 seine Arbeit vorerst eingestellt, nachdem Korruptionsvorwürfe laut wurden; eine Untersuchung wurde eingeleitet.

Bereits Ende 1992 entstand mit *Krug 99* (*Kreis 99*) eine Vereinigung unabhängiger Intellektueller, welche multiethnisch zusammengesetzt war und in der sich über 100 prominente SchriftstellerInnen, KünstlerInnen, UniversitätsprofessorInnen, JournalistInnen für eine demokratische, multikulturelle und friedliche Zukunft einsetzen.[236] Diese Vereinigung erinnert an die *Erasmus Gilde* in Zagreb oder den *Belgrader Kreis*. In Tuzla, einer Stadt, die sich lange erfolgreich gegen nationalistische Tendenzen behaupten konnte, existierte auch ein *alternatives Bürgerparlament*.[237]

Als wichtige Organisation von und für Jugendliche und junge Leute gilt die *Youth Initiative for Human Rights, YIHR* (*Inicijativa mladih za ljudska prava*), die sich seit 2003 in breiter Auslegung ihres Namens unter anderem auch für die Auseinandersetzung mit der Vergangenheit, mit den interethnischen Beziehungen oder notwendigen rechtlichen Reformen für ein zukunftsfähiges Bosnien-Herzegowina engagiert.[238] Als hoffnungsvolle, aber noch wenig bedeutende Initiative hat sich ebenso eine Jugendorganisation mit dem Namen *Dosta! (Es reicht!)* entwickelt.[239]

Als ein Resultat dieser Jugendbewegungen gilt, dass das in West- und Mitteleuropa hochgehaltene Prinzip des ehrenamtlichen Engagements begonnen hat, auch in Bosnien-Herzegowina Früchte zu tragen. Zwar beobachtet Nietsch, das dies als Reaktion auf den Rückgang von Spen-

235 Martina Fischer; Ljubinka Petrović-Ziemer (Eds.): *Dealing with the Past* in the Western Balkans, S. 13.

236 Ebd. Siehe auch http://www.krug99.ba (letzter Zugriff: 28.1.2013).

237 Martina Fischer: *Zivilgesellschaft und Friedenskonsolidierung*, S. 81.

238 Ebd.

239 Edb., S. 86.

dengeldern zurückzuführen ist;[240] doch weisen Gespräche der Autorin mit MitarbeiterInnen zweier Jugendorganisationen im August 2012 in Sarajewo darauf hin, dass langsam ein Bewusstseinswandel bei den Jugendlichen diesbezüglich auszumachen ist. Ein anderes Resultat macht Annäherungen und positive Erfahrungen zwischen Jugendlichen über ethnische und religiöse Unterschiede hinweg fest, die sich bei gemeinsamen Aktionen, Workshops, Exkursionen und Freizeitaktivitäten im Rahmen der Jugendarbeit ergeben. Dieses Engagement ist unter anderem als wichtige Massnahme gegen nationalistische Einstellungen und als präventive Friedensarbeit mit Blick auf die Zukunft zu verstehen.

Als eine der wichtigsten Organisationen, die sich für die Anliegen von Frauen mit Kriegs- und Gewalterfahrungen im Allgemeinen und nach Vergewaltigungen im Besonderen einsetzen, ist *Medica Zenica* zu erwähnen: Massgeblich von aussen durch das persönliche Engagement der italienischen Ärztin Monika Hauser initiiert, entstand 1994 in Zusammenarbeit mit bosnischen Ärztinnen und Psychologinnen im zentralbosnischen Zenica ein medizinisches und psychosoziales Therapiezentrum, welches unterdessen als selbständige Organisation in Bosnien-Herzegovina registriert ist.[241]

Ein weiterer Verdienst der Organisation liegt darin, beigetragen zu haben, dass diese Form der Vergewaltigungen unterdessen in Bosnien-Herzegovina offiziell als Kriegsverbrechen anerkannt ist und damit den betroffenen Frauen ein Anspruch auf staatliche Entschädigung in Form einer kleinen Rente zugestanden wird. Das – obgleich in den 1990er Jahren weithin mediatisierte – gleichwohl vor Ort tabuierte Thema wurde mit auf diese Weise in der bosnischen Gesellschaft verankert.[242]

Weitere Frauenorganisationen wie *Amica, Vive Žene, Žene ženama* und andere betreuen und helfen Betroffenen mit einem oft holistischen

---

240 Julia Nietsch: *Zivilgesellschaft in Kosovo und Bosnien-Herzegovina*, S. 249.

241 http://www.medicamondiale.org/ueber-uns/geschichte/ (letzter Zugriff 3.4.2013). Die internationale Organisation *Medical Mondiale* führt heute weitere Zentren und Projekte dieser Art in mehreren kriegsversehrten Ländern Afrikas und Asiens.

242 Vgl. ebd.

Ansatz: Neben der unmittelbaren psychosozialen und medizinischen Betreuung, informieren und lobbyieren sie für diese Interessensgruppen zugunsten materieller Unterstützungsprogramme, damit Frauen in Not eine Lebensgrundlage, eine Unterkunft, eine Rente oder Arbeit finden. Dazu gehören auch kurze, praktisch orientierte Ausbildungsprogramme, um die Frauen als Schneiderinnnen und ähnliche handwerkliche Berufe zu befähigen, Fuss in einer schwierigen Arbeitswelt zu fassen. Nicht zuletzt soll die gesellschaftliche Integration und der enge Austausch mit anderen Frauen einerseits eine Stärkung ihrer Selbst bewirken und andererseits die Gesellschaft in Verbindung mit den Erfahrungen dieser Frauen bringen, was letztlich auch die Auseinandersetzung mit der Vergangenheit zu stimulieren beabsichtigt.[243]

Zivilgesellschaftliche Akteure forderten wiederholt die Einrichtung von Wahrheitskommissionen: In Bosnien-Herzegowina fanden zwischen 1997 und 2006 insgesamt drei Versuche statt, Kommissionen zur Wahrheitsfindung einzurichten, die allesamt an mangelndem politischen Willen wie auch an unüberbrückbaren Divergenzen zwischen den Volksgruppen bezüglich zentraler Aspekte der jüngsten Vergangenheit gescheitert sind.[244]

Hinzu kamen, wie im Falle der ersten Initiative von 1997/98 unter Federführung von Jakob Finci, dem Präsidenten der Jüdischen Gemeinde Bosnien-Herzegowinas und damaligem Direktor des nationalen *Open Society Institutes*, zusätzliche Bedenken seitens des ICTY.[245] Nachdem diese ausgräumt waren, scheiterte der zweite Anlauf der Initianten 2002 am Widerstand von Opferfamilien, die eine zukünftige Wahrheitskommission als ein “elitist project pushed by ‘professionalized’ NGOs with strong

---

243 Monika Kleck: Working with Traumatised Women. In: *Ten Years after Dayton*. Peacebuilding and Civil Society in Bosnia-Herzegovina. Ed. by Martina Fischer. Berlin 2006, S. 343–355, hier S. 346ff.

244 Dragović-Soso, Gordy: *Coming to Terms with the Past*, S. 201.

245 Natascha Zupan: Facing the Past and Transitional Justice in Countries of Former Yugoslavia. In: *Ten Years after Dayton*. Peacebuilding and Civil Society in Bosnia-Herzegovina. Ed. by Martina Fischer. Berlin 2006, S. 327–342, hier S. 333. Zu den Unterstützern gehörte ferner das *United States Institute for Peace*.

links to international sponsors" betrachteten, denen sie keine Hand bieten wollten.[246]

Bei der Erwähnung Bosnien-Herzegowinas darf das einheimische Filmschaffen nicht unerwähnt bleibt, womit auch der Beitrag der Zivilgesellschaft aus einem Bereich der Kultur gewürdigt wird (zu ergänzen wären unbedingt jene aus der Kunst, Musik und insbesondere Literatur): Es waren Spielfilme wie der oscarprämierte Film *No man's land* von Danis Tanović (2001) und *Grbavica. Esmas Geheimnis* von Jasmila Žbanić (2005), welche die Sinnlosigkeit und Grausamkeit des Krieges sowie das Thema der Vergewaltigungen im Krieg eindrücklich und vielschichtig thematisiert haben.[247] Es war insbesondere der Film der jungen Filmemacherin, der entscheidend dazu beitrug, dass im Krieg vergewaltigte Frauen offiziell den Status eines Kriegsopfers respektive Kriegsinvalidin mitsamt den rechtlichen Konsequenzen erhielten.[248]

Zusammenfassend muss als besondere Herausforderung für die kritisch-engagierte Zivilgesellschaft hervorgehoben werden, dass sie nicht nur in einem von Krieg gezeichneten Umfeld agieren muss, sondern ferner in einem Staatsgebilde, welches eine hochkomplexe Fragmentierung von Staat und Gesellschaft aufweist infolge des Dayton-Friedensschlusses und einer Ordnung, die die ethnische Segregation eher untermauert als aufzubrechen vermag.[249] Ausserdem scheint der Grossteil der Bevölkerung von der Vergangenheitsarbeit überfordert oder nicht an dieser interessiert, was die Ausgangslage zusätzlich erschwert.[250]

---

246 Ebd., S. 203.

247 Holm Sundhaussen: *Metakriege*, S. 161.

248 Martina Fischer; Ljubinka Petrović-Ziemer (Eds.): *Dealing with the Past* in the Western Balkans, S. 14.

249 Zu den Bedingungen siehe auch Florian Bieber: *Post-War Bosnia*. Ethnicity, Inequality and Public Sector. New York 2006.

250 Giulio Marcon, Sergio Andreis: Human rights, civil society and conflict in Bosnia-Herzegovina. In: *Civil Societies and the Politization of Human rights*. Ed. by Raffaele Marchetti and Nathalie Tocci. New York 2011, S. 123–138, hier S. 137.

Schliesslich müssen auch die Gräben innerhalb der Zivilgesellschaft erwähnt werden: So gibt es religiöse Gruppen, zum Beispiel mit wahabitischen oder islamistischen Überzeugungen, die andere per se auschliessen, wie auch solche, die an einem interethnischen Austausch grundsätzlich nicht interessiert sind und mit nationalistischen Parteien sympathisieren.[251]

Kroatien

Die Entwicklung Kroatiens nach der Unabhängigkeitserklärung 1991 lässt sich in drei Phasen gliedern[252], die auch entsprechende Auswirkungen auf die weitere zivilgesellschaftliche Entfaltung hatten: Die erste Phase von 1991 bis 1995 stand im Zeichen des Krieges und einer autoritären, nationalistisch konnotierten Herrschaft unter Präsident Franjo Tudjman. Dieser kontrollierte seine Machtposition mit allen Mitteln, unterdrückte die Medien und nutzte unter anderem die Geheimdienste, um gegen Liberale, Oppositionelle und insbesondere zivilgesellschaftliche Kritiker vorzugehen.

Die zweite Phase bis zum Tode Tudjmans im Dezember 1999 wurde charakterisiert von einem nachlassenden Druck, da mit dem Ende des Krieges viele Massnahmen nicht mehr gerechtfertigt werden konnten. Zudem machten sich in der Bevölkerung Tendenzen breit, die Machtentfaltung und Korruption unter Tudjman je länger, desto weniger zu goutieren.

Der Regierungswechsel nach den Wahlen im Januar 2000 markiert eine dritte Phase, in der unter dem Ministerpräsidenten Ivica Račan und dem Präsidenten Stipe Mesić eine politische Wende unter sozialdemokratischen und liberalen Vorzeichen eingeläutet wurde. So wurden unter anderem die Einschränkungen bezüglich freier Meinungsäusserung, Informations-, Presse-, Medien- und Versammlungsfreiheit aus den 1990er Jahren zurück-

251 Martina Fischer: *Zivilgesellschaft und Friedenskonsolidierung*, S. 85. Für eine ausführliche Analyse dieses Themas siehe auch Martina Fischer (Ed.): *Ten Years after Dayton*. Peacebuilding and Civil Society in Bosnia-Herzegovina. Berlin 2006.

252 Vgl. Sabrina Petra Ramet: *Die drei Jugoslawien*, S. 799.

genommen und die gesetzlichen Grundlagen geschaffen, damit sich zivilgesellschaftliche Aktivitäten entfalten konnten.[253]

Die Einrichtung einer staatlichen Behörde zwecks Koordination mit dem NGO-Sektor 1998 stand bereits im Zeichen der entschlossenen Haltung Kroatiens im Hinblick auf den beabsichtigten Beitritt zur Europäischen Union und den damit notwendigen Reformen. Bereits vier Jahre später hat das Koordinationsbüro, trotz beschränkter finanzieller Mittel, in beträchtlichem Masse zur Konsolidierung und Verbesserung des zivilgesellschaftlichen Sektors beigetragen. Als wichtigstes Ergebnis dieser Entwicklung sind die deutlich verbesserten Beziehungen zwischen Staat und NGOs zu nennen.[254] Hinzu kamen schrittweise weitere Verbesserungen im Bereich der Gesetzgebung ab 2001, die – auch dies ein wichtiges Zeichen – in einem Konsultationsprozess zusammen mit NGO-Vertretern erreicht wurden.[255] Ein zentraler Aspekt war, dass der zivilgesellschaftliche Sektor fortan vom Staatsbudget Mittel zugewiesen bekam. Schliesslich wurde die staatliche Unterstützung zusätzlich mittels eines neugegründeten *Nationalen Rates zur Förderung der Zivilgesellschaft* (2002) sowie einer *Nationalen Stiftung zur Entwicklung der Zivilgesellscha*ft (2003) institutionalisiert.

Auch wenn heute noch in verschiedenen Bereichen Probleme, mangelnde Kommunikation oder Kooperationsbereitschaft zwischen Staat und Zivilgesellschaft bestehen[256], ist festzuhalten, dass die Bedingungen

---

253 Siniša Kušić: *Zwischen Euphorie und Ernüchterung – Kroatien auf dem Weg in die EU* (Sozio-ökonomische Perspektiven in Südosteuropa, Bd. 1). Frankfurt am Main 2007, S. 81f.

254 Igor Vidačak, Jasmina Božić: *Civil Society and Good Governance in Societies in Transition*: The Case of Croatia. In: *Civil Society and Good Governance in Societies in Transition*. Ed. by Wolfgang Benedek. Belgrade 2006, S. 55–75, hier S. 59f.

255 Ebd., S. 60.

256 Siehe hierzu ein Fallbeispiel aus dem Bereich der Bildungsreformen an kroatischen Schulen bei Katarina Batarilo: Die Vermittlung politischer Kultur durch Schule am Beispiel Kroatiens und Bosnien-Herzegowinas – Chancen und Hindernisse. In: *Politische Kultur in (Südost-)Europa*. Charakteristika, Vermittlung, Wandel. Hg. von Sonja Schüler (Südosteuropa-Studien, Bd. 77). München, Berlin 2012, S. 107–118.

in Kroatien sich im Zuge der europäischen Integration deutlich verbessert und professionalisiert haben. Mit der Entspannung des nationalistischen Diskurses haben sich – ungeachtet der Widerstände von Veteranen- und Opferverbänden – auch die zuvor schwierigen Rahmenbedingungen für die Vergangenheitsarbeit seitens zivilgesellschaftlicher Akteure gelockert.

Wie geschildert, war die *Antikriegsbewegung Kroatiens ARK* die bedeutendste zivilgesellschaftliche Gruppierung zu Beginn der 1990er Jahre. Es bildete ein Sammelbecken zukünftiger zivilgesellschaftlicher Gruppen und Akteure und wirkte in den folgenden Jahren als wichtiges Friedens-Netzwerk weiter.[257]

Im März 1993 entstand das *Kroatische Helsinki Komitee (Hrvatski Helsinski Odbor, HHO*), welches sich aus unabhängigen Intellektuellen, Juristen und Personen der Öffentlichkeit zusammensetzte und sich vor allem für Rechtsstaatlichkeit und für die Aufklärung und Strafverfolgung von Kriegsverbrechen auf kroatischem Territorium einsetzte.[258] Anders als die überwiegend jungen *ARK*-Mitglieder, gruppierten sich um das Helsinki Komitee eher ältere Akteure, die sich bereits im *Kroatischen Frühling* (1967–71) engagiert beziehungsweise exponiert hatten und dafür teilweise zu Gefängnisstrafen verurteilt worden waren.[259]

Zu den führenden Organisationen im Bereich der Vergangenheitsarbeit gehört das *Zentrum für Frieden, Gewaltlosigkeit und Menschenrechte (Centar za mir, nenasilje i ljudska prava*) in Osijek, welches sich in Reaktion auf den Krieg in Slawonien 1992 gegründet hat, Teil der *ARK* war und von der bekannten Ärztin Katarina Kruhonja geleitet wird.[260] Es engagiert sich seither unter anderem im Bereich der Traumaarbeit, der Dokumen-

257 Gemäss der Homepage, die angesichts des 20-jährigen Jubiläums Dokumente öffentlich macht und im Mitgliederbereich weitere Informationen bietet http://antiratnakampanja.info (letzter Zugriff: 28.3.2013).

258 Bojan Bilić: *We Were Gasping for Air*, S. 148f und insbesondere Anm. 29.

259 Ebd., S. 148f. Ludwig Steindorff charakterisiert die Facetten der Bewegung als eine Mischung aus Studentenbewegung und kroatischem Nationalbewusstsein. Siehe ders: *Kroatien – Vom Mittelalter bis zur Gegenwart*. Regensburg 2001, S. 200.

260 Siehe Homepage http://www.centar-za-mir.hr (letzter Zugriff: 3.3.2013).

tation von Menschenrechtsverletzungen sowie der Friedenserziehung und Bildung generell. 1997 wurde das *Zentrum für Friedensstudien (Centar za mirovne studije)* in Zagreb eröffnet, welches sich der Friedensforschung und -erziehung, der Verbesserung der interethnischen Beziehungen, der Vergangenheitsarbeit und verwandten Aspekten widmet.[261]

Die bedeutendste Organisation in Kroatien im Bereich der Vergangenheitsarbeit ist *Documenta*. Auf eine Initiative der oben genannten NGOs wurde 2004 *Documenta – Zentrum für Vergangenheitsarbeit (Centar za suočavanje s prošlošću)* in Zagreb gegründet.[262] Einige MitbegründerInnen und Mitarbeitende hatten sich zuvor bereits bei *Svarun* und der *ARK* engagiert. Dies lässt sich besonders gut an der Person Vesna Teršelićs nachvollziehen, die zunächst bei der Studierendengruppe sozialisiert wurde, dann der *Grünen Aktion* beitrat, danach jahrelang als Koordinatorin für die *ARK* verantwortlich war, schliesslich die *Documenta* mitbegründete und seither leitet.

Schliesslich sind zwei Initiativen zu erwähnen, die auf lokalem wie regionalem Niveau als besonders erfolgreiche zivilgesellschaftliche Beispiele gelten dürfen: Das *Volunteer Project Pakrac (Volunterski project Pakrac)* wurde von der *ARK* initiiert, vom *UN-Development Programme finanziert* und vereinte von 1993 bis 1997 mehr als 400 Freiwillige aus 30 Ländern, die sich beim Wiederaufbau der kriegszerstörten Stadt Pakrac unter Einbezug zahlreicher sozialer Programme für die Bevölkerung engagierten.[263] Von serbischer Seite aus nahm die Gruppe *Most* (*Brücke*), Mitglied des *Belgrader Zentrums für Antikriegsaktion* teil.[264] Beim Projekt *Demilitarisation and peaceful reintegration of Eastern Slavonia, Baranja and Western Sirmiuminto Croatia* unter der Führung der *United Nations Transitional Administration (UNTAES)* erleichterten kroatische und serbi-

---

261 Gemäss Homepage http://www.cms.hr (letzter Zugriff: 3.3.2013).

262 Gemäss Homepage der Organisation http://www.documenta.hr (letzter Zugriff: 12.3.2013).

263 Bojan Bilić: *We Were Gasping for Air*, S. 151f.

264 Ebd.

sche NGOs Flüchtlingen beider Ethnien die Rückkehr in ihre kriegsversehrte Heimat.[265]

Am Beispiel Kroatien wurde sichtbar, welchen Einfluss die sozialen Bewegungen der 1980er Jahre bei der Herausbildung der Zivilgesellschaft hatten. Über die Antikriegskampagne und die darin versammelten Akteure und Organisationen wirken personelle und ideelle Kontinuitäten bis heute in den zivilgesellschaftlichen Bereich. Zwar behinderten das autoritäre Regime Tudjmans und die Kriegsphasen ein Gedeihen der Zivilgesellschaft, aber angesichts der zügigen Entwicklung Kroatiens in Richtung Demokratisierung und EU-Beitritt wurden solide Grundlagen für das weitere zivilgesellschaftliche Engagement geschaffen. Das macht sich gerade auch im Bereich der Vergangenheitsarbeit bei den betreffenden Organisationen bemerkbar.

Zu betonen ist, dass viele der hier erwähnten Vereinigungen noch heute bestehen und sich weiterhin in der Vergangenheitsarbeit engagieren. Einige unter ihnen und vor allem einzelne Persönlichkeiten haben sich ein hohes Ansehen im Ausland verdient und sind für ihr Engagement mehrfach ausgezeichnet oder nominiert worden. Hier seien nur einige Beispiele genannt: Vesna Teršelič erhielt zusammen mit Katarina Kruhonja (1998) den *Right Livelihood Award*, der als alternativer Nobelpreis hohe Geltung geniesst. Nataša Kandić erhielt mit dem *Human Rights Watch Award* 1993 Anerkennung und wurde für ihre Verdienste als Menschenrechtlerin aus Serbien mit der Ehrenbürgerschaft der Stadt Sarajewo 2005 ausgezeichnet. Die *Frauen in Schwarz* wurden gleich mehrfach für den *Friedensnobel-* und Alternativen *Nobelpreis* nominiert.

3.3. Regionale Ansätze

Als Gründe für das Scheitern der erwähnten Initiativen zur Einsetzung von Wahrheitsfindungskommissionen in Bosnien-Herzegowina und Serbien sind, gemäss Dragović-Soso und Gordy, grundsätzlich unterschiedliche

265 Ebd.

Beurteilungen der jüngsten Vergangenheit sowie ein Mangel an politischem Willen bei den jeweiligen politischen Führungen zu nennen.[266] Umso bedeutender sind von daher regionale Bemühungen, wie anhand des folgenden Beispiels aufgezeigt werden soll. Dieser Ansatz verfolgt zum einen die Absicht, mittels eines umfassenderen Aktionsradius', den Widerständen im nationalen Kontext mehr entgegensetzen zu können und sich mit einer vielschichtigeren Perspektive umfassender mit der Vergangenheit auseinanderzusetzen. Ein Zusammenschluss von Gleichgesinnten bildet eine Art regionale Zivilgesellschaft, die im Idealfall eine grössere Ausstrahlung hat und mehr zu bewegen vermag. Zum anderen versprechen bestimmte Herausforderungen, etwa die Suche nach Vermissten, die Etablierung von Fakten oder das Verständnis für verschiedene Geschichtsinterpretationen, im Rahmen einer regionalen Herangehensweise eher oder besser gelöst werden zu können. Im Folgenden soll ein Beispiel kurz vorgestellt werden, da es auf den Bereich der Vergangenheitsarbeit und Versöhnung zielt.

Regionale Wahrheitsfindungskommission (*REKOM)*

Diese zivilgesellschaftliche Initiative nennt sich *Regional Commission for Establishing the Facts about War Crimes and Other Gross Violations of Human Rights Committed on the Territory of the Former Yugoslavi*a (RECOM).[267] Der *REKOM*-Bewegung haben sich seit ihrer Initiierung 2006 einige Hundert NGOs und Initiativen unterschiedlichster Couleur und Zielsetzungen aus allen post-jugoslawischen Staaten angeschlossen

---

266 Jasna Dragović-Soso, Eric D. Gordy: *Coming to Terms with the Past*, S. 201.

267 Siehe "The Statute Proposal" vom 26. März 2011, http://www.zarekom.org (letzter Zugriff: 27.3.2013). Die *REKOM*-Initiative berücksichtigt verschiedene Sprachen in der Region sowie Englisch, weshalb der Name und die Abkürzung jeweils leicht variieren können.

und es kommen weiterhin neue hinzu.[268] Heute stellt sie die einzige bedeutende und überdies genuine *grassroot*-Bewegung dar, die sich auf einem regionalen Niveau engagiert; entsprechend gross sind die Hoffnungen und Erwartungen, die im In- und Ausland mit ihr verbunden sind.

Initiiert wurde *REKOM* 2004 von drei NGOs, die als führend im Bereich der Vergangenheitsarbeit gelten; nämlich *Documenta* aus Zagreb (Kroatien), das *Forschungs- und Dokumentations-Zentrum* aus Sarajewo (Bosnien-Herzegowina) und das *Zentrum für Menschenrechte in Belgrad* (Serbien). Während in den Jahren 2006 bis 2008 vor allem Debatten und Meinungsbildungsprozesse über die anzuwendende Strategie das Gros der Arbeit bildeten, folgte nach der offiziellen *REKOM*-Gründung 2008 die eigentliche Projektarbeit.

Inhaltlich stand dabei zunächst der Austausch zwischen und die Diskussion über die Opfer der jugoslawischen Zerfallskriege im Vordergrund. Später wurde zunehmend der Dialog zwischen Opfern, Veteranenverbänden und Menschenrechtsvertretern angestrengt, und Formen und Mechanismen der Vergangenheitsarbeit diskutiert. Gefördert werden sollen Datenerfassung und Faktenwissen sowie Verständnis und Solidarität für die Opfer aller Konfliktparteien, die auf dem gesamten Gebiet des ehemaligen Jugoslawiens im Zeitraum von 1991 bis 2001 Kriegsverbrechen und andere Menschenrechtsverletzungen erlitten haben.[269] Die möglichst exakten, objektiv zusammengetragenen Fakten sollen fortan auch von jeweils staat-

---

268 Auch Einzelpersonen können der Bewegung beitreten. Rund 300 NGOs aus den Bereichen Menschenrechte und Demokratisierung, rund 50 Opferverbände, mehrere Veteranenorganisationen, Medienhäuser sowie Wissenschaftler, Künstler, Journalisten, Juristen und Bürger zählte die Bewegung 2010. Nataša Kandić: Dealing with the Past – Step by Step. In: *Conflict and Memory: Bridging Past and Future in (South East) Europe*. Ed. by Wolfgang Petritsch and Vedran Džihić (Southeast European Integration Perspectives, Vol. 3). Baden-Baden 2010, S. 229–234, hier S. 233. Im April 2013 wurden auf der Homepage insgesamt 1800 Organisationen und Einzelpersonen aufgeführt.

269 Das schliesst somit sowohl die Opfer des Zehntagekrieges in Slowenien als auch die häufig vergessenen Opfer des Konflikts in Mazedonien 2001 ein. Vgl. Präambel des *REKOM*-Statuts.

licher Seite offiziell anerkannt und als verbindliche Diskussionsgrundlage der weiteren Vergangenheitsarbeit dienlich sein. Seit Verabschiedung des *REKOM*-Statuts 2011, bemüht sich die Bewegung in der gesamten Region um Unterstützung von jeweils offizieller politischer Seite. Eine eigene Website informiert in den verschiedensten Sprachen[270] über den Stand der sogenannten (nationalen und regionalen) Konsultationen und des Projekts. Im Jahr 2001 wollte man in der Region über 1 Million Unterschriften von Jugendlichen gesammelt haben, um dem *REKOM*-Anliegen Nachdruck zu verleihen; 580 000 sind es schliesslich gewesen (Stand Ende 2014).

Gegenreaktionen auf die *REKOM*-Initiative gibt es zuhauf: Sie stammen einerseits von jenen, die sich weiterhin der Vergangenheitsarbeit verschliessen und andererseits von grundsätzlich Gleichgesinnten, die das Vorgehen aber als zu ambitiös, zu komplex oder falsch konzipiert betrachten und sich zuerst bessere Resultate in den jeweiligen Staaten wünschen.

Kritisch muss angemerkt werden, dass innerhalb der *REKOM*-Bewegung ernsthafte Divergenzen einerseits um die überaus grosszügige finanzielle Unterstützung aus dem Ausland und die Art und Weise ihrer Verwendung entstanden sind, andererseits um inhaltliche und strategische Aspekte (zum Beispiel öffentliche Anhörung von Opfern, obwohl diese Aussagen rechtlich nicht Verwendung finden können usw.). Unterdessen haben erste Organisationen die *REKOM*-Bewegung verlassen.[271]

Während der Ausgang ungewiss ist: Ein nicht zu unterschätzender Fortschritt wurde bereits durch den breit abgestützten und grenzüberschreitenden Prozesscharakter der Bewegung erreicht: Dadurch, dass grosser Wert auf breite Konsultationen, öffentliche Debatten und eine ausführliche Kommunikation über die verschiedensten Aspekte der *REKOM*-Bewegung gelegt wurde, ist auf eine in der Region selten transparente und aufwändige

270 Nebst den lokalen Sprachen zusätzlich auch in Englisch.

271 Gemäss Auskunft verschiedener Gesprächs- und InterviewpartnerInnen in der Region im Jahre 2012. Vgl. hierzu auch Bojan Bilić: *We Were Gasping for Air*, S. 50.

Art und Weise, eine Öffentlichkeit und somit Raum für eine umfassende Auseinandersetzung geschaffen worden.[272]

Mit der Schilderung der groben Entwicklungslinien und der Vorstellung der wichtigsten Organisationen und Personen in den drei Ländern, die hier von Interesse sind, wurde der notwendige Kontext des vorliegenden Themas dargelegt. Eingebettet in diesen, sollen die Interviews im nun anschliessenden Kapitel, die Perspektive aus Sicht der zivilgesellschaftlichen Akteure eingehender beleuchten. Die folgenden Interview-PartnerInnen engagieren sich allesamt bei den vorgestellten NGOs und Initiativen in den jeweiligen Ländern.

272 So führt die Webseite nicht nur Basisinformationen über Mitglieder, Aktivitäten, Unterschriftenkampagne usw. auf, sondern berichtet ferner über negative wie positive Reaktionen auf die Initiative, gibt Pressestimmen aus der gesamten Region wieder und kommentiert jeweils wichtige tagespolitische Ereignisse, die für die Vergangenheitsarbeit relevant sind.

4. Hauptteil: Interviews

Im Folgenden werden anhand von vier Gruppierungen neun Interviews vorgestellt, die ansatzweise einen Querschnitt durch das zivilgesellschaftliche Engagement in der Region geben sollen. Diese Gruppeneinteilung ist gewählt worden, um eine bessere Vergleichbarkeit zu erlauben; sie ist nicht absolut gemeint und liesse sich auch anders vornehmen. Im vorliegenden Fall soll die Unterscheidung in Organisationen mit einer sehr ausgeprägten *Dealing with the Past*-Ausrichtung und solchen mit einer eher gruppenspezifischen Orientierung, die jedoch nebst anderen Inhalten auch die Vergangenheitsarbeit zu ihren Arbeitsbereichen zählt, deutlich gemacht werden. So lässt sich auch eine Vielzahl von Aktivitäten im Bereich der Vergangenheitsarbeit ausmachen und gegebenenfalls Unterschiede in den Akzentsetzungen erkennen. Bei den 26 geführten Interviews wurde auf eine zahlenmässig repräsentative Balance zwischen den Beispielen aus den drei Ländern geachtet, die jedoch bei der Auswahl der folgenden neun Interviews zugunsten der thematischen Breite und Aussagekraft der einzelnen Interviews nicht mehr im Vordergrund stand.

4.1. *Dealing with the Past*-Vertreter: Mladen K. aus Kroatien

«Ich konnte kaum glauben,
dass es so etwas als Beruf gab!»

Mladen K. ist seit 2009 bei einer NGO angestellt, die sich seit vielen Jahren als eine der profiliertesten Organisationen in Kroatien und in der Region gezielt für die Vergangenheitsarbeit engagiert. Auf Initiative mehrerer kroatischer Friedens-, Forschungs- und Menschenrechtsgruppen gegründet,[273]

273 Die Anfänge dieser Organisationen reichen zurück bis 1990/91, als viele der AkteurInnen Teil der Antikriegsbewegungen in Kroatien respektive im ehemaligen Jugoslawien waren.

arbeiten heute 25 Beschäftigte und 40 ehrenamtliche Mitglieder für die Organisation. Im Zentrum der Arbeit stehen sowohl das Sammeln und Dokumentieren von Fakten, als auch das Vorantreiben der gesellschaftlichen Diskussion und Reflexion. Zu den Aufgaben der Organisation gehört auch die Verbesserung juristischer Standards und des Zeugenschutzes durch das Monitoring, das heisst das Beobachten und Kommentieren von Kriegsverbrecherprozessen und Gerichtsverhandlungen auf lokalem und regionalem, aber auch internationalem Niveau.

Die Stossrichtung ist dabei eine umfassende und zielt auf verschiedene Ebenen: Auf der Mikroebene werden individuelle Erfahrungen von Opfern von Kriegsverbrechen und gravierenden Menschenrechtsverletzungen mittels *Oral History*-Zugängen gesammelt und dokumentiert. Damit soll eine möglichst umfassende, detaillierte und objektive Faktenlage zu folgenden Kategorien geschaffen werden: Getötete Personen, Vermisste, Folteropfer, Inhaftierte, Täter und Zeugen.

Auf der Mesoebene sollen weitere Themen der Vergangenheitsarbeit, wie zum Beispiel Erinnerungskultur, alternative Formen des Geschichtsunterrichts oder die Frage von Reparationen im Sinne eines *Agenda Settings* in die öffentliche Wahrnehmung gebracht werden, um gesellschaftliche Prozesse anzuregen respektive zu fördern. Schliesslich ergehen Forderungen und Empfehlungen an die Politik, um somit auf einer Makroebene auf eine Festschreibung und Implementierung von relevanten Aspekten der Vergangenheitsarbeit hinzuwirken.

Im Bewusstsein der besonderen, weil doppelten, Herausforderungen konzentriert sich die Arbeit der Organisationen dabei auf Kriegsverbrechen und Menschenrechtsverstösse im Zeitraum von 1941 bis 2000: Die Ereignisse aus dem Zweiten Weltkrieg waren nicht nur ein wichtiger Faktor für die Kriegsmobilisierungen in den 1990er Jahren, sondern harren weiterhin einer umfassenden Aufarbeitung in der Region. Das Engagement der Organisationen richtet sich gegen Tabuisierung und Missbrauch von Kriegsverbrechen und beabsichtigt, «individuelle und soziale Prozesse von Vergangenheitsarbeit zum Wohle eines langfristigen Friedens in Land und

Region anzustossen.»[274] Die Organisation ist national, regional und international gut vernetzt und ist eines der Gründungsmitglieder der *REKOM*-Bewegung.

Die Liste der Donatoren liest sich wie das Who's who der internationalen Geldgeber:[275] Neben den grossen internationalen Organisationen wie der OSZE, der UNO (durch das Entwicklungshilfeprogramm UNDP) und der EU, haben auch namhafte Fördernationen durch ihre Aussenministerien, Entwicklungsagenturen und Botschaften (Norwegen, Schweden, Finnland, die Niederlande, Schweiz, Kanada und USA) die Organisation unterstützt. Gleiches gilt seitens der bekannten Stiftungen (Open Society Institute des Mäzens George Soros, Friedrich-Ebert-Stiftung, Heinrich-Böll-Stiftung, Charles Stewart Mott Foundation, Quaker Peace and Social Wittness usw.). Daneben sind auch einige nationale Ministerien und Regierungsstellen zu nennen (Kultusministerium, Ministerium für Wissenschaft, Bildung und Sport u. a.).

Mladen K. scheint immer noch etwas überrascht, wenn er rückblickend seinen Einstieg bei seinem heutigen Arbeitgeber beschreibt. Die Arbeit scheint regelrecht auf ihn gemünzt zu sein, um seine begeisterten Worte bildlich auszudrücken. Mladen K. arbeitet als Mitarbeiter an einer Studie zur Erhebung der menschlichen Verluste in Kroatien 1991–1995 mit.

> *«Mein Leben, meine Generation ist – wie wahrscheinlich bei allen in dieser Region – gekennzeichnet vom Krieg und von der Instabilität, in allem: dem Verlust der Heimat, aller Freunde, dann die Zeit in der Fremde, dann nach der Heimkehr die erneuten Veränderungen, da plötzlich neue Leute da waren [...]. Die einzige Konstanz war der Wandel; das Gefühl der Unbeständigkeit war prägend.»*

Mladen K. wurde 1984 als Sohn serbischer Eltern in Knin/Kroatien geboren und sollte mit Beginn der 1990er Jahre mehr und mehr spüren, dass er als Angehöriger einer Familie, die sich wenig aus nationalen Zuschreibungen machte, keinen leichten Stand in seiner Heimat haben sollte. Ihm sel-

274 Gemäss Homepage der Organisation, die zur Wahrung der Anonymität hier nicht genannt wird.

275 Gemäss Homepage der Organisation.

ber bedeutete und bedeutet seine ethnische Zugehörigkeit wenig. Vielmehr sind es die Fremdzuschreibungen, die ihm gewissermassen eine Identiät auferlegt haben. So fühle er sich zwar als Serbe in Kroatien, aber unterscheide sich gleichwohl in ideologischer Hinsicht von der Mehrheit der Serben in Kroatien.

Sein serbischer Familienname liess in seinem Umfeld von vornherein keinen Zweifel an der Herkunft und war Hauptgrund für die Fremdzuschreibung. Dies umso mehr, als ein serbischer Aufständischer mit dem gleichen Familiennamen, aber ohne verwandtschaftliche Beziehung zu Mladen K., zu Beginn der 1990er Jahre in Kroatien berühmt-berüchtigt wurde. Die Familie lebte seit Generationen in Kroatien, und Familienangehörige kämpften im Zweiten Weltkrieg auf Seiten der Partisanen. Die Familie stand in der jugoslawischen Tradition von «*Brüderlichkeit und Einheit*» und nationalistischen Denkweisen entsprechend kritisch gegenüber.

Mit der wachsenden politischen Anspannung im Zuge der jugoslawischen Desintegration wuchs der Druck auf die Familie, sich politisch – im Duktus jener Zeit gleichbedeutend mit ‹ethnisch› – zu bekennen. In Knin[276] wurde im Zuge der jugoslawischen Desintegration im Dezember 1991 das autonome Gebiet *Srpska Krajina* (*Serbische Krajina*) ausgerufen. Hinter der Autonomieerklärung stand die Absicht, die serbisch dominierten Gebiete in Kroatien später mit der *Republika Srpska* in Bosnien und schiesslich mit Serbien zu vereinen. Die *Srpska Krajina* hatte Bestand bis August 1995, als im Zuge der kroatischen Militäroffensive *Oluja* (*Sturm*) das Gebiet wieder unter kroatische Hoheit fiel.

---

276 Zwischen dem Osmanischen und dem Habsburger Reich gelegen, entwickelte sich seit dem 16. Jahrhundert ein besonderer Grenzraum, der mit Sonderrechten ausgestattet, neue Siedler anzog, die im Gegenzug Wehrdienst leisten mussten. In den kriegsversehrten, entvölkerten Grenzstreifen zogen neben katholischen Kroaten auch orthodoxe Serben und Vlachen aus dem Osmanischen Reich. Die österreichische *Militärgrenze* (*Vojna Krajina*) verfestigte sich nach und nach zu einem kompakten Siedlungsgebiet und verlief schliesslich von der Adria, entlang der Grenze Bosniens, über Slawonien und das Banat bis nach Siebenbürgen. Marie-Janine Calic: Der serbisch-kroatische Konflikt in Kroatien. In: *Der ruhelose Balkan*. Hg. von Michael Weithmann. München 1993, S. 108–148, hier S. 117ff; vgl. ferner Ludwig Steindorff: Kroatien, S. 75.

Eindrücklich ist im Falle von Mladen K. die Diskrepanz zwischen Selbst- und Fremdwahrnehmung: Während Mladen K. und seine Familie sich vor allem als Bürger Knins wahrnahmen und in einem weiteren Sinne in einer jugoslawischen Tradition standen, ohne sich im Übrigen als Jugoslawen zu definieren, zwangen die äusseren Entwicklungen ihnen eine andere Identität auf. Besonders komplex wurde die Situation dadurch, dass sie in ethnischer Hinsicht Angehörige einer Minderheit waren und innerhalb dieser – aufgrund ihrer politischen Gesinnung – einmal mehr zur Minderheit wurden und sich isoliert fanden. Im Laufe des Interviews wird deutlich, dass eine der wenigen Konstanten in Mladen K.s Leben, die Selbstbehauptung gegenüber den Vereinnahmungstendenzen verschiedener Seiten war.

Während es Ende der 1980er Jahre zunächst der wachsende kroatische Nationalismus war, der Mladen K. und seiner Familie das Gefühl der Andersartigkeit gab und sich in Ressentiments ihnen gegenüber niederschlug, waren es danach die Anführer der selbsternannten *Republik Serbische Kraijna*. Sein Vater sollte in die *Jugoslawische Volksarmee* (*Jugoslovenska Narodna Armija, JNA*) eingezogen und gegen das unabhängige Kroatien in Stellung gebracht werden. Als er diese ungewollte Mobilisierung verweigerte, verlor er gleich zu Kriegsbeginn seine Arbeitsstelle als Angestellter bei der Eisenbahn. Einige Male musste sich der Vater im Folgenden verstecken, um der Mobilisierung zu entkommen.

Im Gespräch berichtet Mladen K. nüchtern von den Ereignissen, die für die Familie gleichwohl dramatisch gewesen sein müssen. Wie Mladen K. ausführt, war die Familie instruiert worden und wusste, welche Ausreden sie vorgeben musste, wenn Gefahr drohte und es verdächtig an der Tür klingelte, während der Vater durch das Fenster das Weite suchte. Bis einer dieser Versuche sich zu entziehen scheiterte und er schliesslich nach Serbien in die *JNA* eingezogen wurde. Einer unverhofften Begegnung mit einem Arzt, der ebenfalls aus Knin stammte und der ihn krankschrieb, verdankte der Vater die Entlassung aus der Armee nach einem Monat. Die Rückkehr nach Knin gelang ihm mittels dieser landsmannschaftlichen Hilfe, die offensichtlich stärker wog als übergeordnete, politische Erfordernisse und militärische Hierarchien.

In einer Situation der wachsenden politischen Spannungen und schliesslich kriegerischen Auseinandersetzungen in der Krajina 1991/92 sowie im Sommer 1995 geriet die Familie von Mladen K. schliesslich buchstäblich zwischen die Fronten: von Kroaten gemieden, weil sie Serben waren; von Serben geächtet, weil sie keine patriotischen Serben waren. Mladen K. erinnert das wie folgt:

> *«Mein Vater wurde von seiner Stelle gesäubert und dies obwohl er nicht einmal eine hohe oder wichtige Position inne hatte. Wir blieben ohne Geld und wurden arm. Von dieser Armut, dieser Verelendung hat sich unsere Familie nie wieder erholt. Bis heute sind wir weit davon entfernt – dabei waren wir, d. h. mein Vater, während des Krieges ‹sauber› geblieben.»*

Im Zuge der Operation *Oluja* 1995 musste die Familie ihre Heimat verlassen, obwohl sich die Familie nichts habe zuschulden kommen lassen. Insgesamt 200 000 Serben aus verschiedenen Regionen flohen damals aus Kroatien in Richtung Bosnien-Herzegowina und teilweise weiter nach Serbien. Mladen K., seine Eltern, die drei Geschwister sowie die Grosseltern, kamen schliesslich in der Vojvodina im Norden Serbiens unter, wo eine Grossmutter lebte. Zwei Jahre lebte die Familie mit offiziellem Flüchtlingsstatus, aber auch dort stiessen sie auf Vorbehalte. Mladen K. differenziert und anerkennt, dass die Situation für die Menschen dort ebenfalls nicht einfach war, angesichts der grossen Zahl von Flüchtlingen, die sich in kurzer Zeit ins Land ergoss. Deutlich wird dabei erneut das Gefühl, des Verloren- und ‹Auf-sich-selbst-gestellt-Seins›.

> *«Die Hilfe, die wir dort erhielten, war eine Pseudo-Hilfe. In der Vojvodina fühlten wir uns abermals minderwertig, vor allem mein Vater hat dies sehr schlecht ertragen. Ich hingegen habe es zum Beispiel in der Schule zu spüren bekommen. Obwohl bislang ein sehr guter Schüler, bekam ich immer nur Einsen beim Aufsatzschreiben [die schlechteste Note, Anm. TP], einfach weil ich die kroatisch-klingende Variante benutzte. Viele Lehrer schienen Flüchtlingskinder automatisch für schlechtere Schüler zu halten.»*

Der Umstand, dass Mladen K. beim Schreiben die ijekavische Variante seiner Muttersprache, anstatt der ekavischen[277], wie in Serbien verbreitet, verwendete, obwohl das Verständnis hierbei in keinerlei Form beeinträchtigt wurde und beide Sprachvarianten zuvor überall als gleichwertig galten, machte ihn also in Serbien, an einem so wichtigen Ort der Integration und Sozialisation für ein Kind – in der Schule – zu einem Aussenseiter. Mladen K. berichtet gefasst von diesen Erfahrungen, die er als Details bezeichnet, die aber für einen 11 bis 13-jährigen Jungen sehr bedrückend sein mussten: War er in seiner Heimat schon aufgrund seines Familiennamens stets latent dem Argwohn der kroatischen Mitbürger ausgesetzt, war es in Serbien nun seine kroatisch klingende Aussprache, die offensichtlich auch eine Lehrerin nicht davon abhielt, an einem ansonsten sehr guten Schüler und Flüchtlingskind ein Exempel zu statuieren. Einmal mehr fiel er in einem Umfeld des Schwarz-Weiss-Denkens und der nationalistischen Denkraster zwischen die Reihen.

Darüber hinaus wird sichtbar, wie auch innerhalb des dominierenden nationalistischen Diskurses in Serbien zu jener Zeit Abgrenzungen und Zuschreibungen vorgenommen wurden. Trotz seiner serbischer Herkunft, seines ethnisch eindeutig zuzuordnenden Namens, seines Flüchtlingsstatus' und eigentlich sehr guter Leistungen, erfuhr Mladen K. in der Schule in Serbien Ausgrenzung und – im wahrsten Sinne des Wortes – Herabsetzung in Form von ungerechtfertigten Noten, die trotz elterlicher Intervention bei den Lehrern nicht korrigiert wurden. Es bleibt Spekulation, was die betreffenden Lehrer zu ihrer Haltung veranlasst hatte.

Sie steht jedoch im Gegensatz zum damals dominierenden politischen, medialen und gesellschaftlichen Diskurs, demzufolge Serbien sich in jeder Hinsicht solidarisch mit seinen Landsleuten in den übrigen Teilen

---

277 Die beiden Dialektvarianten Ekavisch und Ijkavisch unterscheiden sich in einer Variante des Buchstaben *e*: In der Sprachvariante aus Serbien blieb es bei einem *e*, in den überwiegenden Gebieten Kroatiens sowie in Bosnien-Herzegowina und Montenegro wandelte sich dieses *e* zu einem *ij* (erweichte Aussprache). Zu Identitätsstreit und Sprachpolitik vgl. auch Sabine Riedel: *Die Erfindung der Balkanvölker*. Identitätspolitik zwischen Konflikt und Integration. Wiesbaden 2005, S. 63–65.

des zerfallenden Vielvölkerstaates zeigen müsse. Dieses Phänomen, welches Mladen K. zusetzte, könnte einerseits auf unterschiedliche Grade von nationalistischen Haltungen hinweisen, demzufolge im konkreten Fall zwischen ‹besseren›, im Sinn von ‹echteren›, und weniger ‹echten› Serben unterschieden wurde; und welche es entsprechend in puncto Sprache, Ausdrucksweise oder Ähnlichem umzuerziehen galt. Andererseits könnte es ein Hinweis auf einen Rückgriff auf bestehende, innerserbische Unterscheidungsmerkmale sein. Wie es Selbst- und Fremdzuweisungen zwischen den verschiedenen ethnischen Gruppen gab und gibt, ist dies auch oft innerhalb einer ethnischen Gruppe der Fall. Die Autorin konnte nicht in Erfahrung bringen, ob und wie sich diese innerethnischen Unterscheidungen manifestieren; hingegen gibt es tatsächlich verschiedene Bezeichnungen für eine/n Serbin/Serben aus Serbien (*Srbijanka/Srbijanac*) und eine/einen Serbin/ Serben aus anderen Gebieten (*Srpkinja/Srbin)*.

> *«Da wir aus Serbien zu der Zeit auch nicht einfach zurück nach Kroatien gehen konnten, haben wir uns für einen anderen, absurd klingenden Schritt entschieden. Wir versuchten nun wiederum aus Serbien in Richtung Ungarn zu fliehen, die Grenze lag ja nicht weit weg. Von dort wollten wir weiter nach Kroatien. Aber wir wurden entdeckt beim Versuch über die grüne Grenze zu verschwinden; mein Vater kam sogar kurzfristig ins Gefängnis dafür. Von da an standen wir unter Beobachtung; es war wohl für die serbische Regierung unter Milošević eine Pein, dass ein serbischer Flüchtling aus Kroatien mit vier Kindern nun aus Serbien wieder nach Kroatien zurückgehen wollte.»*

Die Familie kehrte schliesslich 1997 als einer der ersten serbischen Flüchtlingsfamilien nach Knin zurück, wo zwar formal Frieden eingekehrt war, aber sich die sonstigen Lebensbedingungen nur wenig verbessert haben und nach wie vor speziell für Angehörige der serbischen Minderheit nicht einfach waren. Infolge der massiven Umsiedlungen aufgrund von Flucht und Vertreibung und durch den Zuzug neuer Bevölkerungsgruppen, in der Regel kroatischen Flüchtlingen aus anderen Regionen, hatte sich zudem das gesellschaftliche Gefüge in Knin geändert. Für Mladen K. scheint dies an sich kein Problem zu sein; störend empfindet er vielmehr damit einhergehende Kategorisierungen, die ihn möglicherweise an seine eigenen, schwierigen Erfahrungen damit erinnert haben.

Prägend erscheint hier abermals die Kontinuität des Wandels, der Mangel an Beständigkeit. Die Familie hatte viel Energie daran gesetzt, sich in Zeiten der ethnischen Mobilisierung ‹aussen vor› zu halten, sich selber zu behaupten, ohne sich dabei etwas zu Schulden kommen zu lassen, und um baldmöglichst wieder in die Heimat zurückzukehren. Diese war jedoch nicht mehr diesselbe, sondern fremd geworden.

> *«Diese Unterscheidung zwischen den ‹Kninern› und ‹Neu-Kninern›, den echten und denen, die nach der Operation Oluja als kroatische Flüchtlinge aus Bosnien nach Knin gekommen sind usw., mag ich nicht. Es gibt verschiedene Gründe, warum die Kniner weg- und in die ganze Welt gingen. Auch heute noch verspüre ich diese Tragödie, wenn ich in Knin bin. Es ist nicht mehr die Stadt, die sie mal war. Ich liebe Knin, aber ich sehe dort keine Perspektiven, vor allem auch in wirtschaftlicher Hinsicht. [...] Mein Vater hat sich von den Kriegserfahrungen und dem Frust, den er erleben musste, nicht erholt; er starb schliesslich an einem Herzinfarkt.»*

Es fällt auf, dass Mladen K. während des Gesprächs nur wenig auf seine Mutter zu sprechen kommt; hingegen gleich mehrmals auf seinen Vater. Dieser hat ihm mit seiner gradlinigen Haltung in schwierigen Zeiten offensichtlich wichtige Werte und damit Orientierung vermittelt. Die persönliche Geschichte seines Vaters, der sich als einer der wenigen Serben nichts zu Schulden habe kommen lassen und *«ohne Flecken (mrlje) aus dieser Kriegszeit kam»,* scheint ihn beeindruckt zu haben. Er bescheinigt seinem Vater, aufrichtig in seinen Haltungen gewesen zu sein, auch wenn ihm das schliesslich nichts genützt habe.

Mladen K. beendete die Schule und zog später für das Studium der Soziologie und Kommunikations- und Medienwissenschaften nach Zagreb, wo er seitdem lebt. Die Familie, die ihm keinen finanziellen Rückhalt bieten konnte, blieb indes immer ein wichtiger moralischer Halt, so dass sich Mladen K. stets unterstützt fühlte. Er gewinnt dem Umstand, durch den Krieg in materieller Hinsicht auf sich selber zurückgeworfen worden zu sein, dennoch etwas Positives ab. Er habe auf diese Art früh lernen müssen, sich Ziele selber zu erarbeiten und selbständig zu werden.

Das wenige Geld, das er während des Studiums verdienen und sich ersparen konnte, investierte er vor allem in Reisen, was ihm sehr wichtig war. Offensichtlich wurde sein Interesse an gesellschaftlichen Fragen, das sich in Studium und Hobby ausdrückte und womit sich sein späteres Beschäftigungsfeld langsam andeutete. Von grösserer Bedeutung wurde für ihn schliesslich nach und nach die Beschäftigung mit der *«Kriegsforschung»*, wie er es nennt, im Bewusstsein der eigenen Geschichte und den gemachten Erfahrungen.

Mladen K. beschreibt, wie er verschiedene Stellenangebote und Gelegenheiten für Engagements seitens serbischer Politiker in Kroatien erhielt; aber er lehnte jeweils ab. Vielleicht lässt sich daraus lediglich ableiten, dass ihn die Politik weniger als die Forschung und das gesellschaftliche Engagement aus besonderer Warte interessierte. Es könnte darüber hinaus auch ein Hinweis sein, dass Mladen K. das Risiko erneuter ethnischer Zuweisungen scheute, die ein solches ‹sich Exponieren› nach sich gezogen hätte. Eine Position ‹dazwischen›, noch dazu aus einer objektiven, wissenschaftlich fundierten Perspektive scheint viel eher die Sache Mladen K.s zu sein.

Als er Anfang 2009, gegen Ende seiner Studienzeit, die Stellenbeschreibung einer Nichtregierungsorganisation las, konnte er es zunächst nicht glauben, dass *«es genau so etwas als Beruf gab»*. In den ersten beiden Jahren, in denen er ausschliesslich als Forscher tätig war, hat Mladen K. 800 Interviews mit Angehörigen von Vermissten und Toten geführt.[278] Es ist nachvollziehbar, woher Mladen K. die Motivation für die emotional wie inhaltlich intensive Arbeit nimmt, die ihn insbesondere in Kontakt mit den Opfern von Gewalt und Vertreibung sowie deren Angehörigen bringt. Die Arbeit fordert und erfüllt ihn gleich in doppelter Weise: auf einer inhaltlichen Ebene, wenn es um die Dokumentation der Ereignisse mitsamt den Folgen geht, wie auch auf einer persönlichen, bei der er seine eigenen Erfahrungen mitverarbeitet. Die Organisation hat sich aufgrund

278 Insgesamt wurden von sechs ForscherInnen in rund 2,5 Jahren 4000 Interviews geführt (Stand: August 2012).

ihrer Expertise mittlerweile ein gutes Ansehen auch bei den staatlichen Stellen in Kroatien erarbeitet, aber Mladen K. konstatiert:

> *«Wir werden weiterhin von rechtsnationaler Seite als pro-serbische Organisation wahrgenommen, da wir die einen wie die anderen Opfer des Krieges einbeziehen. Das wird uns immer vorgehalten. Unsere Sorge war, dass dies negative Auswirkungen auf unsere Arbeit haben könnte und unsere Interview-Anfragen abgewiesen würden. Von rund 4000 Interviews mit Familien von Opfern sind schliesslich nur 20 bis 30 angelehnt worden. Diese Zahl ist irrelevant; unsere Angst erwies sich als unbegründet. Gleichwohl gilt der Dank unseren Forschern, die – jeder auf seine Weise – vor Ort das Vertrauen der Menschen zu gewinnen vermögen und ihnen unser Anliegen überzeugend darlegen können.»*

In Kroatien wird der Krieg der Jahre 1991 bis 1995 als *Vaterländischer Krieg* bezeichnet, der gemeinhin als gerecht gilt, weil er zu Verteidigungszwecken geführt wurde. Da es dem kroatischen Militär 1995 gelang, die bis dato von serbischen Streitkräften gehaltenen Gebiete zurückzuerobern, gilt der Krieg nicht nur als gerecht, sondern auch als siegreich. Aus dieser Warte erklärt sich teilweise die Abwehr gewisser Teile der kroatischen Öffentlichkeit, nicht-kroatischen Opfern des Krieges in differenzierter Weise Aufmerksamkeit zu schenken. Diese Aufgabe übernehmen Organisationen wie die von Mladen K., die entsprechend kritisiert werden und mit ihrem Engagement auf Unverständnis stossen.

Mladen K. scheint von seiner Arbeit sehr eingenommen, so sehr, dass er sein Studium (bislang) nicht beendet hat. Die Feststellung und Erhärtung von Tatsachen ist ihm ein zentrales Anliegen, da es ein Fundament für die weitere Vergangenheitsarbeit und erster Schritt auf dem Weg zur Versöhnung und Befriedung sei. Bis heute, also über 20 Jahre nach Kriegsbeginn gebe es in Kroatien keine umfassende und fundierte Dokumentation über die Opfer des Krieges. Innerhalb zweier Jahre sollen erste Ergebnisse bekannt gemacht werden. Als weiterer Antrieb erscheint ihm die Möglichkeit, mit der Arbeit Bedeutung zu schaffen und auf nachhaltige Weise zur Vergangenheitsarbeit beizutragen, auch wenn dies heute oft noch nicht adäquat geschätzt würde.

> *«Ich bin zufrieden mit meiner Arbeit. [...] Gerade dieses Projekt betrachte ich als mein Projekt, auch wenn es dass natürlich nicht im engeren Sinn ist. Es scheint mir so wichtig, weil es langfristig eine hohe gesellschaftliche Bedeutung haben wird. Wenn man bedenkt, dass ich von Anfang an dabei war, die Methodologie mitentwickelt habe; wir haben die Durchführung ersonnen und mussten während dieser Probleme überwinden und nun bin ich Koordinator der Projektes. Ich betrachte es wirklich als mein ‹professionelles Kind›, in dem Sinn, dass es mir wichtig ist, es so gut wie nur möglich zum erfolgreichen Ende zu bringen. Nie möchte ich mich für die Ergebnisse dieser Arbeit schämen müssen. Ich glaube, dass diese für die breite Gesellschaft eines Tages bedeutsam sein werden. Ich wünsche mir von daher, bis zum Ende mit dabei sein und mein Maximum dafür geben zu können. Ich sehe dies nicht als eine normale Arbeit wie jede andere, bei der man sein Geld verdient, zum Beispiel bei einer Forschungsagentur. Ich glaube wirklich an unsere Arbeit. Ich habe viele Ideen hier eingebracht; deswegen bin ich glücklich. Ich spüre den Sinn dieser Arbeit. [...] Zumal ich hoffe, dass [die Arbeit] historisch und gesellschaftlich wichtig sein wird. Vielleicht wird sie in 10 bis 15 Jahren wichtiger sein als es die Leute heute einschätzen.»*

4.2. *Dealing with the Past*-Vertreterin: Ana P. aus Bosnien-Herzegowina

> *«Als Zwölfjährige empfand ich das als abenteuerlich, aber eigentlich war es schrecklich!»*

Mit dem vorliegenden Beispiel wird eine Organisation vorgestellt, welche unbestritten zu einer der wichtigsten Akteure in den postjugoslawischen Staaten gehört und sich seit vielen Jahren ungeachtet vieler Anfeindungen mutig für die Auseinandersetzung mit der jüngsten Vergangenheit engagiert. Sie wurde 1992 als NGO mit dem Ziel gegründet, Menschenrechtsverletzungen zu dokumentieren, die im Zuge der jugoslawischen Zerfallskriege in Kroatien, Bosnien und später im Kosovo begangen wurden. Im Laufe der Jahre differenzierte sich die Arbeit nach und nach aus und konzentriert sich heute auf die folgenden drei Hauptbereiche der *Transitional Justice*:[279]

1. Erforschung, Dokumentation und Erinnerung, 2. Justiz und die Reform der Institutionen sowie 3. Informations- und Öffentlichkeitsarbeit. Das Ziel der Organisation ist gemäss ihrem *Mission Statement* die Unterstützung der Nachkriegsgesellschaften in der Region bei der Wiederherstellung von Recht und Gerechtigkeit, der Aufarbeitung der Folgen der massiven Menschenrechtsverletzungen und die Präventionsarbeit. Die NGO archiviert unter anderem umfassende Audio- und Video-Aufzeichnungen von internationalen und nationalen Gerichtsverhandlungen, Opferberichten, Zeugenbefragungen usw., die wiederum für weitere juristische Verwertungen und für wissenschaftliche Untersuchungen zur Verfügung stehen. Die Arbeitsgebiete der Organisation umfassen unter anderem die Dokumentation der menschlichen Verluste in der Region von 1991 bis 2001[280] in einer speziellen Datenbank (inklusive Angaben und Fotografien zu Opfern, Orten von Exekutionen und Massengräbern, Gedenksteinen u.ä.), die Beobachtung und Kommentierung von Kriegsverbrecherprozessen auf lokalem, regionalem und internationalem Niveau, Bildungs- und Informationsprogramme über *Transitional Justice* und Minderheitenrechte und nicht zuletzt Presseerklärungen, Bulletins und Publikationen zu allen Ereignissen mit Implikationen für die Auseinandersetzungen mit der Vergangenheit.

Die NGO sieht sich als Organisation, die im Bereich der Vergangenheitsarbeit wichtige Aufgaben übernimmt, die eigentlich in der Verantwortung des Staates lägen. Durch die Aufklärungsarbeit, die sie betreibt – zum Beispiel über die Opfer serbischer Streitkräfte wie auch über die Täter selbst – sieht sie sich regelmässig dem Zorn weiter Teile der serbischen

279 Gemäss Homepage der Organisation.

280 Geografisch wie zeitlich erstreckt sich dies über den Zehntagekrieg im Zuge der Slowenischen Unabhängigkeit, die Kriege in Kroatien, Bosnien-Herzegowina und im Kosovo, über die NATO-Intervention in Serbien 1999 bis hin zu den interethnischen Auseinandersetzungen 2001, die Mazedonien an den Rand eines Bürgerkrieges brachten.

Öffentlichkeit ausgesetzt. Mitarbeitende berichten von Drohungen und den verschiedensten Einschüchterungsversuchen, denen sie seit vielen Jahren von Seiten patriotischer, rechtsradikaler, klerikaler und weiterer Kreise in Serbien ausgesetzt sind.

Demgegenüber steht die Wertschätzung vor allem seitens Opfergruppen, die sich von der Organisation unterstützt fühlen, aber auch seitens der regionalen Mitstreiter und nicht zuletzt von Förderern im Ausland. Dies zeigt sich in den Donationen und Zuwendungen, die sich aus Fonds der bekannten Fördernationen und Geldgeber zusammensetzen, namentlich: dem Stabilitätspakt für Südosteuropa, der OSZE, der Europäischen Kommission, verschiedenen Stiftungen wie dem Rockefellers Brothers Fund, dem National Endowment for Democracy, der Compagnia di San Paolo, Pax Christi, der King Baudouin Foundation, der Robert Bosch Stiftung sowie Botschaften respektive staatlichen Entwicklungsprogrammen, wie jenen der Niederlande, Kanadas, Grossbritanniens, der Schweiz und Norwegens. Regional ist die NGO gut vernetzt und ist Teil der *REKOM*-Bewegung.

Es waren mehrere Anläufe nötig bis die Interview-Anfrage in diesem Fall Gehör fand. Es war letzten Endes einem persönlichen Kontakt zu verdanken, der die Autorin per Telefonanruf zum Gespräch empfahl. Ana P., eine junge Mitarbeiterin der NGO, sollte anstelle der vielbeschäftigten und bekannten Gründerin und Direktorin das Gespräch führen.

> *«Ich bin 1980 in Tuzla in Bosnien-Herzegowina als einziges Kind meiner Eltern geboren worden und würde mich als jemand bezeichnen, der aus seiner Generation herausgerissen wurde. Als Zwölfjährige wurde ich im Krieg in Bosnien-Herzegowina für zwei Jahre von meinen Eltern und Altersgenossen getrennt. Am Tag vor der ‹Kolonne von Tuzla› bin ich von meinen Eltern zusammen mit meinen Cousinen und Cousins weggeschickt worden, da man das Gefühl hatte, dass irgendetwas passieren könnte.»*

Mit den Ereignissen um die *Kolonne von Tuzla* ist ein Angriff der bosniakischen Armee auf einen aus einer Tuzlaer Kaserne abziehenden Konvoi der *JNA* am 15. Mai 1992 gemeint, der eine entscheidende Eskalation im bis dato relativ ruhigen Tuzla zur Folge hatte.[281] Die drittgrösste Stadt in Bosnien-Herzegowina galt als die einzige, die nach den Wahlen 1990 nicht von einer nationalistischen, sondern einer liberalen und multikulturell orientierten Stadtregierung geführt wurde.

Ana P. wurde unmittelbar vor diesem Ereignis, welcher den Kriegsausbruch in Tuzla markierte, von ihrer Familie ins rund 70 Kilometer entfernte Bijeljina geschickt, wo man die Kinder in grösserer Sicherheit glaubte. Bjeljina, die fünftgrösste Stadt Bosnien-Herzegowinas und nur rund sechs Kilometer von der serbischen Grenze entfernt gelegen, wurde im Laufe des Krieges von serbischen Streitkräften dominiert, die ethnische ‹Säuberungen› durchführten, das heisst Bosniaken und Kroaten vertrieben oder töteten. Ana P. sollte dies erst nach und nach realisieren. Die Trennung von ihrer Familie und ihrem Umfeld war das prägende Moment.

> *«Das war schrecklich: erstens ist man von den Eltern getrennt; zweitens kommt man in eine Schulklasse, in eine Gemeinschaft, wo sich die Generation schon formiert hat. [...] Ja, zugegeben, ich bin später Teil dieser Gemeinschaft geworden und habe viele Freundschaften geschlossen, aber ich bin glücklich, das Andere gekannt zu haben, einige Jahre dieses schönen Lebens gekannt zu haben, in jenem Jugoslawien!»*

Trotz der Erwähnung, bleiben die Erinnerungen an die jugoslawische Zeit blass. Es bleibt unklar, ob dieser Rückblick dem Umstand einer unbeschwerteren Zeit geschuldet ist oder eher einer etwas rhetorisch anmutenden Formel. Befragt nach ihren Erinnerungen an die jugoslawische Zeit wie an die Zeit des Krieges, scheint sie vor allem Letzteres zu beschäftigen.

> *«Wenn ich zurückdenke, wenn ich nach meiner Kindheit gefragt werde, dann hat mich vor allem die erste Episode nach meiner Ankunft in Bijeljina geprägt. Wir waren zunächst bei Angehörigen untergebracht und erhielten danach ein Haus zugewiesen. In Bijeljina waren es damals Häuser von anderen, von muslimischen Familien, die vertrieben wurden. Wir haben mehrere dieser Häuser gewechselt. Für mich war das in jenen Momenten damals nichts Bedeutsames; die Kriegsereig-*

281 Gemäss Interviewpartnerin.

nisse spulten sich einfach ab, wie an einem laufenden Band. Ich erinnere mich jetzt, wie wir Häuser betraten, wo die Einwohner einen Monat zuvor umgebracht worden waren, wo noch die Blutspuren im Haus zu sehen waren.»

Ana P. erwähnt dabei ein Bild, eine Fotografie des US-amerikanischen Fotojournalisten Ron Haviv, welches 1992 um die Welt ging und zu einer der emblematischen Momentaufnahmen des Krieges im ehemaligen Jugoslawien wurde.[282] Es zeigt drei Mitglieder der paramilitärischen Kampfeinheit des berüchtigten Željko Ražnatović, genannt Arkan[283], die noch vor dem eigentlichen Beginn des Krieges in Bosnien-Herzegowina am 6. April 1992 mit Mord und Terror gegen die lokale Zivilbevölkerung muslimischen Glaubens vorgingen und die ersten ethnischen Säuberungen begingen. Vor einem Haus im bosnischen Bjeljina sieht man einen der drei Soldaten mit brennender Zigarette in der Hand und Sonnenbrille auf dem Kopf, wie er den auf der Strasse liegenden Leichnam einer älteren Frau tritt, wie um sich zu versichern, dass die Personen – Zivilisten allesamt – auch wirklich tot sind. Das zusätzlich stossende an dem Bild ist, neben der an sich bereits schrecklichen, offensichtlich vorangegangenen Tat, die provozierend nachlässige Haltung des jungen Mannes.

---

282 http://news.bbc.co.uk/2/hi/europe/1347218.stm (letzter Zugriff: 27.3.2013). Zum Hintergrund des Soldaten im Mittelpunkt siehe auch Saša Ilić: Decko koji je voleo trendove [Der Kerl, der Trends liebte]. In: *Politforum Peščanik*, 19.9.2012, http://pescanik.net/wp-content/uploads/2012/09/Ron-Haviv-Bijeljina-1992.jpg (letzter Zugriff: 24.12.2012).

283 Željko Ražnatović (1952–2000) war ein mehrfach des Mordes und Raubes vorbestrafter serbischer Krimineller, der später als Anführer der von ihm gegründeten paramilitärischen Einheit *Serbische Freiwilligen Garde (Srpska dobrovoljačka garda), alternativ auch Tigrovi (Tiger) genannt,* an verschiedenen Schauplätzen zwischen 1991 und 1995 in Kroatien und Bosnien-Herzegowina Kriegsverbrechen begangen hat. http://www.icty.org/x/cases/zeljko_raznjatovic/cis/en/cis_arkan_en.pdf (letzter Zugriff: 29.1.2013). Er wurde im Jahr 2000 in Belgrad von Unbekannten umgebracht.

© Ron Haviv / VII.

Hier berühren sich die individuelle Geschichte von Ana P. und eine bekannte Etappe der Ereignisgeschichte. Sie erinnert sich:

> *«Es ist eine Szene vor jenem Haus, in das wir zum ersten Mal gegangen waren. Es waren zivile Personen, die umgebracht wurden – es waren da blutige Matratzen und eine noch nicht mit Sirup übergossene Baklava [Süssspeise, Anm. TP], die immer noch auf dem Herd stand – von Leuten, die da herausgerissen wurden. Und so machte ich meine Kriegserfahrungen als junges, zwölfjähriges Mädchen zusammen mit meinen Cousins. Das mag nun schrecklich klingen, aber für uns war das spannend, es hatte etwas Abenteuerliches: wir entdeckten eine vollkommen neue Welt, ohne das volle Ausmass zu erfassen. Das war kein normales Umfeld, das war kein normales Aufwachsen. Ich erinnere mich auch, wie wir in ein anderes Haus kamen. Alle Sachen waren noch da, alles, alles, alles. Ich erinnere mich daran, wie wir die Kindersachen, die Sachen einer Schülerin oder Schülers durchsuchten, da war der Zirkel, die Schulhefte, die Aufkleber, da waren so viele Kleinigkeiten. Wenn ich jetzt daran denke, ist das schrecklich. Wir sind in anderer Leute Leben eingedrungen. Heute fühle ich einen Ekel, wenn ich dran denke. Nicht, weil ich in die Häuser anderer Leute eindrang, die Besitztümer anderer Leute aus den Schubladen zog und durchwühlte. Mir erschien das damals nicht als schlecht, es waren einfach*

die Ereignisse. Damals war das für uns abenteuerlich und eine Art Normalität im Krieg, aber heute beschämt es mich sehr. Es beelendet mich, wenn ich daran denke, dass wir dies taten, ohne dass ich realisierte, dass dies etwas Schlechtes war.»

Ana P. lebte fortan mit anderen Familienangehörigen in Bijeljina[284] und beendete dort auch ihre Schulzeit am Gymnasium. 1999, im Jahr der NATO-Bombardierung Serbiens, beschloss sie, sich für ein juristisches Studium an der Universität in Belgrad einzuschreiben. Befragt zu ihrer Motivation für das Studium und ihre Arbeit bei der gegenwärtigen Organisation und inwiefern die geschilderten, beklemmenden Erfahrungen dazu beigetragen hätten, reflektiert sie nüchtern:

«Es ist nicht so wie in einem Hollywood-Szenario, dass ich sagen könnte, dass mich all das dazu getrieben hätte, das zu tun, was ich tue. Nein, dem war nicht so. Es war eher der Zufall, wie jene ehrenamtliche Arbeit bei der NGO in Bijeljina und die Umstände, die dazu geführt haben, dass ich heute schliesslich da arbeite, wo ich arbeite. Die Dinge, die ich einst erlebte und nun geschildert habe, mein Nichtverstehen und die Meinungsverschiedenheiten mit meiner Mutter über die Gründe des Krieges und wie es dazu kam: Diese Dinge bedeuten mir heute sehr viel und stellen jetzt eine zusätzliche Motivation dar. Aber es wäre unanständig zu sagen, dass dies mein ursprüngliches Motiv für meine heutige Arbeit ist und ich auf diese Weise Wiedergutmachung und Gerechtigkeit suche.»

«Meine erste Erfahrung mit der Freiwilligenarbeit machte ich nach meinem Studium in Belgrad als ich fünf Monate lang bei einer lokalen NGO in Bijeljina arbeitete. Ich hatte mich bereits für ein Nachdiplom-Studium in Europarecht in Belgrad eingeschrieben und wollte die Monate bis zum Studienbeginn überbrücken. Ich half dabei, ein, zwei lokale Konferenzen über Feststellung und Präsentation der Kriegsverbrechen in Zusammenarbeit mit dem Haager Tribunal zu organisieren und kam zufällig mit dieser NGO nach Belgrad, um die erste Gerichtsverhandlung in Serbien über die Entführung der 16 Männer aus Sjeverin zu verfolgen.[285]

---

284 Die Stadt gehört seitdem zur Entität der sogenannten *Republika Srpska*.

285 Der unabhängige serbische Fernsehsender B92 drehte im Jahre 2002 einen Dokumentarfilm über das Verbrechen von Sjeverin, der das Verbrechen wie die Verstrickungen und Versäumnisse der serbischen Politik rund um den Fall aufzeigt. Regelmässig erinnern unabhängige Medien und Menschenrechtsgruppen an den Fall Sjeverin,

Der *Fall Sjeverin* stellt den ersten Prozess dar, der in Serbien 2003 geführt wurde, nachdem das serbische Parlament einen Sonder-Ankläger für Kriegsverbrechen ernannt hatte und somit entsprechende Verhandlungen vor nationalen Gerichten möglich wurden. In Sjeverin, einem Ort in der südserbischen, mehrheitlich muslimisch geprägten Provinz *Sandžak*, wurden im Oktober 1992 aus einem öffentlichen Bus 15 Männer und eine Frau, allesamt bosniakische Zivilisten, von serbischen Paramilitärs gekidnappt. Im nahen Višegrad, im unterdessen serbisch kontrollierten Teil Bosniens, wurden die Entführten zunächst gefoltert und schliesslich umgebracht. Bis heute sind ihre sterblichen Überreste nicht gefunden worden. Der *Fall Sjeverin* hat Signalwirkung bis heute, nicht nur weil es der erste Fall war, der vor einem serbischen Gericht behandelt wurde und zu Verurteilungen der vier Angeklagten (in drei Fällen zu 20-jährigen Haftstrafen, in einem Fall einer 15-jährigen Haftstrafe) geführt hatte, sondern auch, weil es sich um jugoslawische respektive serbische Staatsbürger handelte, denen auf heimischem Boden Unrecht wiederfuhr; weil die Hinterbliebenen der Opfer trotz des Urteilsspruches bis heute vergeblich auf finanzielle Entschädigungen warten und die Opfer nach wie vor nicht gefunden wurden.[286]

Es war jener erste Kontakt mit einem Kriegsverbrecherprozess, mit den Angeklagten, den Angehörigen der Opfer und nicht zuletzt der für sie eindrückliche Auftritt einer Menschenrechtsaktivistin, die die Anliegen der Opfer-Seite vertrat, welcher für Ana P. entscheidend und zu einem Schlüsselmoment wurde. Sie hatte sich nie als Juristin in einer Bank oder als Anwältin in Privatisierungsangelegenheiten gesehen; nun präsentierte sich vor ihr ein zukünftiges Aktionsfeld.

Eine Herzensangelegenheit war für sie ferner der Kampf der demokratischen Opposition und der Studierenden, die nach den NATO-Bombardements 1999 gegen das Regime Slobodan Miloševićs demonstrierten, gepaart mit einem starken Interesse generell an gesellschaftspolitischen

---

http://www.b92.net/eng/news/crimesarticle.php?yyyy=2008&mm=10&dd=22&nav_id=54410 (letzter Zugriff: 13.3.2013).

286 Ebd.

Fragen. So wie beispielsweise auch das Interesse an Themen der europäischen Integration.

Es folgte ein kurzes, ehrenamtliches Engagement bei einer bekannten Belgrader NGO, als Ana P. schliesslich von anderer Seite überraschend ein Angebot unterbreitet wurde. Seit 2005 arbeitet die Juristin nunmehr in einer grossen Organisation, welche sich als Sprachrohr der Opfer und Vertreterin ihrer rechtlichen und moralischen Anliegen sieht. Ihr einst geplantes Nachdiplomstudium in Europarecht hatte Ana P. begonnen, aber nie abgeschlossen, da sie die Arbeit in der NGO fortan höher gewichtete.

Ana P. scheint sich der Lebenswelten derer, die sie im Zentrum ihrer Arbeit sieht, sehr bewusst. Bei ihrer Arbeit sind die Kommunikation und der Kontakt mit den Angehörigen der Opfer der anspruchvollste Aspekt der Arbeit und zugleich die treibendste Motivation. Die gebotene Unterstützung für die Leiden der Angehörigen ist Ana P. und den übrigen AktivistInnen, die sie hierbei mit einbezieht, Antrieb und Verpflichtung zugleich.

> *«Wir haben mit sehr vielen Opfern beziehungsweise Opferangehörigen eine sehr gute Zusammenarbeit. [...] Das ist uns auch am Wichtigsten, da wir mit diesen Leuten arbeiten und sie die direkten Nutzniesser unserer Arbeit sind.»*

Während Ana vor allem aus einer professionellen Warte mit Empathie und einem, angesichts ihres relativ jungen Alters, grossen Mass an Souveränität über ihre Arbeit spricht, gewährt sie nur punktuell Einblick in das private Umfeld. Befragt zum Verbleib ihrer Familie führt sie schliesslich aus:

> *«Meine Mutter, die gebürtig aus Tuzla ist, lebt weiterhin in Bosnien-Herzegowina, in Bijeljina. Mein Vater, der ursprünglich aus Knin/Kroatien stammt und einst zum Studium nach Tuzla kam, hat sich aber als direkte Folge des Krieges 1998 das Leben genommen – zu sehr hatten ihn die Ereignisse mitgenommen, zu schwer wogen für ihn die Lebensumstände. Er war daran schliesslich 1997 psychisch erkrankt. Mein Vater ertrug es nur schwer, dass er trotz seiner beruflichen Qualifikation als Bergbauingenieur und trotz seiner hohen Funktion zuvor in Tuzla keine Anstellung mehr fand. Der Druck und die neuen Lebensumstände, in denen er sich wiederfand, waren schwierig für ihn. Wir hatten keine eigene Wohnung, wir lebten zu fünfzehnt in einer Art Wohngemeinschaft in einem Haus. Zumal seine Familie, die ursprünglich aus Knin/Krajina war, im Zuge der Operation Sturm ebenfalls ihre*

Heimat verlassen musste. Die ganze Familie war entwurzelt, er hat sehr darunter gelitten. Unterdessen ist ein Teil dieser Familie dorthin zurückgekehrt. Es zieht mich hin, aber ich hatte noch nicht Gelegenheit dorthin zu gehen.»

Die Folgen von Kriegserfahrung, der Verlust des alten Lebens mitsamt der sozialen Ordnung und schliesslich die Erfahrung von Armut haben ihrem Vater den Lebensmut genommen. Ana P. teilt diese Erfahrung mit unzähligen Familien in der gesamten Region, die unter den mehr oder minder direkten Folgen des Krieges leiden, die eine ruinierte Gesundheit oder schwierige mentale Befindlichkeiten von Angehörigen zu beklagen haben.

Angesprochen auf ihre Identität, legt sie eine Selbstwahrnehmung dar, die bemerkenswert klingen mag für jemanden, der aus Bosnien-Herzegowina stammt und in den Jahren der nationalistischen Diskurse und der vergifteten interethnischen Beziehungen aufwuchs.

«Ich fühle mich überall ein wenig zu Hause, in Tuzla, in Bijeljina, ja auch in Belgrad, auch wenn meine Heimat nach wie vor Bosnien ist. Auch heute empfinde ich mich weiterhin als Bosnierin und habe mich bei der letzten Volkszählung in Serbien als solche deklariert. Sicherlich würden mich Leute anhand meines Vor- und Nachnamens sofort als Serbin identifizieren, auch wenn mein Name ebenfalls unter Bosniaken vertreten ist, aber ich fühle mich als Bosnierin. Ich glaube, dass Kroaten, Muslime und Serben aus Bosnien-Herzegowina eine gemeinsame Kultur teilen, eine ähnliche Sprache, eine Mentalität. Um einen weiteren Beleg zu bringen: Als ich zum Studium nach Belgrad kam und wechselnde Vermieterinnen hatte, zumeist ältere Damen, nannten sie mich immer nur «die Bosnierin» – sie machen keine Unterschiede, ob jemand Muslim, Kroate oder Serbe aus Bosnien ist; wenn also Leute von aussen uns als Bosnier wiedererkennen, dann verspüre ich dies als eine Bestätigung, dass wir ein eigenständiges Volk sind. Bosnierin also.»

Es scheint nicht zuletzt die Fremdzuschreibung zu sein, die auf Ana P. zurückwirkt und Selbstbestätigung gibt. Eine weitere Erklärung mag in der langjährigen Freundschaft begründet sein, die, ungeachtet von Krieg und zwischenethnischer Bürden, immer noch Bestand hat.

> *«Meine beste Freundin ist heute noch eine Muslimin aus Bijeljina, auch wenn heute nur noch wenige Muslime dort übrig geblieben sind.»*

Nach der jüngsten Arbeit an einer Publikation über die Opfer aller Volksgruppen im Kosovo benötigt sie nun eine Auszeit zur Erholung. Diese Arbeit habe viel Kraft erfordert, es gelte nun etwas Abstand und damit neue Energie zu gewinnen. Sie gehe darum für ein kurzes Studium an eine ausländische Universität.

4.3. *Dealing with the Past*-Vertreterin: Janica L. aus Kroatien

> *«Mit diesem Thema würde ich mich beschäftigen, auch wenn ich hier nicht arbeiten würde.»*

Janica L. ist seit dem Frühjahr 2010 bei der gleichen kroatischen Organisation angestellt, für die auch der bereits vorgestellte Mladen K. (siehe Kapitel 4.1.) arbeitet. Im Gegensatz zu ihm, ist Janica L. für den Bereich der kulturellen Erinnerungsarbeit zuständig. Zu ihren Aufgaben gehören daneben auch die Übersetzung von *Oral History*-Zeugnissen, die administrative Korrespondenz sowie das Fundraising und die Berichterstattung (Reporting).

> *«Ich bin 1982 in Zagreb geboren worden und ich fühle mich jener Vorkriegsgeneration zugehörig, die in der Kindheit vom Krieg erfasst wurde und wohl auch einen Teil der Kindheit darin verloren hat. Und andererseits sind wir wohl alt genug, um uns an manche Sachen zu erinnern; wie es vor dem Krieg ausgesehen hat. (Schmunzelt) Ich glaube, ich gehöre zur vorletzten Generation, die bei den Pionieren war [auf Nachfrage: 1989, Anm. TP]. So gehöre ich zur Generation, die sich daran erinnert, wie das war, als man bei den Pionieren aufgenommen wurde. [...] Meine Vorkriegserinnerungen sind – ich weiss nicht – mehr oder weniger schön; ich könnte nichts Negatives sagen. Wir hatten ein ziemlich gutes Leben vor dem Krieg. Aus der Perspektive dessen was danach kam, erscheint es mir fast schon idyllisch. Wir haben normal gelebt, hatten einen normalen Verdienst. Meine Eltern konnten sich Dinge leisten, was sie später nicht mehr konnten. [...] Ich erinnere mich nicht*

an so vieles. Ich weiss nicht – ich erinnere mich vor allem an eine Atmosphäre, an ein generelles Befinden.»

Janica L. schildert ihre Kindheitserinnerungen entlang einer Zeitachse und unterscheidet zwischen einer Zeit vor und nach dem Krieg. Die Vorkriegszeit verbindet sie vor allem mit einer Emotion, einer Befindlichkeit, einem Lebensgefühl und der Erinnerung an Geborgenheit in der Kindheit. Die Zäsur durch den Krieg fällt in ihrem Fall nicht dramatisch aus, da sie von unmittelbarsten, (schlimmen) Kriegsfolgen wie Vertreibung oder Toten in der Familie verschont blieb. Ihr Leben wurde trotz des Krieges mehrheitlich von Kontinuität gepägt, so im Hinblick auf ihren Heimatort, auf Bekanntschaften, das Familienleben und den familiären Zusammenhalt sowie auf den Fortlauf einer eher durchschnittlichen Jugend, wie sie es bezeichnet. Nichtsdestotrotz sieht sie einen Teil der Kindheit als verloren an. Erkennbar wird dies in der Erinnerung an die Vorkriegszeit, die Janica L. als eine unbeschwerte Zeit beschreibt. Wichtig erscheint auch der damalige Lebensstandard der Familie, der im Zuge des Krieges in den 1990er Jahren deutlich in Mitleidenschaft gezogen wurde.

Auch ein unmittelbares Bewusstsein für die jugoslawische Vergangenheit scheint vorhanden, wie sie mit der Bemerkung erkennen lässt, zur vorletzten Generation der *Pionier*-Bewegung gehört zu haben. Die Jugendbewegung des jugoslawischen Bundes der Kommunisten beging seit 1942 die *Pionier*-Feierlichkeiten alljährlich am *Tag der Republik* (29. November, Gründung der Sozialistischen Föderativen Republik Jugoslawien), indem alle Mädchen und Jungen des Landes (und teilweise auch in der Diaspora) vereidigt wurden, die im Herbst im regulären Alter von sieben Jahren eingeschult worden waren.

Gekleidet in eine Art Uniform, die die Farben der jugoslawischen Trikolore wiedergaben, hatten die Kinder einen Eid abzulegen.[287] Dieser

287 Die Uniform bestand in der Regel aus dunkelblauen Hosen bzw. Röcken, weissen Hemden bzw. Blusen, einem roten Halstuch und der blauen oder weissen *Titovka*, der charakteristischen Schiffchenmütze, mit rotem, fünfzackigen Stern. Der Schwur verpflichtete die Kinder zu Respekt und Liebe gegenüber Eltern und sozialistischem

sollte sie zugleich als Hoffnungsträger der Gesellschaft auszeichnen und auf die sozialisitische Staatsideologie einstimmen, was durch die Vergabe des roten *Pionier*-Büchleins unterstrichen wurde, welches an ein Parteibuch erinnerte. Für die Kinder war dieser Tag, der vor der versammelten Schüler-, Lehrer- und Elternschaft mit einigem Zeremoniell (Liedern, Tänzen, Rezitationen) begangen wurde, eine Art Initiationsritus auf dem Weg des Erwachsenwerdens. Das Schmunzeln, mit dem sich Janica L. daran erinnert, ausgerechnet der vorletzten Generation der Pioniere angehört zu haben, und ihre weiteren Ausführungen lassen den Schluss zu, dass sie dies vor allem als ein halb amüsantes, halb ironisch-sentimentales Faktum wahrnimmt. Während die vorletzte Generation von Pionieren im Herbst 1989 dazu gebracht wurde, eine geeinte Zukunft zu beschwören, hatte die Desintegration des sozialistischen Jugoslawiens bereits begonnen.

Auffallend, wenn auch keine Ausnahme unter den InterviewpartnerInnen, ist Janica L.s ausgeprägte Haltung bezüglich nationalen Zuschreibungen. Ihre Ablehnung, die sie auffallend wortreich darlegt, dürfte sich dabei aus mehreren Aspekten speisen, die sie im Laufe des Gesprächs nach und nach preisgibt. Ein wichtiger Hinweis dürfte sich – müsste sich aber nicht zwangsweise – von ihrem Familienhintergrund ableiten, der sich in den Kriegsjahren als brisant und damit vermutlich auch als belastend erwiesen haben dürfte. Erst nach einigen Nachfragen kristallisiert sich dieser Umstand als wichtig heraus.

Für Janica L. ist zunächst vor allem der liberale und offene Geist innerhalb der Familie prägend gewesen. Eine urbane, akademisch geprägte Atmosphäre herrschte vor und sie scheint dankbar, ohne ideologische oder historische Bürden aufgewachsen zu sein.

> *«Wenn ich müsste, würde ich bevorzugen, mich nicht zu definieren. Ehrlich gesagt, mir bedeutet das nämlich gar nichts. Ich fühle mich nicht als Angehörige irgendeiner Nation und denke, dass ich keine nationale Identität habe. Meiner Meinung nach, empfindet man entweder eine nationale Identität oder nicht; oder du empfin-*

Heimatland; dazu, fleissig zu lernen und zu arbeiten; anständig zu leben sowie die Ideen der Brüderlichkeit und Einheit im Geiste Titos weiterzutragen. Rekonstruiert anhand eigener Erinnerungen der Autorin.

dest dich als Teil einer Nation oder nicht. Ich empfinde nichts dergleichen. So deklariere ich mich entsprechend ohne nationale Zugehörigkeit. Ich will sagen, für mich ist es so unbedeutend, so dass ich kein Bedürfnis habe, mich derart zu erklären. Wenn wir von Identität sprechen, dann wäre diese Kategorie «Nationalität» bei mir ziemlich weit unten auf der Liste als wenig bedeutsam angesiedelt. Meine Mutter ist Kroatin, mein Vater Serbe, beide aus Kroatien. […] Als Kind war ich von der Politik weitgehend unberührt, ich war neun Jahre alt, als der Krieg ausbrach. Von daher kann ich nicht sagen, dass ich politisch vorbelastet war. Meine Eltern aber haben natürlich mitverfolgt, was geschah. In meiner Familie war Politik immer ein reichlich wichtiges Thema, dass heisst für meine Eltern. Es war wichtig, aber nicht für mich als Kind, dazu war ich zu jung. Ihr Denken, ihre Werte haben mich sicherlich beeinflusst, aber ich kann nicht einschätzen wieviel. Ich habe als Kind viel gelesen, und wann immer ich etwas nicht verstanden habe, habe ich sie gefragt. Sicher haben sie, ihr Denken und ihre Werte dann in irgendeiner Form auf mich gewirkt. Ich bin aber gewiss in einer liberalen Familie aufgewachsen und man hat mir nicht ein bestimmte Denkweise aufgezwungen. Meine Eltern sind beide Atheisten, ich ebenso.»

Nach verschiedenen Nachfragen schält sich heraus, mit welchen Schwierigkeiten sich die Familie konfrontiert sah. Die ethnische Zugehörigkeit des Vaters[288] wurde angesichts des kriegsbelasteten serbisch-kroatischen Verhältnisses und unter dem Eindruck des dominierenden nationalistischen Diskurses in der Zeit der regierenden *Kroatischen Demokratischen Gemeinschaft* (*Hrvatska Demokratska Zajednica, HDZ*) zum Problem.[289] Der

288 Wie der Philosophieprofessor und langjährige Präsident des *Kroatischen Helsinki Komitees* Žarko Puhovski beschreibt, reichte es bereits aus, Träger eines serbisch anmutenden Namens zu sein, um in jener Zeit negative Konsequenzen im öffentlichen Leben, das heisst also auch bei der Arbeit oder in der Schule, zu erfahren. Žarko Puhovski: Lessons from the Case of Croatia (Public debates on the Past: Effects on Democratic Structures). In: *Lustration in the Western Balkans*. A project documentation, implemented by the Center for Democracy and Reconciliation in Southeast Europe CDRSEE. Ed. by Magarditsch Hatschikjan, Dušan Reljić, Nenad Šebek. Thessaloniki 2005, S. 127–129, hier S. 127.

289 Nenad Zakošek: Elitenwandel in Kroatien 1989–1995. In: *Eliten in Südosteuropa*. Rolle, Kontinuitäten, Brüche in Geschichte und Gegenwart. Hg. von Wolfgang

Vater, der in schwierigen Zeiten in einer sensiblen Position tätig war, wurde offensichtlich zu einem Sicherheitsrisiko erklärt, von der Stelle entfernt und von möglichen beruflichen Alternativen ausgeschlossen.

> *«Wir hatten ziemlich grosse finanzielle Probleme während des Krieges in den 1990er Jahren. Wenn wir in Betracht ziehen, dass mein Vater als Serbe in Kroatien seine Arbeit verlor – gleich zu Beginn mit dem Regierungswechsel – und die ganzen 1990er Jahre hindurch ohne Arbeit blieb und wir vom Verdienst meiner Mutter lebten. Mein Vater war Politologe und arbeitete – bevor die HDZ an die Macht kam – im Ministerium für Information. Ich würde aber nicht sagen, dass wir arm waren und gelitten hätten, da meine Eltern stets versuchten, meinem Bruder und mir zu ermöglichen, was sie nur konnten.»*

Janica L. berichtet sachlich über die erlebte Ungerechtigkeit, die für ihre Familie zu einer Belastungsprobe von knapp einem Jahrzehnt Dauer wurde. Das politische Tauwetter, das in Kroatien nach dem Tod Franjo Tudjmans im Dezember 1999 und nach der Wahl der Koalition von Sozialdemokraten und Zentrums-Parteien unter Premierminister Ivica Račan im Jahr 2000 einsetzte, bedeutete auch für die Familie von Janica L. eine wesentliche Entspannung. Bis dahin jedoch war der ethnisch gemischte Hintergrund der Familie, der für diese selber explizit kein Problem darstellte, aufgrund der zuletzt dominierenden gesellschaftlichen und politischen Konventionen, zu einer Bürde geworden.

Obgleich sie offensichtlich als Kinder von den Eltern von bedrückenden und problematischen Aspekten möglichst aussen vor gelassen wurden, fühlten sich diese gezwungen, ihren Kindern Vorsichtsmassnahmen im Umgang mit der Aussenwelt nahezulegen. Einmal mehr forcierte und manifestierte der Krieg Diskrepanzen in der Selbst- und Fremdwahrnehmung von Menschen, was im Fall der Familie L. zu Negierungen und besonderen Verhaltensweisen führte. Hier zeigt sich ein weiteres Mal die Kritik von Janica L. an Identitätszuschreibungen, und sie lässt erahnen, wie Bereiche im zwischenmenschlichen Miteinander bewusst tabuisiert wurden.

Höpken und Holm Sundhaussen (Südosteuropa-Jahrbuch, Bd. 29.). München 1998, S. 279–287, hier S. 284.

«Ja, daran erinnere ich mich: Unsere Eltern haben uns mehrfach gesagt, dass wir nicht erwähnen sollten, dass wir Kinder aus einer Mischehe waren, wenn wir gefragt würden. Das wir sagen sollten, dass wir es nicht wüssten oder ähnlich [...]. Ob die Leute um uns herum etwas wussten oder nicht, könnte ich nicht sagen. [...] Ehrlich gesagt, ich wusste nicht, wer aus einer Mischehe war oder aus was für einer Familie überhaupt. Ich sprach nicht gern von solchen Sachen, niemand schien gern über diese Dinge gesprochen zu haben. Ehrlich gesagt, als Kinder haben wir diese Dinge weder verstanden noch waren sie uns wichtig. Wichtiger waren etwa Dinge wie, wie man mit jemandem befreundet war, ob man die Hausaufgaben abschreiben durfte oder nicht. In diesem Sinne haben unsere Eltern uns nie untersagt, mit jemanden zu spielen oder nicht.»

Ihre Jugend- und Studienjahre verliefen ruhig; erst nach Beendigung ihres Sprachstudiums eröffneten sich ihr im Rahmen eines Auslandsaufenthaltes in Ungarn neue Perspektiven und Interessen, die sie nachhaltig faszinieren sollten:

«Ich habe während einem Jahr in Budapest im Fach Nationalismus magistriert, nachdem ich zuvor mein Studium in Anglistik und Komparatistik in Zagreb abgeschlossen hatte. In diesem Zusammenhang las ich unter anderem viel Literatur über den Zerfall Jugoslawiens und den Krieg, und das Thema hat mich mehr und mehr interessiert. So habe ich realisiert, dass ich eigentlich sehr wenig weiss, was um mich herum, was in meinem Leben passiert ist. Ich wollte mehr dazu wissen. Deswegen habe ich mich für dieses Studium eingeschrieben, weil mir das Programm so spannend schien. Wir haben uns dort in der Tat insbesondere mit dem Zerfall Jugoslawiens und dem Krieg beschäftigt. Es waren da Studierende aus der Region und aus der ganzen Welt.»

Die Bekannt- und Freundschaften, die sich während des Studiums entwickelten, förderten ihr wachsendes Interesse an der Auseinandersetzung mit der jüngsten Geschichte, die in ihrem Fall immer auch eine zusätzliche biografische Komponente durch ihren Familienhintergrund hatte. Nicht zuletzt dürfte sie durch eigene, familiäre Erfahrungen sensibilisiert worden sein, den Dingen auf den Grund zu gehen und sich nicht mit einfachen, vordergründigen Erklärungen zufrieden zu geben.

Die ersten Reisen in der Region markierten eine weitere, positive Etappe dieser Auseinandersetzung, da sie zu unverhofften Annäherungen führte. Ihre Begeisterung darüber, Gleichgesinnte in der Region gefunden zu haben, erklärt sich gerade aus der Neuentdeckung nach den Kriegsjahren und den aufgeworfenen Gräben zwischen den Volksgruppen. Janica L. verbindet zwar noch unmittelbar erlebte Erfahrungen mit dem sozialistischen Jugoslawien, allerdings war sie zu jung, um gereist zu sein, Bekanntschaften gepflegt und andere, prägende Erfahrungen gemacht zu haben, von denen die im Zeitraum von 1970 bis 1980 Geborenen berichten. Für sie waren die Bekanntschaften mit Leuten ihren Alters, ihrer Sprache und mit ähnlicher Mentalität eine Entdeckung und Bereicherung.

> *«Zuvor war ich kaum in der Region umhergereist, und just vor meinem Studium in Budapest habe ich begonnen, mich mit Leuten aus der Region anzufreunden und die Region zu bereisen – ich war in Belgrad, in Sarajewo, in Skopje et cetera und habe mit Leuten von dort freundschaftliche Beziehungen gepflegt. Auf diesen Reisen habe ich realisiert, wie viele Leute es gibt, die mir ähnlich sind, mit denen ich mich über bestimmte Sachen austauschen kann, auf gleiche Weise denken kann.»*

Über einen der Praktikumsplätze, die regelmässig angeboten werden, kam sie zur Organisation. Sie verfügte einerseits dank ihres Studiums über die sprachlichen Fähigkeiten, um die Interviews mit den Opfern ins Englische zu übersetzen, und brachte darüber hinaus das nötige Interesse am Thema mit. Ihr Wunsch nach einer weiteren, vertieften Auseinandersetzung mit der Vergangenheit hatte sie parallel dazu bewogen, eine Dissertation zu beginnen, die sich mit der Erinnerung an den *Vaterländischen Krieg* der 1990er Jahre in Kroatien und dem, durch die kommemorative Praxis entstandenen, Narrativ in diesem Kontext beschäftigt. Zeitgleich mit ihrem Arbeitsbeginn bei der Organisation entwickelte sich dort das Projekt *Kultur und Erinnerung*. Bei Janica L. deckt sich das persönliche Interesse mit dem akademischen und beruflichen.

> *«Eine persönliche Befriedigung besteht, denn wäre dies nicht so, würde ich diese Arbeit wohl nicht machen. Der Vorteil meiner Arbeitsstelle hier ist, dass das, was ich hier beruflich mache, sich auch mit meinem akademischen Interesse deckt. Ich schreibe nämlich eine Dissertation, dessen Thema zugleich Thema der Arbeit hier*

ist. Parallel zu meiner Arbeit gelingt es mir hier, Material für meine eigene Forschung zu bekommen. Ergo interessiert mich das Thema von daher beruflich, aber auch in akademischer Hinsicht. Es ist wohl ein Glück, dass ich diese Sache verbinden konnte. Es ist mir wichtig, ziemlich wichtig. […] Für mich ist das keine Arbeit, die mich von 9 bis 17 Uhr beschäftigt und danach denke ich nicht mehr daran. Mit diesem Thema würde ich mich auch beschäftigen, wenn ich hier nicht arbeiten würde.»

Angesprochen auf das Verhältnis mit verschiedenen Personengruppen und auf die Rezeption der Arbeit der Organisation, beschreibt Janica L. ein verbreitetes Muster. Naturgemäss ist der Kontakt zu den Opfern zentral und von gegenseitigem Vertrauen geprägt. Nicht zuletzt scheint sie auf wachsende Anerkennung von Seiten der nationalen Politik zu stossen und verstärkt die mediale Aufmerksamkeit zu geniessen.

«Wir werden auf unterschiedliche Art und Weise wahrgenommen. Unsere Organisation ist in letzter Zeit viel präsenter in der Öffentlichkeit als zuvor; sie ist bekannter und wird stärker wahrgenommen als früher. Ich denke, die Organisation wird gekannt von Personen, die sich irgendwie für das Thema interessieren; denen die Dinge, mit denen wir uns beschäftigen, irgendwie wichtig sind. Mit Opfern, mit denen wir zusammenarbeiten, haben wir sehr gute Kontakte, sehr gute Beziehungen und ich denke, sie unterstützen uns bei unserer Arbeit. Dann gibt es wiederum gesellschaftliche Segmente, die nicht einverstanden sind mit unserer Arbeit und die einen anderen Stand und eine andere Einschätzung haben als wir und somit eine andere Perzeption. […] Sagen wir – nicht alle, aber manche – Veteranenverbände sowie Historiker, die die Geschichte anders sehen als wir. Sie denken, dass das, was wir vertreten, wissenschaftlich nicht erhärtet ist. Das sind für mich die zwei Hauptgruppen.»

Janica L. konstatiert konsterniert, dass noch immer grosse Teile der Gesellschaft in Kroatien nicht bereit seien für einen Dialog und Diskussionen darüber, dass es verschiedene Meinungen, Geschichtsversionen und Wahrheiten gibt. Diese fehlende Bereitschaft zur offenen Auseinandersetzung mit der Vergangenheit scheint in ihren Augen die grösste Herausforderung zu sein. Entsprechend seien die Reaktionen und Erfahrungen mit verschiedenen gesellschaftlichen Gruppen teilweise besser und teilweise schwieriger.

Janica L. selber schätzt vor allem den Umgang mit den Veteranenverbänden. Sie berichtet anhand einer Anekdote von bisweilen erstaunten, jedoch stets positiven Reaktionen von betagten Veteranen des Zweiten Weltkrieges, angesichts des Umstands, dass sich eine junge Frau mit solchen Themen befasst.

> *«Durch die Projekte meiner Arbeit beschäftige ich mich zum Beispiel auch mit dem Zweiten Weltkrieg. So habe ich viel Kontakt mit dem Verband der antifaschistischen Kämpfer. Vieles habe ich von ihnen erfahren und gelernt, definitiv. Das Beste an meiner Arbeit ist, dass ich vieles lerne, wovon ich vorher keine Ahnung hatte. So auch mit ihnen — das sind alles Leute, die zwei Kriege überlebt haben.»*

Während in vielen Familien historische Erinnerungen über Generationen weitergegeben wurden und im Schatten offizieller Tabuisierung ein Eigenleben führten, war dies in der Familie von Janica L. nicht der Fall. Hier scheint geradezu die weitgehende Absenz von Familiengeschichten, die Neugier von Janica L. angetrieben zu haben. Es bleibt im Dunklen, ob es der fürsorgliche elterliche Wunsch war, die Kinder unbeeindruckt davon zu erziehen, oder ob das Fehlen dieser Art von Vor-Geschichten, einer bewussten Übereinkunft angesichts komplizierter und möglicherweise schmerzhafter Erfahrungen geschuldet war.

> *«Bei uns wurde irgendwie nicht viel davon erzählt. Wir wurden diesbezüglich nicht behelligt. Von manchen Sachen wussten wir, aber – ich weiss nicht – es schien einfach nicht von Interesse für uns Junge gewesen zu sein, da mehr zu erfragen, weshalb uns die Alten auch nichts erzählt haben. Es gab also in diesem Sinn nie eine Geschichtsversion von ihnen, die sie uns gegenüber forciert hätten oder so. Lass mich etwas hinfügen, da ich mich nun erinnere: Bei mir herrscht vielmehr die gegenteilige Situation vor: Ich frage manchmal meinen Vater: Wieso hast Du mir davon nicht vorher schon erzählt oder mir mehr davon erzählt? Dann antwortet er mir, dass er nicht dachte, dass mich dies interessieren könnte oder dass er mich damit nicht belasten wollte. Er wundert sich auch, dass ich mich heute mit dem beschäftige, was ich eben so tue.»*

Sie, die bedauert, mit ihren Grosseltern nie über den Zweiten Weltkrieg gesprochen zu haben, schätzt den generations- und kriegsübergreifenden Austausch sehr. Genugtuung zieht sie auch aus der Gedenkarbeit mit dem Zweiten Weltkrieg, wo sie sich auch mit vielen jüdischen Themenaspekten im Kontext des faschistischen *Unabhängigen Staates Kroatien* 1941 bis 1945 (*Nezavisna Država Hrvatska, NDH*) auseinandersetzt:

> *«Von Seiten meines Projektes, wäre da vielleicht als ein Erfolg zu nennen, dass wir ein Bewusstsein schaffen für Orte, die völlig vergessen (sind) und wo Dinge geschehen sind, von denen niemand etwas weiss. So arbeiten wir zum Beispiel konkret an einem Projekt in Zagreb über Orte, an denen sich im Zweiten Weltkrieg schreckliche Dinge ereignet haben, ohne dass Personen, die ihr ganzes Leben dort verbracht haben, eine Ahnung davon hätten und möglicherweise jeden Tag an diesem Ort vorbeikommen, ohne zu wissen, was da geschehen ist. So glaube ich, dass vielleicht einer unserer grössten Erfolge eben ist, dass wir beigetragen haben, Ereignisse der Stadtgeschichte erhellt zu haben, was konkret an bestimmte Orte gebunden ist. Wir versuchen das auch weiterhin mit unseren Exkursionen für Studierende. Es scheint mir sehr wichtig, nicht zuzulassen, dass manche Orte der Vergessenheit anheim fallen, dass man nicht weiss, was in der jüngsten Vergangenheit in unserer Stadt geschehen ist – nicht nur in Zagreb, sondern in ganz Kroatien.»*

Als grössten Beitrag der Organisation und zugleich wichtige Motivation für die eigene Arbeit sieht sie die Solidarität mit den Opfern.

> *«Seitens der Organisation erscheint mir als grösster Erfolg, dass sie Dinge in den Fokus gebracht hat, über die zuvor systematisch geschwiegen wurde. Dass über die Opfer gesprochen wird, dass man nicht zulässt, dass Opfer und Gewalttaten vergessen werden, was den Leuten mit denen wir arbeiten, d. h. die jemanden im Krieg verloren haben, am wichtigsten ist. […] Dass diese Opfer nicht umsonst waren, dass jemand an sie denkt, dass jemand erinnert, dass jemand mit ihnen mitfühlt. Das scheint mir der grösste Erfolg oder Beitrag unserer Organisation zu sein im Bereich der Auseinandersetzung mit der Vergangenheit. Einfach dieses Insistieren, dass bestimmte Sachen nicht vergessen werden.»*

Historisch wenig Bekanntes zu erhellen und auch den eigenen Wissensdurst zu stillen, ist Janica L. auch aus einem weiteren Grund ein persönliches Bedürfnis. Sie erinnert sich an den Geschichtsunterricht in der Schule, der sie mit mehr Fragen als Antworten zurückliess. Sie teilt diese Erfahrung mit Altersgenossen aus der Region, die entweder im Geschichtsunterricht zu den sensiblen Themen der jüngsten Vergangenheit wenig oder nichts vermittelt bekamen – oft unter vorgeschobenem oder künstlich geschaffenem Zeitmangel bei einer Terminierung der Lehreinheit zum Ende des Schuljahres – oder vorwiegend in Form von problematischen Fokussierungen auf Teilaspekte.

> *«Wir haben uns in der Grund- wie auch in der Mittelschule*[290] *kaum mit dem Krieg der 90er Jahre beschäftigt, wenn diese Lerneinheit am Ende des Schuljahrs dran war. Oft war sehr wenig Zeit für die Bearbeitung des Themas übrig. Ich habe oft gespürt, dass die Lehrer das auch nicht gerne unterrichtet haben; dass sie das schnell abgehandelt haben; dass sie uns ein paar Dinge erzählten und dann sagten, lest das selber weiter o. ä. Das ist die Erfahrung mit meinen Lehrern.*
>
> *Ich weiss aber auch um die Erfahrung meines Bruders. So hat an seiner Mittelschule ein Lehrer unterrichtet, der jedes Jahr mit seinen Schülern Bleiburg besuchte und der zu Beginn jedes Schuljahres verlangte, dass die jüdischen und serbischen unter den Schülern aufzustehen hatten. So etwas gab es. Das geschah in den 1990er Jahren an einem Zagreber Elite-Gymnasium. Der Lehrer konnte so die jeweiligen Schüler identifizieren und sich fortan entsprechend verhalten. Es gibt solche Beispiele.»*

Das Beispiel aus der Schulzeit von Janicas Bruder erscheint dabei als ein besonders brisanter Beleg einer spezifischen Akzentsetzung im Unterricht, der nicht nur auf den problematischen Umgang mit Schülerinnen und Schülern im Hinblick auf ihre religiöse und ethnische Zugehörigkeit (jüdisch respektive serbisch) verweist, sondern auch Rückschlüsse auf die politische Gesinnung des Lehrers zulässt.

Diese «*Identifizierung*» weckt in Form und Inhalt Erinnerungen an die faschistische, antisemitische und antiserbische Ideologie im *NDH*-Staat.[291]

---

290 Diese entspricht der gymnasialen Oberstufe und führte zur Hochschulreife.

291 Mit Bleiburg wird auf die Vergeltungsmassnahmen der Tito-Partisanen an den Kriegsgegnern unmittelbar nach Kriegsende im Mai 1945 Bezug genommen. Die verschiedenen Verbände, darunter Ustaša-Einheiten, slowenische Domobrancen, Einheiten der Wehrmacht sowie Četnik-Verbände, hatten sich auf österreichischem Gebiet in

Die Regierunszeit von Franjo Tudjman (1990–199) war geprägt von einem historischen Revanchismus, der viele Ereignisse aus dem Zweiten Weltkrieg relativierte, sofern sie nicht ohnehin eine Neubeurteilung erfuhren.[292] Das Beispiel lässt zugleich nachvollziehen, warum Janicas Eltern ihre Kinder dazu anhielten, sich nicht zu ihrem familiären Hintergrund zu äussern und weshalb Janica bis heute Identitätszuschreibungen zuwider sind.

Als problematisch bezeichnet Janica L. nicht nur die schulische Vermittlung von Geschichte, sondern auch jene durch die Medien. Sie beklagt dabei, neben dem Mangel an kompetenten und in der Öffentlichkeit präsenten Zeithistorikerinnen und -historikern, vor allem die Präsenz von historischen Fernsehserien. Darin werden einseitige Geschichtsdeutungen propagiert, die sie als *«staatstreue Geschichte»* bezeichnet. Vor dem Hintergrund ihrer Projektarbeit in der Organisation, kritisiert sie insbesondere die offiziellen Narrative in Kroatien über den Zweiten Weltkrieg (1941 bis 1945) und den Unabhängigkeitskrieg in den 1990er Jahren, denen sie eine

britische Gefangenheit ergeben, wurden jedoch von der britischen Besatzung an die jugoslawischen Partisanen ausgeliefert. Viele Zehntausende wurden Opfer von Massakern in Bleiburg und in der Gottschee oder starben später in jugoslawischen Straflagern. Diese Kriegsverbrechen wurden von der Historiografie des sozialistischen Jugoslawiens tabuisiert. Im Laufe der 1980er Jahre wurden im Zuge der allgemeinen Enttabuisierungen die Diskussionen nationalistisch aufgeladen und Erinnerungen instrumentalisiert. Vgl. Ludwig Steindorff: *Kroatien*, S. 187. Zum *Unabhängigen Staat Kroatien* (*Nezavisna Država Hrvatska, NDH*), der vorherrschenden Ideologie und der Verfolgung von politischen Gegnern sowie Juden, Roma und Serben vgl. Slavko Goldstein: Der Zweite Weltkrieg. In: *Der Jugoslawienkrieg*. Handbuch zu Vorgeschichte, Verlauf und Konsequenzen. Hg. von Dunja Meličić. Opladen, Wiesbaden 1999, S. 167–184, hier S. 171ff.

292 Ivo Goldstein: The Experience in Croatia (Public debates on the Past: The Experiences in the Western Balkans). In: *Lustration in the Western Balkans*. A project documentation, implemented by the Center for Democracy and Reconciliation in Southeast Europe CDRSEE. Ed. by Magarditsch Hatschikjan, Dušan Reljić, Nenad Šebek. Thessaloniki 2005, S. 99–101, hier S. 99f. Siehe auch Ljiljana Radonić: Krieg um die Erinnerung: Kroatische Vergangenheitspolitik zwischen Revisionismus und europäischen Standards. Frankfurt am Main 2010

mangelhafte Qualität infolge von Reduktion von Komplexität und Einseitigkeit attestiert.

> *«Ich sage nicht, dass man in Kroatien keine Möglichkeiten hat, andere Versionen abseits der Mainstream-Kanäle mitzubekommen. Das gibt es; Interessierten bieten sich viele Optionen, aber man muss interessiert sein. Einem unkritischen Mediennutzer wird sich jedoch ein ziemlich einseitiges Geschichtsbild bieten.»*

Eine wichtige Zielgruppe ihrer Organisation und speziell des Themenbereichs, in dem sich Janica L. engagiert, ist die Arbeit mit Jugendlichen. Gemäss ihrer Einschätzung, gebe es durchaus Interessierte unter ihnen, aber mehrheitlich erscheine ihr die Jugend in Kroatien desinteressiert und apolitisch. Mit alternativen Bildungsprogrammen in Form von speziellen Exkursionen für Studierende möchte die Organisation unbekannte oder vergessene Orte der Erinnerung bekannt machen, eine Alternative zu den Geschichtsdiskursen in Medien, Schule und Familie bieten und damit vor allem die Reflexion über Vergangenheit und Gegenwart unter der jungen Generation anregen. Das Anliegen ist, ihnen Erinnerungsorte in Kroatien und in der Region zu zeigen, von denen sie bislang nichts wussten. Während bislang Ereignisse aus dem Zweiten Weltkrieg im Vordergrund standen, soll nun das Augenmerk vermehrt den Erinnerungsorten aus der jüngsten Vergangenheit zukommen.

4.4. Veteranen-Vertreter: Radan N. aus Serbien

«Wir haben uns nicht ergeben!»

Radan N. ist Präsident einer grossen Vereinigung serbischer Kriegsveteranen und empfängt zum Gespräch in dem kleinen Büro der Organisation in einem Belgrader Vorort. Vor dem unscheinbaren Häuschen erinnert eine vom Veteranenverband errrichtete Gedenktafel an die in den Kampfhandlungen der Jahre 1991 bis 1999 Verstorbenen aus der betreffenden Gemeinde; der Jüngste starb im Alter von 19 Jahren; der Älteste mit 63

Jahren. Das Büro ist bis unter die Decke fein säuberlich und einem Farbschema folgend mit Regalen voller Ordner gefüllt. Die Ordner dokumentieren Tod und Invalidität von Tausenden von Kriegsteilnehmern, ungeklärte Vermisstenfälle sowie die Bittschreiben von Familienangehörigen.

Die Organisation stellt einen autonomen Verband serbischer Kriegsteilnehmer sowie einiger, unter serbischem Kommando kämpfenden Ausländer dar,[293] die in den 1990er Jahren in Slowenien, Kroatien, Bosnien-Herzegowina und im Kosovo im Einsatz waren. Dieser wurde 1993 gegründet, umfasst heute über 50 000 Mitglieder, das heisst Veteranen und/oder deren Familienangehörige (Witwen, Waisen etc.) und nimmt für sich in Anspruch, die Interessen von insgesamt 700 000 Veteranen gegenüber dem Staat zu vertreten.

Die Vereinigung stellt zunächst einmal die Interessensvertretung seiner Mitglieder nach innen und aussen dar. Nach innen, indem den Veteranen und den Anghörigen eine Anlaufstelle bei Fragen und Problemen rund um ihren rechtlichen Status und ein soziales Netz für Gespräche, gemeinsame Aktivitäten und Zeitvertreib geboten wird. Nach aussen, indem Forderungen an den Staat formuliert werden, um Lösungen für Bedürfnisse und Nöte der Veteranen zu erwirken. Diese sind umfassend: Viele der Veteranen haben physische und psychische Verletzungen von den Kriegsschauplätzen heimgetragen, sie leiden unter Depressionen, posttraumatischen Belastungsstörungen und nicht selten unter Abhängigkeiten (Alkohol, Drogen, Medikamente). Die meisten leben von kleinen Renten, die kaum ausreichen, um die wichtigsten Grundbedürfnisse zu stillen.

Hinzu kommen die gesellschaftliche und soziale Isolation, der sich viele Veteranen anheim gefallen fühlen. Staat und Öffentlichkeit interessieren sich wenig für jene, die in den Kriegen der 1990er Jahre unter serbischen Waffen standen. Insbesondere jene, die freiwillig und im Rahmen verschiedener Verbände in den Krieg zogen, fühlen sich heute von der Öffentlichkeit vergessen und ignoriert. Besonders schmerzhaft ist für sie der Mangel an Anerkennung für den ‹Dienst am Heimatland›, wie es sich aus Sicht

293 Radan N. nennt hierzu als Beispiele einige «*Kameraden russischer und ukrainischer Herkunft*».

der Veteranen darlegt: Sie fordern die Anerkennung ihres Einsatzes, womit auch Forderungen nach höheren Sozialbezügen für die Rentner und Invaliden unter ihnen einhergehen. Insbesondere die mangelhafte finanzielle und praktische Unterstützung für medizinische Behandlungen und Pflegemassnahmen wird beklagt.

Nicht weniger schmerzhaft ist für die Veteranen die Undankbarkeit, die ihnen gemäss den Worten des Veteranenpräsidenten entgegengebracht wird. Ihr einstiger Einsatz wird nicht nur nicht geschätzt, sondern in der Regel negiert oder verschwiegen. Diese Tabuisierung trifft sie doppelt, nämlich in moralischer wie praktischer Hinsicht infolge der rechtlichen Implikationen.

Zur gesellschaftlichen Marginalisierung gesellt sich die soziale und familiäre: Viele Veteranen beklagen das Desinteresse von Seiten des privaten Umfelds, was sich – je nach politischer Einstellung – auch in Ächtung niederschlägt. Familienangehörige, Freunde, Bekannte und Nachbarn möchten nicht an die Kriege erinnert werden, die auch in ihrem Namen ausgefochten wurden und die zu Niederlagen, Elend und politischer Isolation geführt haben. Hohe Scheidungsraten, Konflikte zwischen Eltern und Kindern und gescheiterte Existenzen sind verbreitete Phänomene.

Veteranen sind als ehemalige Kriegsteilnehmer nicht nur wichtige Zeugen, wenn es um die Bekanntmachung von Fakten geht, sondern oft auch engagierte Fürsprecher einer Auseinandersetzung mit den Kriegsereignissen. Die vorliegende Organisation wurde für die Untersuchung herangezogen, da sie zusammen mit einer bekannten Nichtregierungsorganisation den Weg der öffentlichen Auseinandersetzung beschritten hat, um gegen die Tabuisierungen durch Staat und Gesellschaft Stellung zu beziehen. Der Veteranenverband gehört nicht zu jenen Organisationen, die sich mit einer progressiveren Einstellung oder bereits seit längerer Zeit für die Vergangenheitsarbeit oder Friedenspädagogik engagieren. Auch ist ihre Vernetzung mit anderen Veteranenorganisationen in der Region kaum ausgeprägt, und im Gespräch scheint eine von Gegnerschaft geprägten Perspektive auf die ehemaligen Widersacher doch stärker gewichtet zu werden, als die Möglichkeiten der Kooperation infolge ähnlicher gemeinsamer Erfahrungen und bestehender Herausforderungen.

Radan N. wirkt aufgeräumt und offen, als wir uns an einem Vormittag zum Gespräch im Büro unter einer Fotografie des am Internationalen Kriegsverbrechertribunal für das ehemalige Jugoslawien unter Anklage stehenden ehemaligen bosnisch-serbischen Generals Ratko Mladić[294] an den Tisch setzen. Das halb gefüllte Whiskey-Glas in seiner Hand fällt auf, ebenso wie ein leichtes Zittern, wenn er dieses jeweils zum Mund führt. Auf die Motivation für seine ehrenamtliche Arbeit angesprochen führt er aus:

> *«Der serbische Staat verweigert sich nach wie vor der Diskussion über die Veteranen und tabuisiert weiterhin ihre Rolle bei den Kriegen der 1990er Jahre. Wir möchten die Tatsachen darlegen: Wieviel Männer und Frauen standen insgesamt unter Waffen? Wieviel Tote gab es auf Seiten der serbischen Kämpfer, wieviel Verletzte? Der Staat muss die gesetzliche Basis schaffen für eine Invalidenrente sowie für medizinische Anspruchsleistungen. Ein Gesetz ist der Schlüssel dazu. Schliesslich verlangen wir ein Denkmal oder eine Art «Memorial Center». […] Viele von uns leiden unter starken posttraumatischen Belastungsstörungen[295], viele haben Familientragödien erlebt. Es gibt viele Selbstmorde, auch infolge der fehlenden medizinischen Unterstützung. […] Wir erhalten keine staatlichen Unterstützungen, sondern finanzieren uns ausschliesslich über Mitgliederbeiträge. Wir sind gut organisiert und versuchen in unserem Schach-Klub oder beim Singen patriotischer Lieder, Geselligkeit sowie Momente der Entspannung anzubieten. Wir engagieren uns dafür, unseren Mitgliedern einmal im Jahr eine Ferienreise zu Sonderkonditionen anzubieten; in der Regel bieten wir eine Woche Sommerferien an der montenegrinischen Küste an. Für die Weihnachtsfesttage werden wir wieder eine Kollekte für die Bedürftigen durchführen.»*

Trotz seines dynamischen, drahtigen Auftretens: Radan N. ist selber zu 80 Prozent Invalide. Er ärgert sich, mit der Hand auf die umliegenden Hügel Richtung Belgrad zeigend:

---

294 Ratko Mladić war militärischer Führer der bosnischen Serben und hat sich derzeit für Völkermord, Verbrechen gegen die Menschlichkeit und zahlreiche Kriegsverbrechen am ICTY in Den Haag zu verantworten.

295 In der Literatur auch häufig nur unter der englischen Bezeichnung *Posttraumatic Stress Disorder (PTSD)* bekannt.

> *«Unser bekanntes Militär-Krankenhaus (Vojna-Medicinska Akademija, VMA) bietet uns trotz seiner grossen Kapazitäten keine Behandlungen der Kriegsverletzungen und Folgeprobleme an; hingegen steht es jenen VIPs offen, die auch entsprechend zahlen können. Statt unsere Veteranen zu pflegen, kümmert das VMA sich vor allem um die zumeist ästhetischen Rekonstruktionen von Sängerinnen und anderen Berühmtheiten, oft sogar den Siegern!»*

Radan N. echauffiert sich über die Behandlungsmöglichkeiten, die beispielsweise zahlungskräftigen Prominenten aus den Unterhaltungsbranchen der ganzen Region in einem der qualitativ hochstehendsten Krankenhäuser Serbiens angeboten werden. Sein Unverständnis zielt auf den Umstand, dass Veteranen infolge mangelnder Mittel und angesichts vorenthaltener Rechte eine angemessene medizinische Behandlung ebendort nicht möglich ist.

Seinen Vorwurf untermauert er mit einer Kritik an den sozialen Verhältnissen, die auch in den Kriegen sichtbar waren. Demzufolge seien es oft die Angehörigen der Arbeiterklasse gewesen, die vom Staat in den Krieg geschickt wurden oder sich berufen fühlten, das Vaterland zu verteidigen. Daraus spricht ein Klassenbewusstsein wie auch ein subtileres Element seines Kampfes um Anerkennung. Nachdenklich fährt er fort:

> *«Weder vom Staat noch von der Gesellschaft erhalten wir eine Anerkennung. Ich erlebe das selber in meiner Familie. Meine Frau und meine beiden Kinder antworten mir oft wirsch: ‹Warum warst Du auch dort in den Kriegen? Uns interessiert das nicht!› Diese mangelnde Unterstützung, diese fehlende Anerkennung ist sehr schmerzhaft.»*

Es ist nicht nur das offizielle Leugnen seitens des Staates und weiter Teile der Gesellschaft, welches Radan N. empört und zu den bestehenden Gefühlen von Entfremdung und Isolation unter den Veteranen beiträgt, sondern auch die aktiven Bemühungen des Staates, die Dinge in ein ihm genehmeres Licht zu rücken. Im Vordergrund steht dabei die Zementierung eines Bildes, demzufolge der serbische Staat nichts oder nur wenig mit den Kriegen in Kroatien und in Bosnien-Herzegowina zu tun hatte. Kritische Stimmen von Seiten der Veteranen, die auf Rechte pochen, ihre Kriegsteilnahme in der Öffentlichkeit bezeugen und auf vorhandene Kommandostrukturen verweisen, führen die staatlichen Bemühungen um Vertuschung und Leugnung ad absurdum:

> *«Der Staat hat eigene Veteranen-Verbände geschaffen, welche entsprechend Unterstützung von diesem erhalten und dafür stillhalten. Wir hingegen sind für den Staat ein Problem. Sprechen wir über den Zustand der Gräber: Es gibt so viele vernachlässigte, verwahrloste Gräber von gefallenen Kameraden – niemand kümmert sich um diese. Und dann die Gräbersuche: Irgendwo in Serbien sind, so vermuten wir, Kameraden begraben, ohne dass ihre Familien, die sie vermissen, Bescheid wüssten.»*

Die Organisation hat in Zusammenarbeit mit einem Historiker ein Buch über die vermissten Waffenbrüder herausgebracht, die mit Namen, militärischem Grad und Einsatzort genannt werden. Damit spielt Radan N. teilweise auf den Umstand an, dass es Familienangehörige gibt, die sich nicht um die Gräber ihrer Verstorbenen kümmern, nachdem diese in einen Krieg gezogen waren, der daheim nicht gebilligt wurde. Andererseits stellt er die Behauptung auf, dass der serbische Staat selber bei der Rückführung von serbischen Kämpfern an Vertuschung und Täuschung beteiligt gewesen und nun dafür verantwortlich sei, dass nach wie vor Angehörige auf einen Bescheid zum Verbleib ihrer vermissten Väter, Brüder und Söhne warten würden.

Auf die Nachfrage, weshalb der Staat mit seiner Organisation derart Mühe habe und welche Kämpfer genau gemeint seien, fährt Radan N. fort:

> *«Alle sind unter einem [mit besonderem Nachdruck, Anm. TP] Kommando gestanden, ob reguläre Einheiten oder die irregulären wie die ‹Weissen Adler› oder Arkans Leute. Das ist eine Wahrheit, die der Staat nicht gerne hört».*

Radan N.s Biografie ist ein wichtiger Schlüssel zum weiteren Verständnis und weist gleich mehrere Aspekte auf, die Erklärungen für sein Engagement liefern. Da ist zunächst sein Generationenverständnis, welches aufhorchen lässt. Mit dem «*Experiment*»-Charakter bezeichnet er jugoslawische Institutionen, die vergangen sind und die keinen Referenzpunkt mehr für ihn bilden. Das dem so ist, frustriert und empört ihn. Bei der Art wie er dies artikuliert, entsteht der Eindruck, dass Radan N. möglicherweise jemand ist, der sich um seine Vergangenheit und Identität betrogen fühlt.

> *«Ich bin 1963 geboren und würde mich als Teil einer verlorenen Generation bezeichnen. Wir waren ein Experiment: Erstens schulisch, dann der Zerfall Jugoslawiens, dann der Zerfall der Armee, schliesslich die Sanktionen. Es ist eine Katastrophe. Wir sind eine abgeschriebene Generation.»*

Seine serbische Herkunft und der orthodoxe Glaube scheinen hingegen wichtige Komponenten seiner Identität zu sein. Aus der Schilderung seiner Achtung orthodoxer Feiertage und Bräuche lässt sich ein Respekt vor Traditionen und kulturellen Normen herauslesen, wie es auch aus der Beschreibung seiner familiären und sozialen Herkunft ersichtlich wird. Darin zeigt sich ein Bewusstsein für Ortsgebundenheit, Familientradition und Geschichte an sich.

> *«Ich fühle mich als Serbe und bin in einer kleinbürgerlichen, serbischen Familie aufgewachsen. Meine Familie lebt seit 300 Jahren im gleichen, kleinen Ort in Serbien und führte ein schweres, arbeitsreiches Leben als Bauern. Trotz vieler Schwierigkeiten, die es gab, habe ich viele schöne Erinnerungen an meine Kindheit und Jugend. Ich bin nicht sehr gläubig, eher durchschnittlich, ich achte die Feiertage und die Orthodoxie.»*

Sein gesellschaftliches Interesse sowie die Bereitschaft zum ehrenamtlichen Engagement erstaunen nicht, wenn man seine Begeisterung für die *Arbeitsaktionen (Radne akcije)*[296] im sozialistischen Jugoslawien berücksichtigt. Bei diesen Arbeitseinsätzen wurden unter zahlenmässig grossem Einsatz zumeist junger Leute, wichtige Infrastrukturprojekte umgesetzt, darunter etliche, die als Meilensteine der jugoslawischen Industrialisierung und Modernisierung nach dem Zweiten Weltkrieg gelten: Der Eisenbahnausbau von Belgrad nach Bar an der montenegrinischen Küste gehört

---

296 Die Arbeitsaktionen wurden teilweise von den Kommunistischen Jugendbrigaden und teilweise vom Militär geleistet. Holm Sundhaussen: *Jugoslawien und seine Nachfolgestaaten*, S. 134.

ebenso dazu, wie der Bau der Adriamagistrale entlang der dalmatinischen Küste oder die Schaffung neuer Stadtbezirke wie Neu-Zagreb oder -Belgrad.[297]

Die Arbeitsaktionen genossen nicht nur eine von Staat und Politik gesteuerte mediale Reputation, sondern schienen auch unter den Beteiligten, die sich freiwillig gemeldet haben, auf Gefallen gestossen zu sein. Radan N. strahlt angesichts dieser Einsatzerfahrungen, die ihm nicht nur wegen des Leistungsausweises und der Möglichkeit zur Erkundung von Land und Leuten in guter Erinnerung geblieben sind. Radan N. sollte nicht der einzige unter den interviewten Personen sein, der sich gerne an die Aufbruchstimmung und den jugoslawischen Gemeinschaftsgeist jener Zeit zurückerinnert. Darin mischen sich vermutlich der grundsätzliche jugendliche Elan jener zum Dienst herbeigezogenen Generation wie auch die individuelle Nostalgie in der Erinnerung an die Jugend, die das Leben noch vor sich weiss.

> *«Als Jugendlicher und junger Erwachsener war ich sehr engagiert bei den Arbeitsaktionen; manchmal wurde ich aufgeboten, aber oft habe ich mich selber gemeldet. Wir waren bei vielen Einsätzen von Slowenien bis Mazedonien dabei. Das waren schöne Erinnerungen!*
>
> *Auch mit meinem Militärdienst verbinde ich positive Erinnerungen: Ich habe 1984 bei Ljubljana in Slowenien gedient. [...]»*

Neben den Arbeitsaktionen, zu denen Männer wie Frauen, Schülerinnen wie Arbeiter aufgeboten wurden, war insbesondere der Militärdienst für die jungen Männer eine wichtige biografische Zäsur. Die Rekrutenzeit galt als wichtige staatspolitische Pflicht und markierte darüberhinaus eine entscheidende *Rite de passage* ins Erwachsenenleben. In der Regel wurden dabei die jungen Männer zu Einsätzen in eine andere Republik einberufen, wo sie viele Monate verbringen sollten. Die Militärzeit im sozialistischen Jugoslawien stand somit auch für eine wichtige Phase der persönlichen Entwicklung, die fern von daheim und vom gewohnten Umfeld, bei vielen gleichbedeutend mit dem Kennenlernen neuer Landesteile, Landsleute und

297 Ebd.

nicht zuletzt, angesichts der Vielfalt und Kleinteiligkeit des Landes, auch neuer Kulturräume bedeutete. Nicht selten ergaben sich aus dieser Zeit folgenreiche Begegnungen und Beziehungen wie an Freundschaften, Liebschaften und Ehen sichtbar wurde. Im Fall von Radan N. bedeutete es die Bekanntschaft mit Slowenien, wo er, in der Hauptstadt Ljubljana stationiert, ein neues Umfeld kennen- und schätzen lernte.

Es folgt eine kurze Anekdote über den Zehntagekrieg im Zuge der Unabhängigkeitserklärung Sloweniens, die am 26. Juni 1991 erfolgt war. Die Jugoslawische Volksarmee zog nach einer zehn Tage dauernden militärischen Auseinandersetzung mit der slowenischen Territorialverteidigung und slowenischen Milizen nach einem Waffenstillstand schliesslich ab.[298] Die militärische Niederlage und der Abzug unverrichteter Dinge erklärten sich auch aus der Bündelung der Kräfte, die zunehmend für den nächsten Kriegsschauplatz im benachbarten Kroatien benötigt wurden.

Ausgerechnet am Ort seiner nostalgischen Erinnerungen an den einstigen Militärdienst, war auch Radan N. schliesslich im Einsatz.

> *«Ich bekomme gerade eine Gänsehaut. [...] 1991 habe ich mich freiwillig zum Einsatz gemeldet, da ich das Bedürfnis hatte, den jugoslawischen Staat zu schützen. Mich haben die Bilder der leidenden Serben im Fernsehen beeindruckt. Erst später habe ich realisiert, dass vieles manipuliert war.»*

Es ist schwierig festzumachen, inwiefern diese Erklärung den Tatsachen entspricht oder eine nachträgliche Schutzbehauptung ist, um seinen Einsatz zu rechtfertigen. Die Ausführungen von Radan N. erwecken jedoch den Eindruck, dass hier eine Person eine Entwicklung durchlaufen hat. Es scheint zumindest nachvollziehbar, dass er sich als Verteidiger jugoslawischer Interessen angesprochen oder gar verpflichtet fühlte und sich zum Einsatz in Slowenien meldete. Erst nach und nach schien seine Verbundenheit mit dem Staat, mit Partei und Gewerkschaft Enttäuschungen und Frustrationen zu weichen. Als einziges Betätigungsfeld ist ihm die Arbeit für

---

298 Peter Vodopivec: Slowenien. In: *Der Jugoslawienkrieg*. Hg. von Dunja Meličić. Opladen, Wiesbaden 1999, S. 28–39, hier S. 37.

den Veteranenverband geblieben, die seinem Leben offensichtlich einen Sinn gibt.

> *«Ob es mir um die ‹serbische Idee› ging? Nein, das ging es nicht, das wäre eine reine Lüge. Es ging mir um Jugoslawien! Erst viel später, im Kosovo, ging es angesichts der NATO-Angriffe auf Serbien um die serbische Sache.»*

Für die erwähnten Einsätze bei den Arbeitsaktionen in den 1980er Jahren hatte sich Radan N. oft freiwillig gemeldet, und auch einen Einsatzbefehl zu Beginn der jugoslawischen Zerfallskriege wartete er nicht ab. Diese Tendenz zum Engagement für Vaterland und Gemeinschaft zeigt sich auch im Rahmen seiner beruflichen Tätigkeit und in seinem politischen Engagement:

> *«Ich bin gelernter Schlosser und habe mich [...] in der Gewerkschaft für die Anliegen der Arbeiter stark gemacht; vor allem die IG-Metall in Deutschland war ein wichtiges Vorbild für mich. Die Gewerkschaftsarbeit hat mir sehr viel bedeutet! Dabei blieb es nicht: Noch vor dem Krieg wurde ich Mitglied im Bund der Kommunisten; Mitglied bei der Kommunistischen Jugendbewegung war ich bereits. Seit dem Ende Jugoslawiens habe ich keine Parteizugehörigkeit mehr; wenn, dann engagiere ich mich nur noch als Veteran.»*

Aus seinen Schilderungen aus dem Gewerkschaftsumfeld sprechen ein Klassen- und ein Verantwortungsbewusstsein für das Eintreten für die Arbeiterinteressen. Angesprochen auf seine Reflexion über die eigene und die Lebenswelten anderer, entgegnet Radan N.:

> *«Das ist sehr wichtig; es ist eine wichtige und traurige Sache. Wir leben in einem gewissen Sinne wie in einer eigenen Welt, getrennt vom Staat, von der Gesellschaft, von unseren Familien. Und das trifft uns täglich weitaus mehr, als es die Umstände im Krieg taten. Wir fühlen uns ehrenvoll und werden trotzdem als Kriminelle betrachtet. Wir haben versucht zu erklären. [...] Es gibt tatsächlich Vorwürfe, dass wir getötet und geplündert haben. Es gab solche Einzelfälle, aber unser Ziel war es, den Staatszerfall abzuwehren und unsere Leute zu schützen. Ja, wir sind Patrioten und infolge unserer aktuellen Zusammenarbeit mit anderen Akteuren der Zivilgesellschaft werden wir jetzt auch noch als Verräter (izdajnici) beschimpft.»*

Radan N. berichtet über die jüngsten Entwicklungen. 2011 kam es erstmals zu Gesprächen mit VertreterInnen einer bekannten und sehr angesehenen NGO, die sich seit vielen Jahren in den verschiedensten Bereichen für das Aufbrechen des nationalistischen Diskurses und ein nachhaltiges Umdenken in Staat und Gesellschaft engagiert. Diese Organisation kam auf den Veteranenverband Radan N.s zu, und in vielen Gesprächen fand man nach und nach einen gemeinsamen Nenner für eine Zusammenarbeit zwischen den bislang streng in Opposition zueinander stehenden Interessensgruppen. Angedacht sind gemeinsame Projekte in ganz Serbien.

Veteranen sollen gewissermassen aus erster Hand von ihren Taten und Erfahrungen während und nach den Kriegen berichten und sich Fragen seitens der Zivilgesellschaft und der interessierten Öffentlichkeit stellen. Für den Veteranenverband bietet das die Möglichkeit, sein Anliegen direkt in die Bevölkerung zu tragen und gleichzeitig, dank des Know-hows und der guten Vernetzung der Partnerorganisation, ein stärkeres, quasi unüberhörbares Echo zu erreichen. Für die Partnerorganisation bedeutet es, der Tabuisierung seitens Staat und Gesellschaft von einer anderen Seite entgegenzutreten und mithilfe der authentischen Zeugen, den Diskurs über die Auseinandersetzung mit der eigenen Vergangenheit weiter voranzubringen. Für Radan N. stellt diese Zusammenarbeit einen kulturellen Wandel dar, der das Überwinden von Widerständen erfordert hat; die eigenen wie die seiner Mitstreiter:

> *«Wir haben beide verstanden, dass wir das Problem lösen müssen. Ich bin sehr stolz auf diese Zusammenarbeit. Wir sind uns einig darüber, in manchen Punkten verschiedener Meinung zu sein, aber in diesem gemeinsamen Punkt sind wir uns einig und wollen das Problem lösen.»*

Das Echo der Mitglieder im Veteranenbund war indessen nicht ungeteilt. Radan N. musste viel Überzeugungsarbeit leisten:

> *«Die Rückmeldungen der anderen Veteranen fielen teilweise heftig aus, es gab viel Aufruhr angesichts der Tatsache, dass wir mit den ‹Verrätern› zusammenarbeiten sollten. Das Problem war enorm, ich selber wurde als ‹Verräter› beschimpft – wieder einmal. Aber die Überzeugungsarbeit funktioniert allmählich.»*

Der Veteranenbund ist ein Sammelbecken von patriotischen, nationalbewussten oder offen nationalistischen Serben. Von rechtsradikalen Bewegungen wie *1389* oder *Obraz* möchte sich Radan N. jedoch abgrenzen:

> *«Sie sind uns zu radikal. Angesichts der Diskussionen rund um die Gay-Parade kam es zu einem klaren Bruch: Sie sind auf die Strasse gegangen, um die Schwulen und Lesben zusammenzuschlagen. Es ist ein regelrechtes Sammelbecken von jungen Leuten, die einen extremen Hass auf andere ethnische Gruppen und Lebensformen pflegen.»*

Sorge bereitet Radan N., dass sich viele Jugendliche mehr und mehr von nationalistischem Gedankengut angezogen fühlen.

> *«Die Jungen haben wenig Ahnung von der Geschichte, und speziell von den jüngsten Kriegen wissen sie wenig. Wir müssen ihnen davon berichten, gerade auch daheim. Wenn die Jungen erst mit dem Hass infiziert sind, dann wird es schwierig. Ich sehe meine eigenen Kinder; sie kommen aus genau so einem Umfeld. Ich würde mir wünschen, dass es keine Kriege mehr geben möge.»*

Radan N. lässt im Unklaren, wie sehr das Verhältnis zu seinen Kindern, namentlich zu seinem Sohn, bereits von diesem angedeuteten, mentalen Graben beeinträchtigt ist. Offenbar machen ihn aber die bestehende Sprachlosigkeit zwischen den Generationen und das Desinteresse der Kinder an den Erfahrungen ihres Vaters sehr betroffen. Die Unkenntnis und ein mangelndes Interesse an den Mitmenschen in Land und Region unter den Jugendlichen sieht der Veteranenpräsident als Problem. Was immer das ausschlaggebende Moment für seine Kriegsteilnahme 1991 in Slowenien und 1999 im Kosovo gewesen sein mag – ein Hass auf seine ehemaligen Landsleute anderer Nationalität scheint nicht zu bestehen; mit keinem Wort, mit keinem Hinweis scheint dies belegbar. Möglicherweise wirkt hier noch die einstige Zugehörigkeit zu Jugoslawien und seinen verbindenden Elementen zwischen den Menschen und Nationen nach.

Genau das, nämlich Ressentiments gegenüber anderen ethnischen oder religiösen Gruppen sowie Menschen mit einem anderen Lebensstil, befürchtet er bei der jungen Generation und möglicherweise auch bei seinem Sohn. Obwohl Radan N. wahrscheinlich keine Ausnahme unter den in Serbien sehr weit verbreiteten homophoben Einstellungen in der Bevölkerung bildet, besorgt ihn das Ausmass der Agitation, die den Aktivisten der Schwulen- und Lesbenbewegung entgegenschlägt, und welche Implikationen eine derartige Radikalisierung der Jugend für das zukünftige gesellschaftliche Miteinander hat. Radan N. scheint auch weitere Kriege nicht ausschliessen zu können. Eine Mutmassung bleibt, ob er aufgrund seines eigenen zivilgesellschaftlichen Engagements mitsamt den Exponierungen, Anfeindungen und dem Rechtfertigungszwang für seine Überzeugungen eine gewisse Annäherung – um mit dem Wort ‹Solidarität› vorsichtig umzugehen – an andere Akteure vollzogen hat oder ob dies gar erste Früchte aus der Zusammenarbeit mit den neuen KollegInnen aus dem klassischen zivilgesellschaflichen Umfeld sind.

Zu seinem Geschichtsbild befragt, antwortet Radan N. mit den schablonenartigen Versatzstücken des serbischen Nationalismus, die wie auswendig gelernt erscheinen und praktisch frei von Selbstkritik sind. Er bemüht erneut die eingangs dargelegte konservative Geschichtshaltung und wirkt dabei wie jemand, dessen Aufgabe es scheint, den von der Geschichte in diesem Sinne gewissermassen vorbestimmtem Platz verteidigen zu müssen. Dabei bleiben die wenigen, historischen Beispiele, die Radan N. knapp anführt und offenbar nicht weiter zu erläutern vermag, klischeehaft und zeugen eher von oberflächlichem Wissen. Er erklärt weiter:

> *«Die Geschichte spielt eine wichtige Rolle. Und unsere Geschichte ist besonders schwer. Obwohl die Serben ein sehr friedliebendes Volk sind und keine Eroberungskriege geführt haben, sind wir immer wieder überfallen und erobert worden. Wir sind ein stolzes Volk, wollten selbständig sein und uns keinem Okkupator ergeben.»*

Er gibt sogleich ein Beispiel dafür, welche Erinnerungen in seiner Familie tradiert wurden:

> *«Mein Grossvater war ein ‹Solunac›*[299] *und wurde im Zweiten Weltkrieg von der deutschen Wehrmacht getötet. Aber selbst das ist meiner Meinung nach weniger wichtig, als der Familienhintergrund. Der Schutz unseres Landes ist wichtig, es ist genetisch in uns verankert!»*

Aus ihm spricht ein militärisch gespeister Ethos und ein Blut-und-Boden-Pathos, welche er mit einer antiquiert anmutenden Haltung vorträgt. Der Verweis auf den Grossvater, der im Ersten und Zweiten Weltkrieg gekämpft und schliesslich sein Leben lassen musste, erfüllt ihn offensichtlich mit Stolz. Angeprochen auf seine bisherige Erfolgsbilanz, antwortet Radan N. mit militärisch anmutender Rhetorik und scheint sich mental für den nächsten Kampf zu wappnen:

> *«Unser Fortbestand ist allein schon ein Erfolg – wir haben uns nicht ergeben! Zusammen mit den NGOs der Zivilgesellschaft kämpfen wir dafür, um gegen die jüngsten Flecken in der Geschichte vorzugehen und diese transparent zu machen.»*

Spannend ist am vorgestellten Beispiel nicht zuletzt, wie ein sich als serbischer Nationalist bekennender Veteran, gewissermassen die ‹jüngsten Fle-

---

299 Bezeichnung für einen Teilnehmer des Rückzugs der serbischen Armee im Herbst/Winter 1915 in Richtung Süden nach Saloniki (serb. Solun, dt. Thessaloniki) im Gebiet des heutigen Nordgriechenland. In der serbischen Historiografie markiert dieser Rückzug als Reaktion auf eine Offensive der bulgarischen, deutschen und österreichisch-ungarischen Streitkräfte eine dramatische Phase während der Kampfhandlungen im Ersten Weltkrieg. Dieses Zurückweichen hinter die von der Entente gehaltenen Front von Saloniki verlief unter grossen Anstrengungen und Opferzahlen über die Berge Montenegros und Albaniens in Richtung Adria, wo Schiffe der englischen, französischen und russischen Verbündeten die überlebenden serbischen Soldaten auf die Insel Korfu und weiter nach Thessaloniki in Sicherheit brachten. Die Unterstützung erfolgte zu spät und sorgte so für zusätzliche Opfer. Der Ausdruck *Solunac* steht für eine überaus leidvolle, aber schlussendlich siegreiche Kriegsepisode, stellt eine Auszeichnung da und wurde Teil eines wichigen Heldennarrativs in der serbischen Geschichte. Holm Sundhaussen: *Geschichte Serbiens*, S. 227. Vgl. Vladimir Čorović: *Istorija Srba* [Geschichte der Serben]. 2. Aufl. Beograd 1993, S. 730f.

cken in der Geschichte› bearbeiten und zur Aufklärung beitragen will. Ausgangspunkt für seine Auseinandersetzung mit der Vergangenheit ist das zunächst eigene Interesse, aus der gesellschaftlichen und politischen Negierung der Kriegsteilnehmer und Veteranen herauszutreten und auf verschiendene Weise Anerkennung zu erhalten. Aus Eigennutz und einem sehr begrenzten Verständnis von Vergangenheitsarbeit, scheint sich aufgrund seiner Auseinandersetzung mit staatlichen Behörden, vor allem aber mit den Vertreterinnen der kooperierenden NGO, ein Gesinnungswandel abzuzeichnen. Seine Bereitschaft, sich auch mit konservativeren Mitgliedern des Veteranenverbands in die Diskussion zu begeben und sich auf einer Position des Vermittlers zwischen den Haltungen der reaktionären Veteranen einerseits und den NGO-Aktivisten andererseits wiederzufinden, könnten Hinweise auf einen Lernprozess sein und erste punktuelle Ansätze zu einem weiter greifenderen Verständnis von Vergangenheitsarbeit offenbaren. Dies scheint auch eine erste Einschätzung der befragten NGO nahezulegen, die mit dem Veteranenbund zusammenarbeitet.

4.5. Veteranen-Vertreter: Edin I. aus Bosnien-Herzegowina

«In jedem Fall müssen wir sorgsam damit umgehen, denn wir sitzen auf einer Zeitbombe! Es gibt meiner Meinung nach im Volk ein Potenzial für den Krieg – gerade bei den Kindern der Veteranen!»

Edin I. gehört zum bosnischen Team einer bekannten regionalen Organisation, die sich seit 15 Jahren in der Region für die Friedensförderung mittels gewaltloser Konfliktlösung, dem Ausbau des Dialogs und vertrauensbildenden Massnahmen einsetzt.[300] Gemäss dem eigenen *Mission Statement* gehört dazu die konstruktive Vergangenheitsarbeit, die von der Organisation als ein mehrschichtiger Prozess verstanden wird: Dazu gehört der Abbau von Feindbildern, die Wiederherstellung von Vertrauen zwischen

300 Siehe Homepage der Organisation.

den Individuen und den Bevölkerungsgruppen im Gebiet des ehemaligen Jugoslawiens, die Schaffung einer Kultur des Erinnerns, das Engagement für die Förderung und den Einbezug von Vergangenheitsarbeit in die Politiken der Länder und schliesslich das Hinterfragen und Dekonstruieren von Nationalismus, Militarismus und Patriachalismus als Grundlagen von Gewalt.[301]

Die Arbeit der Organisation vollzieht sich vorwiegend in Form von Workshops und Seminaren, in denen die Grundlagen der Friedensarbeit vermittelt werden und die Auseinandersetzung mit eigenen Feindbildern und ethnischen Stereotypen im Zentrum steht. Exkursionen zu Gedenkstätten und Ereignisorten, öffentliche Debatten in Städten und Dörfern sowie eigene Untersuchungen und Publikationen von praktischen Trainingsbroschüren über *Oral History*-Beiträge bis hin zu wissenschaftlich-theoretischen Auseinandersetzungen sind ebenso Teil der Arbeit. Auch visuelle Medien wie Film und Video werden für die Arbeit genutzt und auf der Homepage der Organisation zugänglich gemacht. Die Dokumentation von Ereignissen und das Sammeln von Zeugenaussagen seitens der Organisation haben dazu beigetragen, Kriegsverbrechen in Verhandlungen vor nationalen Gerichten zu dokumentieren und Anspüche von Opfern zu untermauern. Ein Ziel der Organisation ist die Vernetzung zwischen den Teilnehmern der Trainingskurse über die Grenzen hinweg.

Die Zielgruppen des Engagements sind grundsätzlich alle Bürger in der Region, da sich die pazifistisch ausgerichtete, kritisch-konstruktive Arbeit der Organisation für eine Transformation der bestehenden Gesellschaft hin zu einer partizipativen Bürgergesellschaft einsetzt. Durch die Arbeit ergibt sich eine Auseinandersetzung vor allem mit Opferverbänden, Veteranen aller Seiten und jungen Menschen. Zu den Teilnehmern der (kostenlos angebotenen) Trainings gehören Studierende, JournalistInnen, NGO-AktivistInnen, LehrerInnen, GewerkschaftsvertreterInnen, Mitarbeitende der öffentlichen Verwaltung usw.

Die Organisation ist mit Büros in zwei Ländern der Region vertreten, in denen bis zu zehn als Trainerinnen und Trainer angestellte Personen

301 Siehe Homepage der Organisation.

wirken, engagiert sich jedoch in allen Ländern der Region zwischen Kroatien und Mazedonien. Überdies ist sie mit anderen Organisationen in der Region sowie im Ausland vernetzt, zählt zahlreiche ehrenamtliche Mitarbeitende und KollegInnen sowie Partnerorganisationen zu ihrem Netzwerk und gehört auch der *REKOM*-Bewegung an. Die Organisation wird vom Deutschen Bundesministerium für wirtschaftliche Zusammenarbeit und Entwicklung finanziell und vom Zivilen Friedensdienst aus Deutschland personell unterstützt.

Edin I. wurde 1973 in Sarajewo geboren, wuchs dort glücklich und mit dem Gefühl grosser Freiheit, wie er schildert, als Kind einer der oberen Mittelschicht zugehörigen Familie auf. Rückblickend habe er ein gutes Leben gehabt – bis zum Ausbruch des Krieges 1992.

> *«Ich habe nie darüber nachgedacht, welcher Generation ich mich zugehörig fühle. [...] Wenn, dann sind es gleich drei Generationen: Jene Rock n'Roll-Generation, die durch die Musik und den Geist der 1980er Jahre geprägt war. Dann aber eben auch zur Kriegsgeneration. Es war furchtbar, ich bin direkt von der Mittelschule an die Front gegangen, als 1992 in Bosnien-Herzegowina der Krieg ausbrach. Schliesslich gehöre ich auch zur Nachkriegs-Generation. Ich würde sagen, wir waren die Generation, die in den 1970er und 1980er Jahren aufwuchs und von der man so viel erwartet hatte – und heute sind wir über die ganze Welt zerstreut!»*

Edin I. hat die Hälfte seines Lebens im ehemaligen Jugoslawien verbracht, was ihn nachhaltig geprägt habe. Die emotionale Nähe zu den einstigen Landsleuten und zu gemeinsamen Bezugspunkten im Leben haben seine Kriegserfahrungen überdauert und sind heute eine Motivation und Stütze seiner Arbeit:

> *«Mir ist Jugoslawien nah geblieben, mir sind meine Begegnungen in der Region geblieben. Dann hat mich der Krieg erfasst, dann die Nachkriegsphase. Vermutlich hat mich dieses Gefühl, dieser Wunsch nach Austausch mit den anderen auch in die Friedensarbeit gezogen.»*

Edin I. wuchs in einer bosnisch-muslimischen Familie auf, die nicht religiös war, aber ein muslimisches Bewusstsein in einem kulturellen Sinn pflegte. Aus einer Partisanenfamilie stammend, hatten Edin I. und seine

Familie eine prononciert jugoslawische Identität. Mindestens so prägend war das urbane Umfeld in Sarajewo, in dem er aufwuchs. Vor allem die Musikkultur des Alternativen und Aktivistischen Rock,[302] wie beispielsweise von der Band *Azra* verkörpert, sowie die Musik- und Theaterszene generell haben ihm sehr viel bedeutet.

Edin I. wuchs in einer privilegierten Familie auf: Die Mutter war Schuldirektorin, der Vater Direktor einer Firma. Zum gehobenen Lebensstil gehörten viele Reisen, das Skifahren, ein weitgehend sorgloses Dasein; kurzum sie genossen ein überdurchschnittlich gutes Leben.

Der zunehmend nationalistische Diskurs Ende der 1980er Jahre befremdete und beunruhigte ihn, weshalb Edin I. beschloss, sich politisch in den Reihen der neu formierten *Sozialdemokratischen Partei* zu engagieren; 1989 wurde er dort Mitglied.

> *«Ich habe mich als Jugoslawe betrachtet und habe den Nationalismus nicht verstanden. Als dann unsere inneren Aufteilungen begannen, hat mich dies erschreckt, ich habe die Bedrohung erkannt. Der Nationalismus hat mich sehr irritiert und gleichzeitig fasziniert in dem Sinn, dass ich hierzu besser Bescheid wissen wollte. Es gab da eine Tante, die in einer gemischten Ehe lebte, was von der Familie nicht goutiert und darum verschwiegen wurde. Erst als ich das Konzept des Nationalismus besser verstanden hattte, erkannte ich die ethnische Komponente hinter dieser Geschichte.»*

Ein weiteres Schlüsselmoment, das Edin I. erinnert, ereignete sich anlässlich einer Volkszählung, als der Vater die Familienmitglieder als Muslime deklarierte. Der Sohn begriff dies zunächst nicht, und es folgten Gespräche über den Familienhintergrund und die -geschichte.

Als am 5. April 1992 infolge der Belagerung Sarajewos durch die bosnisch-serbische Armee die Generalmobilmachung auf der Gegenseite ausgerufen wurde, meldete sich Edin I. freiwillig zum Einsatz. Zwischen

---

302 Die Musik- und vor allem die Rockszene von Sarajewo hatte eine grosse Ausstrahlung auf die Jugend des Landes und war zu jener Zeit führend im ehemaligen Jugoslawien. Vgl. Ivan Lovrenović: *Bosnien und Herzegowina.* Eine Kulturgeschichte. Wien 1999, S. 204.

die Wahl gestellt, sich zu verstecken, zu fliehen oder zu kämpfen, wählte er Letzteres und stand fortan bis zum Kriegsende 1995 auf Seiten der bosniakischen Truppen unter Waffen. Er war gerade einmal 19 Jahre alt, als der Krieg überraschend hereinbrach und seine noch vagen Träume zunichte machte. Davor hatte er sich höchstens Gedanken dazu gemacht, ob er wirklich an die Maschinenbau-Fakultät gehen sollte, wie so viele junge Männer aus seinem Jahrgang; der Krieg durchkreuzte alle Zukunftspläne. Wie zur Bestätigung, dass die Nachkriegszeit eine schwierigere Herausforderung als der Krieg selber war, konzentrieren sich seine Ausführungen auf die Zeit danach.

> *«Aus dem Krieg kam ich zwar nicht physisch, aber psychisch verletzt; ich war Alkoholiker und drogenabhängig. Die Nachkriegssituation war für mich schrecklich und besonders schwierig. Ich war wie verkatert, eine Art Nach-Kriegs-‹Hangover› [sic!]. Im Krieg weisst du, was du tun musst, aber nun musst du etwas tun – dabei fühlte ich mich gänzlich verloren, gleichzeitig total benommen. Ich musste erst aufwachen, wieder zu mir kommen. Es war ein Kampf ums Überleben. Es war sehr schwierig, einen Arbeitsplatz zu finden. Vielen Kämpfern ging es so, und viele haben noch heute Mühe, eine Arbeit zu finden. Ich verstehe das.»*

Edin I. schrieb sich an der Universität in Sarajewo ein, versuchte, zunächst mit einem IT-Studium, dann mit dem Studium der Psychologie, eine Perspektive zu finden, sich einen Pfad in die Zukunft zu bahnen. Er brach beide Ausbildungen ab; zu ohnmächtig fühlte er sich gegenüber den Anforderungen fester Strukturen. Das Einfinden respektive Zurückfinden in eine andere Art des Funktionierens fiel ihm sehr schwer und benötigte Zeit. Erst der Islam bot ihm schliesslich den nötigen Halt:

> *«Ich bin gläubig geworden, um mich zu finden, ich suchte einen höheren Sinn. Es kam von Herzen, obgleich es auch einen politischen Trend gab. Für mich stand nicht die Suche nach Religion im Vordergrund, sondern nach Spiritualität, nach Gott. Der Glaube hat mir geholfen, wieder Strukturen zu finden.»*

Edin I. beschreibt mit bedächtigen Worten, wie nicht nur er, sondern viele einstige Kämpfer sich dem Glauben zugewandt haben; je nach Milieu, Vorgeschichte und Neigung zu einem anderen. Er selber habe auch Hare-

Krishna-Tempel oder Kirchen aufgesucht. Die Suche nach Gott war für ihn entscheidend, die Wege waren unterschiedlich. Eine ganze *«Plejade»* von Leuten, ältere und jüngere, habe sich nach dem Krieg der Religion zugewandt. Er erinnert sich, wie dies infolge der anhaltenden, und infolge des Krieges noch verstärkten, Hinwendungen zur jeweils eigenen Ethnie, Kultur und Religion auch von den jeweiligen Gesellschaften gefördert wurde. Für sich selber liess er dies aber nicht gelten. Ihm ging es um Spiritualität und die Suche nach einem inneren Frieden und nicht um eine Re-Nationalisierung durch den Glauben, um eine bosniakische Identität zu unterstreichen.

> *«Der Islam gab mir den inneren Frieden. Mit dieser Friedensarbeit hingegen hatte ich Glück, sie gibt mir einen Rahmen in einem rationellen Sinn, in dem ich mich betätigen kann; einer Arbeit, die mich erfüllt und mit der ich mich ausdrücken kann.»*

Besonders wichtig ist ihm diese Arbeit, weil er dort nicht nur ein Betätigungsfeld für seine gesellschaftlichen Ziele und ein stimulierendes Umfeld Gleichgesinnter für die theoretische wie praktische Auseinandersetzung mit jenen Themen vorfindet, die ihm seit Ende der 1980er Jahre wichtig geblieben sind. Einen weiteren Sinn erfährt seine Tätigkeit durch die Arbeit mit den Veteranen, wo er selber mit seinen unmittelbaren Erfahrungen ein Multiplikator ist und zugleich mit der Vergangenheitsarbeit seine eigene Geschichte mit aufarbeitet.

Edin I. ist bei aller Bedachtheit und kritischen Reflexion, die seine Ausführungen charakterisieren und die ihm eine etwas vergeistigte Aura verleihen, zugleich eine Person, die viel Gefallen an Freundschaften, an Teamarbeit und wechselnden Herausforderungen findet.

> *«Die Bandbreite ist gross, man hat mit den unterschiedlichsten Leuten zu tun: Vom einfachen Bauern aus den Bergen bis hin zu Politikern und Bürgermeistern. So ist eben unsere Arbeit. Heute habe ich ein Gespräch mit einem Veteranenverband aus einem kleinen Ort in Bosnien und in 10 Tagen mit einem bekannten Journalisten oder Sänger. […] Das ist eine spannende Position in einem hypersozialen Diskurs und ferner [gibt es auch], das interessiert mich ganz persönlich, den Austausch mit religiösen Gruppen, unterschiedlichen und nicht nur muslimischen. Dafür habe ich*

dann im Privatleben keine Nerven für Sozialkontakte: Meine Frau schlägt ab und zu vor, Leute zu treffen, Bekanntschaften zu pflegen, aber ich verneine dann oft und suche den Rückzug daheim. Ich reise viel, habe viel Austausch mit Leuten aus der Region und vor allem dem westlichen Ausland; an unsere Seminare kommen sehr verschiedene Leute. Das ist ein Privileg, und vielleicht bin ich diesbezüglich nicht repräsentativ für den Durchschnitt.»

Bei allem Enthusiasmus für Form und Wesen der Arbeit, besteht kein Zweifel daran, dass die Auseinandersetzung mit der Vergangenheit für ihn eine ernste, ja überlebenswichtige Angelegenheit bedeutet. Dies umso mehr, seit er Familienvater ist:

«Mittlerweile bin ich verheiratet und habe eine Tochter. Meine Familie und die Arbeit haben mir geholfen, während mir der Islam den Frieden gegeben hat. Die Dinge haben sich zusammengefügt, Gott sei Dank. [...] Ich gehöre hier zu den älteren und bin seit 1999 Mitglied im Team. Mein Arbeitsgebiet ist hauptsächlich die Arbeit mit den Veteranen. Ich bin Koordinator des Veteranen-Programms und gebe vor allem Trainings in Friedenserziehung.»

Der Umstand, dass sich Edin I. in seiner Rolle als Vater Gedanken über die Zukunft macht, ist so naheliegend wie nachhaltig. Angesprochen auf das dominierende Geschichtsbild in seinem Umfeld meint er:

«Diesbezüglich sorge ich mich sehr, und es bereitet mir wirklich Probleme. Darum versuche ich mit meiner Tochter sehr sorgsam umzugehen. Sie bringt viele Vorurteile aus der Schule und von der Strasse heim. Darum reise ich mit ihr, zum Beispiel nach Belgrad. Die heutige Jugend hat nämlich ein grosses Problem: Ihr sind meine ehemaligen Landsleute fremd! Die heutige Jugend ist ja im Krieg oder danach geboren worden. Andererseits könnte es auch einen Gegeneffekt geben: Vielleicht könnten sie [die Jugendlichen] zumindest in dieser Hinsicht vom Krieg ‹verschont› worden sein – vielleicht setzt bei ihnen eine Art ‹Retro-Denken› ein, im Sinne von ‹wir haben genug von diesen Abgrenzungen, von diesem ‹Wer ist Kroate, wer ist Serbe usw.› In jedem Fall müssen wir sorgsam damit umgehen, denn wir sitzen auf einer Zeitbombe! Es gibt meiner Meinung nach im Volk ein Potenzial für den Krieg – gerade bei den Kindern der Veteranen! Viele, die nach dem Krieg in der Region geblieben sind, denken weiterhin nationalistisch respektive sind nationalistisch geworden. Jene, die sich mit diesem Gedankengut nicht arrangieren konnten

oder wollten und entsprechend ‹gefremdelt› haben, sind weggezogen oder ziehen weg.»

Auffallend ist hierbei, dass Edin I. eine ernste Sorge umtreibt, die auch von seinem serbischen Pendant Radan N. geteilt wird – die Befürchtung, dass bei der jüngsten Generation, im Krieg aufgewachsen und geprägt von fragmentierten Lebenswelten und nationalistischen Medien ein Gewaltpotenzial besteht, welches sich Bahn brechen könnte. Offen bleibt, ob die eigene Gewalterfahrung eine Übersensibilisierung für diesbezügliche Gefahren zur Folge hat, ob vielmehr die eigene Bereitschaft zur Gewaltanwendung (auch Edin I. meldete sich freiwillig zum Kriegseinsatz) eine solche Interpretation nach sich zieht und eventuell das eigene Handeln hiermit auch etwas zu legitimieren versucht wird oder ob dieser Sorge doch verstärkt die Hoffnung gegenübergesetzt wird, dass die junge Generation aus den leidvollen Erfahrungen der älteren lernen möge, um vor tragischen Wiederholungen Abstand zu halten. Zumindest letzteres ist Edin I. ein zentrales Anliegen.

Besonders beeindruckt haben ihn die wiederholten Auseinandersetzungen mit Beispielen der Vergangenheitsarbeit in Deutschland. So räsoniert er über den Besuch von Orten des nationalsozialistischen Terrors oder Gedenkstätten der Opfer des SED-Regimes, wie dem einst geheimen Untersuchungsgefängnis Hohenschönhausen in Berlin, sowie die kritische Aufarbeitung seitens Historikern, Institutionen der politischen Bildung oder lokalen Geschichtswerkstätten in Deutschland:

«Unlängst waren wir in Deutschland mit den Veteranen, hauptsächlich in Berlin. Wir haben Lager besucht, die ‹Topographien des Terrors›, das Jüdische Museum. Das hat eine Geschichte angestossen: Wir planen eine Analyse der vielen, vielen Denkmäler aus dem jüngsten Krieg in Bosnien-Herzegowina: Was ihre Botschaften sind, welche Symbolik sie haben. Sie dienen gewissermassen als Fortsetzung des Krieges, als Markierung des Territoriums. Wir fokussieren dabei auf mehrere Dimensionen der Vergangenheitsarbeit, nicht nur auf die Dimension im Hinblick auf Versöhnung, sondern auch, weil dieser so nahe Krieg nun doch schon längst Geschichte geworden ist.»

Sorgen macht ihm die Schwäche der wissenschaftlichen Institutionen im Land, die seiner Meinung nach zu wenig engagiert dabei seien, mit progressiven Ansätzen die Vergangenheitsarbeit mitzugestalten und voranzubringen. Die Organisation hatte aus diesem Grund die Gründung einer *Friedensakademie (Mirovna akademija)* in Sarajewo angestrebt und mit dazu beigetragen,[303] doch es besteht noch immer ein Graben zwischen den staatlichen und den alternativen Institutionen.

> *«Wir sind Teil jener Gründer, die vor fünf Jahren die Friedensakademie gegründet haben, weil uns der Diskurs rund um Frieden und Wissenschaft sehr beschäftigt hat. Auch wenn ich zufrieden bin mit dem Ergebnis, schliesslich hat sie Wissenschaftler und Praktiker aus der Region und aus der ganzen Welt angezogen, aber es wurde nicht Teil des hiesigen Mainstreams. Das ist den meisten Leuten hier zu fremd. Die hiesige Universität hat Probleme mit der Friedensakademie, mit der Friedenserziehung, mit der Vergangenheitsarbeit. Gerade die Historiker beschäftigen sich vor allem mit Mythologien. Die Friedensakademie sollte eines Tages irgendwann von der offiziellen Universität als etwas Relevantes anerkannt werden. Noch immer wird sie aber als eine NGO, als etwas Alternatives wahrgenommen.»*

So kommt es, dass zivilgesellschafliche Akteure jene Aufgaben übernehmen, die der Staat nicht angehen will oder, infolge politischer Einflussnahme und nationalistischer Parteinahme, nicht kann. Der Weg erscheint Edin I. daher noch lang, aber er sieht Fortschritte, gerade am Beispiel der Arbeit mit den Veteranen, und zieht daraus weitere Motivation:

> *«Wir arbeiten unter anderem an der Schaffung einer Atmosphäre, damit man zusammen reden kann. Und wir arbeiten an einer Strategie der Friedensentwicklung. Ich glaube, dass sich im Prinzip die Leute mit den einstigen Feinden und Nachbarn befrieden wollen. Der Erfahrungwert mit unseren radikalen Veteranen*

---

303 Siehe http://www.mirovna-akademija.org (letzter Zugriff: 12.3.2013). Die Akademie setzt sich für die theoretische und praktische Auseinandersetzung mit der Friedensarbeit ein, strengt eine regionale Vernetzung von Friedensakteuren an, übersetzt und publiziert relevante Literatur ins Bosnische/Kroatische/Serbische und ist bekannt geworden für ihre Sommerschule. Die NGO wird finanziell getragen vom Mennonite Central Committee, dem Balkan Trust for Democracy und dem Geneva Quaker Fund.

war, dass sie anfangs sehr kritisch waren – heute arbeiten sie nicht nur zusammen, sondern gehen sogar zusammen an die Orte der Opfer! Unser Motto ist: Wenn wir es mit den Veteranen geschafft haben, dann können wir es auch bei den staatlichen Vertretern schaffen. Essenziell hierbei ist die regionale Komponente.»

Edin I. sieht auch die Arbeit der Zivilgesellschaft mit kritischen Augen und konstatiert als eine entscheidende Schwäche in Bosnien-Herzegowina, den Mangel an Kooperation und Kommunikation mit der breiten Bevölkerung:

«Unser Hauptproblem ist, dass die Verbindung mit dem Mainstream auf den falschen ‹Frequenzen› erfolgte. Frag doch mal das Volk auf der Strasse, was die Zivilgesellschaft macht.»

Als problematisch erscheint ihm die auch in der Zivilgesellschaft dominierende Fokussierung auf den Beitritt zur Europäischen Union, die er als eine Scheinlösung empfindet, da grundsätzliche Probleme damit nicht gelöst würden. Er sieht in dem Verhältnis vom Individuum gegenüber der Gesellschaft – in seinen Augen vor allem ein Nicht-Verhältnis aufgrund mangelnder Verantwortung für das eigene Handeln und mangelndem Wirken für die gesellschaftliche Entwicklung – ein entscheidendes Manko.

Ein weiteres Problemfeld sind für ihn die Geschlechterbeziehungen, die ebenfalls in der Arbeit der Organisation thematisiert werden.

«Die Gender-Thematik ist ein fundamentaler Teil der Friedensarbeit. Es sind eben diese patriarchalen Strukturen in unserem Wertesystem, die den Militarismus und Nationalismus gedeihen lassen. Eine freiheitlich-feministische Bewegung ist nötig. Das verlangt von mir Verantwortung als Individuum, unabhängig von meinem Geschlecht. Gerade als Mann und gläubiger Muslim finde ich Feminismus wichtig und zentral, als umfassende Bewegung.»

Es beschäftigt ihn sehr, diese Art gesellschaftlicher Ethik nach Krieg und Transition in seinem Land verloren oder zumindest verschüttet zu sehen. Zusammen mit den weltweit bestehenden gesellschaftlichen Herausforderungen infolge der Entwicklung von Globalisierung und Kapitalismus sieht er die Gefahr, dass die Menschen in Bosnien-Herzegowina sich weiter verlieren und herumirren. Gesellschaftliches Engagement erfordert gemäss Edin I. nicht nur Verantwortung, sondern auch Ideen.

> *«Das muss von den Leuten kommen, nicht von der Politik. Es ist schon schwer im Westen, geschweige denn hier, wo die Menschen müde sind, erschöpft von den Ereignissen und wo die bosnische staatliche Schwäche und allgemeine Fragilität zur allgemeinen Ratlosigkeit noch beiträgt.»*

Edin I. ist es wichtig, dass die Organisation das Potenzial und den Anspruch hat, eigene Ideen zu entwickeln, eigene Projekte umzusetzen und sich dabei eben nicht nur auf Donatoren zu verlassen oder sich nach ihren Vorgaben zu richten. Die Resultate scheinen ihm Recht zu geben und gehen einher mit einer verbesserten Rezeption in der Öffentlichkeit:

> *«Wir werden unterdessen als relevant angesehen in der Gesellschaft. Die Leute schätzen, was wir tun; es scheint gut und qualitativ zu sein. Die Frage ist nun, wer erkennt uns an seitens der allgemeinen Gesellschaft und wer aus den Kreisen, die sich mit diesen Themen beschäftigen. Von denen, die sich mit der Friedens- und Vergangenheitsarbeit beschäftigen, werden wir oft eingeladen; unsere Meinung wird geschätzt. Von Seiten der Gesellschaft allgemein ist es eine komplexe Frage. Ich denke, dass wir relevant geworden sind in Bezug auf unsere Arbeit mit den Veteranen. Ich denke, wir werden erkannt als Pioniere unter den Organisationen, die beigetragen haben, das Eis zu durchbrechen. Der Graben zwischen dem zivilen Diskurs und jenem der Veteranen ist heute noch stark, geschweige denn vor vielen Jahren, als wir die Arbeit begannen. Lange Zeit waren wir ziemlich einsam; in der Zwischenzeit sind aber Prozesse in Gang gekommen. [...] Vor sieben Jahren sind wir kritisiert worden, dass wir als Friedensaktivisten überhaupt mit den Veteranen arbeiten. Vielen schien dies paradox, dass man den Friedensdiskurs mit den Veteranen verbindet. Aber wenn wir von Vergangenheitsarbeit sprechen, dann ist dies nicht möglich ohne Veteranen.»*

4.6. Frauengruppen-Vertreterin: Biljana U. aus Serbien

«Wir müssen zuerst unseren Hof kehren!»

Mit Biljana U. wird zugleich eine Organisation vorgestellt, die bereits Teil der Antikriegsbewegung zu Beginn der 1990er Jahre war und somit zu den ältesten Organisationen in der Region gehört. Die pensionierte Architektin freut sich offenkundig über das Interesse an ihrem Engagement, mehr aber noch über das Interesse an der ‹Sache an sich›.

Seit der Gründung 1991, hat sich die Gruppe den Menschenrechten im Allgemeinen und Frauenrechten im Speziellen verschrieben. Als Mittel der Arbeit dienten und dienen nach wie vor öffentliche Kundgebungen, Manifestationen, Performance-Mittel, Konferenzen, Workshops und Trainingsseminare, Publikationen sowie Stellungnahmen im Internet. Der Austausch mit anderen Gruppierungen, Organisationen und AktivistInnen ist zentral, wozu auch die Zusammenarbeit mit KünstlerInnen gehört. Besonderes Augenmerk gilt der regionalen Vernetzung und Zusammenarbeit. Tatsächlich ist sie eng mit anderen Frauengruppen in der Region vernetzt und wird aufgrund ihrer Erfahrung und Kredibilität sehr geschätzt.

Das Aktionsfeld ist breit und umfasst heute viele Bereiche: So organisiert die Gruppe jedes Jahr am 11. Juli Gedenkveranstaltungen in Serbien anlässlich des Genozids an den bosnischen Muslimen in Srebrenica, um Solidarität mit den Müttern und Witwen auszudrücken, um gegen das Verdrängen in der serbischen Öffentlichkeit Position zu beziehen sowie Verantwortung wie Verantwortliche zu benennen. Die Unterstützung der Schwulen- und Lesbenbewegung in Serbien und in der Region gehört ebenso dazu, wie die Solidarität mit Kriegsflüchtlingen oder der Roma-Minderheit im Land. Ein besonderes Anliegen ist den Aktivistinnen und Aktivisten – es sind auch Männer in ihren Reihen vertreten – der Prozess der Etablierung von Frauen-Gerichten, die eine alternative Form der Rechtsprechung darstellen. Diese Frauen-Gerichte sollen es Frauen ermöglichen, offen darzulegen, welche leidvollen Erfahrungen sie im Laufe der Kriege der 1990er Jahre machen mussten. Historische Beispiele, wie die japanischen Kriegsverbrechen an den chinesischen und südkoreanischen Frauen oder Opfererfahrungen aus Südafrika, werden bei den Ausbildungsgängen für die Frauen-Gerichte herbeigezogen und analysiert.

Das Büro der Organisation im Zentrum Belgrads ist von aussen nicht erkennbar, kein Schild gibt einen Hinweis. Ein ahnungsloser Besucher würde nicht vermuten, dass hier die Räumlichkeiten einer international bekannten und vielfach ausgezeichneten Organisation[304] untergebracht sind. Ein Beispiel aus jüngerer Zeit verdeutlicht warum: Anlässlich der *Pride 2010*[305] in Serbien, der Manifestation der Schwulen- und Lesbenbewegung, an der auch VertreterInnen der Organisation teilnahmen, drangen gewalttätige Gegendemonstranten in das Büro ein und schlugen eine Aktivistin krankenhausreif. Wenn die AktivistInnen jährlich zu den Gedenkveranstaltungen nach Srebrenica/Bosnien-Herzegowina fahren, werden sie von der Polizei auf der Fahrt von der Stadt bis zur Autobahn begleitet.

Dieser Schutz ist wichtig, obgleich er für die Organisation gemäss Biljana U. ein Dilemma darstellt, da sie sich dadurch von den Bürgern isoliert fühlen und einem uninformierten Betrachter gar den irrtümlichen Eindruck von Kriminellen oder problematischen Unruhestiftern vermitteln könnten. Weitaus mehr als andere Organisationen konfrontieren sie die Bevölkerung mit ihrem Protest direkt, indem sie sich nämlich auf die Strassen und die zentralsten Orte der Städte begeben. Während sich die Aktivistinnen bei ihren Manifestationen ganz bewusst den Reaktionen der Öffentlichkeit aussetzen, sehen sie sich gezwungen, zumindest ihre regelmässigen Treffen und Vorbereitungen möglichst in einem diskreten, ungestörten Ambiente abzuhalten.

Die Organisation hat keine feste Mitgliederstruktur und umfasst allein in Belgrad rund 30 Personen, wovon derzeit sechs Personen auf Honorarebene arbeiten; die restlichen sind ehrenamtliche MitarbeiterInnen. 1991 in

---

304 Siehe Homepage der Organisation.

305 Siehe hierzu die Homepage der Organisation *Belgrade Pride Parade* mit einer historischen Rückschau http://www.belgradepride.info/index.php/en/history (letzter Zugriff: 25.3.2013).

Belgrad entstanden, hat sich über die Jahre ein Netzwerk von Frauen- und Menschenrechtsorganisationen in Serbien herausgebildet, die oft anders heissen als die bekannte Kerngruppe in der Hauptstadt und teilweise andere Schwerpunkte haben, aber gleichwohl zueinander gehören. Zwei bis drei Mal im Jahr treffen sich die AktivistInnen, um gemeinsame Aktionen zu planen und, je nachdem, in den jeweiligen Städten oder in Belgrad durchzuführen oder parallel zu koordinieren.

Biljana U. wurde 1946 in Mazedonien als einziges Kind eines Juristen und einer Ärztin geboren. Sie wuchs in einem ausgesprochen urbanen, freien Geist auf, mit besonderer Betonung auf das tolerante Elternhaus.

Ein biografischer Wendepunkt für Biljana U. war das schwere Erdbeben, das am Morgen des 26. Juli 1963 grosse Teile der mazedonischen Hauptstadt Skopje dem Erdboden gleichmachte. Das Gebäude, in dem Biljanas Familie wohnte, wurde komplett zerstört. Die Familie überlebte durch einen Zufall; sie weilte gerade in den Ferien. Das Erdbeben forderte über 1000 Tote und zog in der Folge nicht nur grosse Solidaritätsaktionen aus allen Teilen Jugoslawiens für die Bevölkerung Skopjes nach sich, sondern auch substanzielle internationale Hilfe. Im Rahmen dieser Wiederaufbauhilfe wurde der japanischen Architekt Kenzo Tange, der durch den Wiederaufbau der von der Atombombe zerstörten Stadt Hiroshima zu Weltruhm gelangt war, beauftragt, einen Masterplan für das neue Skopje zu entwerfen.

Angesichts der Verwüstungen in der Stadt entschloss sich die Familie nach Belgrad umzuziehen, wo dem Vater eine Stelle als Jurist und Funktionär im Bundesparlament angeboten worden war. Die Mutter fand als Ärztin umgehend eine Arbeit und so verliess Biljana U. im Alter von 17 Jahren schweren Herzens ihr vertrautes Umfeld, um an einer Belgrader Mittelschule ihre Ausbildung fortzuführen. Die Trennung von ihren Freundinnen und zurückgelassenen Nahestehenden fiel ihr schwer und der Schulwechsel hatte zunächst viel Disziplin und Arbeit von ihr gefordert, um mit dem anderen Curriculum Schritt zu halten. Bald fand sie jedoch neue Freundinnen und begann das Leben in der Metropole zu schätzen.

> *«Ich genoss viel Freiheiten, überdies war ich ein Einzelkind. Ich habe mit meinen Eltern viele Reisen im ehemaligen Jugoslawien sowie im Ausland unternommen. Wenn ich meine Generation beschreiben soll, würde ich sagen, ich fühle mich als Teil der 1968er-Generation. Wir waren Hippies! Die 1970er und 80er Jahre waren eine weniger patriarchalische Zeit als heute. Auch sexuell und sonst war alles freier und liberaler. Wir haben damit experimentiert, auch Gras geraucht. Wir waren offen für intellektuelle Diskurse, die aus der Welt zu uns kamen, wir waren intellektuell interessiert und keineswegs xenophobisch. Heute ist all dies wesentlich restriktiver.»*

Von den Eltern fühlte sich Biljana U. geschätzt und unterstützt, in der akademisch und atheistisch geprägten Atmosphäre daheim wuchsen ihr gewissermassen ‹Flügel›. Den angebotenen Freiraum genoss die junge Frau in vollen Zügen; dazu gehörte, dass sie sich für ein Studium entschied und ihr Leben selbstbestimmt gestaltete.

Biljana U. hatte aus der Ferne und durch wiederholte Besuche die Rekonstruktion Skopjes mitverfolgt und war so begeistert von Kenzo Tanges Wirken, dass sie sich schliesslich für das Studium der Architektur entschied. Somit hatte das Erdbeben ihr Leben schliesslich gleich in doppelter Weise beeinflusst. Denkbar ist zudem, dass die eigene Erfahrung von Not, Entwurzelung und Solidarität in jungen Jahren Einfluss auf ihr späteres Engagement für andere genommen hat.

Auch wenn die Ereignisse, die 1968 die Studierenden Europas und der USA auf die Strassen und Barrikaden trieben, im sozialistischen Jugoslawien weniger bewegt ausfielen, protestierten auch dort die Studierenden: Sie verweigerten die Unterrichtsteilnahme, besetzten Universitätsgebäude und kritisierten – nicht gegen, sondern innerhalb der sozialistischen Ideologie – die mangelhafte Umsetzung des politischen Programms.[306] Biljana U. erinnert sich mit begeisterter Stimme an den Aktivismus von damals:

> *«Ich war 1968 vom ersten Tag an dabei und habe Wache an der Fakultät gehalten. Wir haben uns abends an der Philosophischen Fakultät versammelt, wo Schauspie-*

306 Bojan Bilić: *We Were Gasping for Air*, S. 153ff.

ler aus Texten wie z. B. aus ‹Dantons Tod› zitiert haben, und haben dort zukünftige Aktivitäten geplant.»

Bemerkenswert ist hierbei ihr Verhältnis zum und Verständnis vom ehemaligen Jugoslawien als einem Bezugssystem, das sie mit Freiheit und einem grundsätzlich positiven Lebensgefühl verbindet.

«Ja, ich fühle eine Nostalgie gegenüber jenem Jugoslawien. Ich denke dabei nicht an das Jugoslawentum als Nation, sondern als eine Nostalgie gegenüber diesem ehemaligen Jugoslawien. Für mich ist der Begriff, die Erinnerungen an mein Jugoslawien, positiv: Vielleicht schlicht, weil ich jung war; vielleicht, weil ich positiv war, weil ich so viel Freiheit verspürte. Ja, rückblickend scheint es mir, als ob ich in der Europäischen Union gelebt habe!»

Biljana U. studierte Architektur in Belgrad, engagierte sich ehrenamtlich an der Universität und schrieb Filmkritiken. Nach dem Studienabschluss arbeitete sie viele Jahre für den Bund für Denkmalschutz und Natur, bekam Kinder und bildete sich beruflich weiter. Beruflich führte diese Aufgabe sie nicht nur durch ganz Jugoslawien, sondern auch ins europäische und asiatische Ausland. In diesen Jahren konzentrierte sie sich auf die Arbeit und die Familie und fühlte sich längere Zeit nicht sehr politisiert. Dies änderte sich erst 1987:

«Mit dem politischen Aufstieg Slobodan Miloševićs, bemerkte ich die Veränderungen. Ich bin sehr erschrocken, ich habe den Nationalismus als etwas sehr Gefährliches erkannt. Der Staatszerfall 1992 war ein Einschnitt: Ich wollte nicht für dieses Regime arbeiten und kündigte. Es gab diese Gedanken, ob ich weggehen, das Land verlassen sollte, aber schliesslich hatte ich Kinder und konnte nicht einfach weg. Und irgendwann war ich zu alt dafür.»

Ihre Annäherung an die Frauen- und Antikriegsbewegung erfolgte in Etappen. Zunächst engagierte sie sich bei den Reformkräften des vorletzten jugoslawischen Ministerpräsidenten Ante Marković, um nach dem Zerfall Jugoslawiens der *Bürgerallianz Serbiens* (*Gradjanski Savez Srbije*, *GSS*) beizutreten, die sich aus dem Zusammenschluss von verschiedenen Reformkräften und *UJDI*-Mitgliedern gebildet hatte. Diese Partei vertrat eine sozial-liberale Linie, stellte den Bürger in den Mittelpunkt und widersetzte sich dem Nationalismus.

> *«[Marković] war ein Reformer und hätte er mehr Unterstützung von den Führern der anderen Republiken erhalten, hätte Jugoslawien vielleicht das erste Land aus dem damals sogenannten sozialistischen Block sein können, das der Europäischen Union beigetreten wäre. Ich habe damals geglaubt, dass Jugoslawien hätte erhalten und reformiert werden können. Aber dann stellte sich heraus, dass es auf die schlimmstmögliche Art und Weise zerfallen ist, in Blut und mit ethnischen Säuberungen.»*

Die *Bürgerallianz* blieb angesichts ihres progressiven Charakters und dem fehlenden Rückhalt der breiten Bevölkerung weitgehend eine Ausnahmeerscheinung. Während der Kriegsjahre bildete sie jedoch in Belgrad ein wichtiges Sammelbecken für Kriegsgegner, Friedensaktivisten und demokratisch gesinnte Bürger.[307]

> *«Ich wurde 1992 Mitglied bei den Reformkräften und danach bei der Bürgerallianz. Ich sympathisierte mit den sozial-demokratischen Kräften, die ab 1996 die Sozialdemokratische Union unter Žarko Korać bildeten. Speziell für das Engagement bei der Frauenorganisation, bei der ich heute noch aktiv bin, brauchte es jedoch Zeit und auch Freiheiten: Zeit, weil es mit vielen Manifestationen verbunden war; Freiheiten insofern, als es nicht mit einer Arbeitsstelle in der öffentlichen Verwaltung in Einklang zu bringen war. Man musste einen freien Beruf ausüben! Sonst wäre ich wohl schon früher hinzugestossen. […] Das war dann schliesslich Ende 2001 der Fall, als ich Pensionärin wurde. Den letzten Anstoss gab mir meine Tochter, die Geisteswissenschaften studierte. Sie hat mich in diese konkrete Thematik eingeführt, wohingegen ich sie die Jahre zuvor an den Belgrader Kreis und die Jugendgruppe der Bürgerallianz herangeführt hatte. Als sie schliesslich ihre Studien im Ausland weiterverfolgte, kam für mich der Moment, der Gruppe beizutreten. Es war nicht einfach während des Krieges und hätte ich mich nicht irgendwie engagiert, wäre ich wohl irre geworden. Ich habe mit vielen Leuten zusammengearbeitet und zum Beispiel Menschen aus Bosnien-Herzegowina dabei geholfen, nach Slowenien zu fliehen. 1992 haben wir Medikamente und Hilfsgüter gesammelt und mithilfe*

307 Vgl. Dubravka Stojanović: Der traumatische Kreis der serbischen Opposition. In: *Serbiens Weg in den Krieg*, S. 379–398, hier S. 395.

einer gleichgesinnten Organisation nach Bosnien-Herzegowina bringen lassen. [...] Es wundert und befremdet mich, wie Leute behaupten können, sie hätten nichts gewusst! Das erinnert mich an die Deutschen, die einst behaupteten, sie hätten nichts von den Lagern gewusst. Mir war stets die Nähe von Gleichgesinnten wichtig sowie die Option zu Handeln.»

Das Engagement bei Parteien, statt bei einer NGO, hatte in ihrem Fall auch sehr konkrete, praktische Gründe: Als berufstätige und unterdessen geschiedene Mutter zweier Kinder hätten ihr die NGO-Aktivitäten mehr Einsatz und Flexibilität abverlangt als die Partei-Aktivitäten mit wenigen, geregelten Treffen, die sich leichter in einen Arbeitsalltag integrieren liessen. Ein solcher vermeintlich banaler Aspekt scheint jedoch wichtig festzuhalten, wenn es um die Beurteilung geht, wer sich warum wie engagiert: Die "biographical availability"[308] wie Bilić diesen biografischen Umstand bezeichnet.

Im Falle von Biljana U. war diese Disponibilität in doppelter Hinsicht nicht gegeben: Zum einen aufgrund ihrer Berufstätigkeit, die sich als alleinerziehende Mutter in Zeiten der Hyperinflation, der Sanktionen und allgemeinen Krise in Serbien in der ersten Hälfte der 1990er Jahre als besonders schwierig gestaltete. Zum anderen hatte sie als Ausdruck ihres Protests gegen das Milošević-Regime 1992 ihren Arbeitsplatz als Architektin in einer staatlichen Behörde aufgegeben und sich fortan mit einem Job in einem kleinen Betrieb «*über Wasser gehalten*». Dort erledigte sie alle Arbeiten von der Buchhaltung, über Übersetzungen bis zum Verkauf. Zwar hatte sie nun eine ‹freie› Arbeit, wie sie sich unter anderem erhofft hatte, aber die schwierigen Lebensumstände erforderten es, dass sie sich hundertprozentig bei der Arbeit einbrachte, um die Familie über die Runden zu bringen. Angesichts dieser Umstände wird nachvollziehbar, wie und warum Biljana U. sich im Rahmen ihrer Möglichkeiten zivilgesellschaftlich engagierte. Erst in späteren Jahren fand sie als Pensionärin die nötigen Kapazitäten, sich stärker einzubringen.

308 Bojan Bilić: *We Were Gasping for Air*, S. 129.

Für die Organisation, bei der sich Biljana U. seit nunmehr 11 Jahren als Aktivistin engagiert, war stets auch die Auseinandersetzung mit der serbischen Politik von grosser Wichtigkeit. Ein essenzieller Bestandteil der Vergangenheitsarbeit ist die Auseinandersetzung mit der eigenen Verantwortung.

> *«Wir müssen zuerst unseren Hof kehren. Wir müssen uns mit den Dingen auseinandersetzen, die das serbische Regime anderen angetan hat.»*

> *«Wir setzen uns für viele Anliegen ein, verlangen Änderungen und schlagen Verbesserungen, Gesetzesergänzungen und so weiter vor. Oft erhalten wir zunächst keine Antworten darauf, oder aber erst nach einigen Jahren. Wenn ich unsere wichtigsten Erfolge aufzählen müsste, wären zu nennen: Dass wir den Charakter der Kriege, die in Kroatien und Bosnien-Herzegowina geführt wurden, stärker ins Bewusstsein der Leute gehoben haben. Zusammen mit anderen haben wir die kriminellen Taten und die Leiden benannt, die in unserem Namen begangen wurden. Wir haben zusammen mit anderen, bekannten Organisationen Unterschriften gesammelt zugunsten von Deserteuren und ihren Unterstützern, vor allem Anwälten, oder ihnen geholfen, sich zu verstecken.»*

Die Frage, wie sie die Arbeit der Aktivistinnen seitens des Staates und der Politik rezipiert sieht, beantwortet sie mit einem kritischen Bedauern:

> *«Ich denke, der Staat kümmert sich zu viel in Bezug auf uns. Wir werden bisweilen als Dekoration missbraucht, indem der Staat sich mit uns schmückt, um zu zeigen, was für unabhängige und kritische NGOs es gibt. Aber nur selten hört er auf uns. Er schafft sich sogar seine eigenen Organisationen. Die Gesetze wurden geändert, und nun können relativ einfach zwei, drei Personen eine NGO bilden; es ist nicht mehr so rigid. Nahezu alle Parteien haben sich nun ihre eigenen Organisationen geschaffen, die wie NGOs daherkommen. Aber eigentlich sind diese sehr hörig und arbeiten ausschliesslich für die Parteien oder für den Staat.»*

Damit stimmt sie indirekt in die zu Beginn der Arbeit vorgestellte Kritik Jelena Subotićs ein, derzufolge sich Staat und Parteien mit angesehenen Organisationen gegenüber dem Ausland und unter fadenscheinigen Motiven schmücken. Damit wird genuines, kritisches Engagement verwässert, viele zivilgesellschaftliche Akteure zudem durch die staatliche Pseudo-

NGO-Konkurrenz in Schwierigkeiten gebracht und schliesslich die eigenen Aktionen zu Feigenblatt-Zwecken desavouiert.

> *«Unsere bessere Medienpräsenz hat positiv dazu beigetragen; früher wurden wir [von den Medien] noch grösstenteils ignoriert. Ausserdem hat der Druck nachgelassen, dem wir früher ausgesetzt waren. Früher versuchte der Staat uns zu kriminalisieren, es gab immer wieder Inspektionen; wir wurden verschrieen, ein Frauenhaus zu betreiben; sie brachen bei uns ein – heute ist es weniger gefährlich, zumindest seitens des Staates. Gleichwohl droht uns wie der Gesellschaft seit rund 10 Jahren eine verstärkte Gefahr von seiten der Rechtsradikalen und Klero-Faschisten. Mit ihnen setzt sich der Staat jedoch nicht auseinander. Von ihnen droht uns nun die Gefahr. Als Aktivistinnen, die mit ihrem Protest regelmässig auf die Strassen gehen, sind wir den Reaktionen direkt ausgesetzt. Wir wurden und werden als ‹Strassenluder›*[309] *beschimpft. Meist können wir nur unter Polizeischutz unseren Protest zum Ausdruck bringen.»*

Trotz der kritischen Reflexionen Biljana U.s angesichts des bisweilen übertriebenen Polizeiaufgebots, das viele der Aktionen begleitet: Bedrohliche Situationen gibt es immer wieder, wenn Kritik von einzelnen Bürgern in nicht adäquater Form die AktivistInnen trifft. Hinsichtlich des Anwachsens rechter Gruppierungen und ihrem Gewaltpotenzial zeigt sich Biljana U. jedoch zunehmend besorgt.

Auch wenn Biljana U. Frauenanliegen wichtig sind; sie sind es nicht in erster Linie. Der Umstand, dass sie sich in einer Organisation engagiert, die von vielen vorderhand als feministische Organisation wahrgenommen wird, war ihr selber nicht so wichtig. Es ist ihr jedoch ein Bedürfnis, sich in einem weiteren Umfeld zu engagieren, das heisst auch in anderen, nicht nur feministischen Gruppen. Sie bewundert – als engagierte Bürgerin, Architektin und nicht zuletzt Europäerin, wie man ihrem Selbstverständnis entnimmt – Bürgerbewegungen wie *Stuttgart 21* in Deutschland und wünscht sich für Serbien und die Region eine ähnliche Grundbereitschaft, für Werte und für das Gemeinwesen einzutreten.

---

309 Vuk Djurović sei an dieser Stelle für die Übersetzungshilfe gedankt.

4.7. Frauengruppen-Vertreterin: Kimeta A. aus Bosnien-Herzegowina

«Was ich sehen möchte, ist, dass wir als Menschen Verantwortung übernehmen für das, was geschehen ist, als wir geschwiegen, geredet, gehandelt haben.»

Einige Frauen- und Opferorganisationen setzen sich in besonderer Weise (unter anderem) für gesellschaftliche Vergangenheits- und individuelle Traumaarbeit sowie für weitere Massnahmen ein, die ihre Zielgruppe wieder dazu befähigen soll, wieder Anschluss ins Leben zu finden. Die folgende Organisation, die indirekt am Beispiel Kimeta A.s vorgestellt wird, arbeitet an dieser Schnittstelle und engagiert sich für die Reintegration von Frauen, die zum grossen Teil schwere Kriegserfahrungen durchleben mussten, in praktischer, gesellschaftlicher und politischer Hinsicht.

Teil dieser Unterstützung ist es, auf die innerfamiliären Folgen des Krieges aufmerksam zu machen: Physische Gewalterfahrungen und Alkoholismus seitens ihrer Männer und Väter sind für viele Frauen und Kinder – nebst bisweilen eigenen, nachwirkenden Gewalterfahrungen des Krieges – eine schwere Bürde. Gemäss der Organisation, sind hohe Scheidungsraten und Gewaltdelikte Ausdruck dessen. Um diese individuellen Herausforderungen zu bewältigen, die ganze Familien auseinanderreissen und zu weiterer Not und Armut führen, versucht die Organisation, Frauen nicht nur mit Weiterbildungsprogrammen oder juristischer Beratung zu unterstützen, sondern die den Problemen zugrunde liegenden Kriegserfahrungen und die noch weiter reichenden, patriarchalen Gesellschaftsstrukturen anzugehen.

Öffentliche Diskussionen, Publikationen und Aufklärungsarbeit sind Mittel dieses Engagements. Um das zwischenmenschliche und das Klima zwischen den ethnischen Gruppen zu verbessern, wird in Form von Nachbarschaftsprogrammen und lokaler Gemeindearbeit am interethnischen Dialog gearbeitet. Schliesslich sollen insbesondere die Frauen zum sozialen Engagement angeregt werden, um somit mittelfristig die zivilgesellschaftliche Entwicklung zu stimulieren.

Die Organisation beschäftigt derzeit rund 20 Frauen verschiedenen Alters als (Teilzeit)-Angestellte und Freiwillige. Die Organisation wird finanziell zu einem kleineren Teil von Mitgliedsbeiträgen und zu einem grösseren Teil von Projektgeldern und Donationen getragen.[310] Kimeta A. half 1996 tatkräftig mit, die Organisation zu gründen, der sie seit 1997 als Direktorin vorsteht.

> *«Ich wurde 1954 in Pljevlja in Montenegro geboren und lebe seit meinem achten Lebensjahr in Sarajewo. Meine Identität hat sich also in diesen Gebieten formiert, welche einst einen gemeinsamen Raum bildeten. Und in meinem 38. Lebensjahr zerfiel das, was mein geografischer Raum war, der Raum, in dem ich aufgewachsen bin. So ist es, aber beide Gebiete waren wichtig.*
>
> *Wir kamen nach Sarajewo, weil es meinen Eltern wichtig war, dass wir – ich habe noch eine jüngere Schwester – eine gute Bildung erhielten. Belgrad oder Sarajewo standen zur Auswahl und so kamen wir schliesslich nach Sarajewo.»*

Die Schilderungen Kimetas zu ihrem familiären Umfeld und ihrer biografischen Verortung in einem Raum, den es in dieser Form nicht mehr gibt, offenbaren eine Person, deren Identität nach wie vor jugoslawisch geprägt ist. Sehr plastisch, geradezu greifbar wird dies an der von ihr wiederholt benutzten Formel «*von Triglav bis Gevgelija*». Damit ist jene symbolische Diagonale durch den einstigen jugoslawischen Raum gemeint, die vom Nordwesten, das heisst vom höchsten slowenischen Gipfel Triglav, bis zum mazedonisch-griechischen Grenzstädtchen Gevgelija im Südosten reicht. Gleichzeitig macht sie deutlich, dass sie ihre Identität bewahren konnte und sich insbesondere durch ihre (ungebrochene) Besinnung auf ihre kulturellen, sozialen und religiösen Wurzeln stark und autonom fühlt. Dies macht sich tatsächlich in all ihren Äusserungen, in ihrem Auftreten und im Umgang mit anderen bemerkbar und wirkt darum authentisch.

310 Eine detaillierte und umfassende Liste aller Donatoren seit 1997 wird auf der Homepage der Organisation aufgeführt.

Sie scheint eine besondere Wertschätzung ihrer eigenen Geschichte entgegen zu bringen, wie sich ihren Worten entnehmen lässt, wenn sie über ihre Generation räsoniert und dies in einem Lied des bekannten jugoslawischen Sängers Zdravko Čolić wiedergegeben glaubt. Zwar konnte die betreffende Liedzeile einstweilen weder bei besagtem noch bei anderen Interpreten gefunden werden, aber es scheint eine durchaus nachvollziehbare Symbolik wiederzugeben, die sich an der Vorstellung von ‹goldenen Jahren› orientiert. Dahinter dürfte die Idee stehen, sich zu einer Generation zugehörig zu fühlen, die vom Zweiten Weltkrieg weitgehend unberührt aufwachsen und die ‹goldenen Jahre› Jugoslawiens erleben konnte. Jene Jahre, die die späten 1950er und 1960er Jahre umfassten,[311] standen im Zeichen des Aufbaus des jugoslawischen Staates mit enormen Entwicklungen, die das weitgehend agrarisch geprägte Land modernisieren und industrialisieren sollten. Für Kimeta A. steht jedoch weniger dies als vielmehr die kulturelle, religiöse und ethnische Vielfalt im Vordergrund, die sie als einen seltenen Reichtum betrachtet.

> *«Ich geniesse es so sehr, dass ich zu der Generation der in den 1950er Jahren Geborenen gehöre! Ich weiss nicht, irgendwie (....) Je mehr Zeit vergeht und je mehr ich von einstigen und heutigen Generationen lese, desto mehr scheint es mir, dass ich – ich weiss nicht, ob es Zdravko Čolić oder sonst jemand war, der von der ‹goldenen Generation› singt – dazu gehöre. Ich stimme dem zu: Die 50er Jahre waren besonders, und besonders waren die Leute aus den 1950ern – etwas, was Djordje Balašević auch besingt. Diesen Geist, den wir tragen, können andere Generationen nicht in sich tragen. Einfach, weil sie ihn nicht haben. […] Diese 50er Jahre trugen keine Verletzungen mit sich, die wir hätten anderen weitergeben können. Sie waren gut fundiert. Wir hatten dieses Zugehörigkeitsgefühl, welches all diesen kulturellen Reichtum, die dieser Raum zwischen Triglav und Gevgelija bot, zu vereinen vermochte. Etwas, was diese neuen Generationen nicht mehr haben. […]*
>
> *Ich habe mich immer bemüht, das auch meinen Kindern mit einzuflössen. Ich glaube, dass die Erziehung entscheidend ist: die Gerüche, das Essen, das, was du*

311 Vgl. Holm Sundhaussen: *Jugoslawien und seine Nachfolgestaaten 1943–2011*, hier besonders Kapitel 3 «Jugoslawiens ‹Goldene Jahre› und ihre Widersprüche», S. 131–185.

im Haus um dich hast, all das, was man als Kind aufgenommen hat, all das prägt. Das schafft ein Fundament, das dich durchs Leben trägt und Sicherheit gibt. [...]

Die Leute, die hier in diesen Gebieten zwischen Triglav und Gevgelija geboren und aufgewachsen sind, wissen das: Nirgends auf der Welt gibt es auf so engem Raum ein solches Kolorit. Und die Leute haben sich davon losgesagt.»

Die jugoslawische Identität bedeutete ihr gerade deswegen viel, da es gewissermassen einen umspannenden Schirm über Einzelfacetten ihrer Identität bildete; indem es gleichermassen ihre geografische Herkunft, ihren religiösen Hintergrund und ihre soziale Prägung vereinte und diese Vielfalt nochmals, einem Prisma gleich, um weitere vervielfältigte.

«Erst in den Kriegsjahren der 90er Jahre bin ich damit zum ersten Mal konfrontiert worden. Davor war mein nationaler Radius das Jugoslawentum, an das ich sehr geglaubt habe. Das hat mich zufrieden gestellt, an etwas anderes habe ich nicht gedacht, hätte ich auch nicht gewusst. Ich war mir natürlich meiner Herkunft bewusst, ich stammte aus Montenegro, war islamischer Religionszugehörigkeit, wuchs in Bosnien-Herzegowina auf – all das war Teil dessen, dass ich mich als Jugoslawin fühlte, da es alles umfasste, nichts ausschloss.»

Aus diesen Worten ist ein Selbstverständnis herauszuhören, das sich aus einem aussergewöhnlichen Selbstbewusstsein nährt. Kimetas Ausführungen beziehen sich hierbei auch auf jugoslawische Erfahrungen, wie der Arbeiterselbstverwaltung, der Blockfreienbewegung, der weitgehenden kulturellen Offenheit und, einmal mehr, dem interethnischen Miteinander, das Kimeta A. so viel bedeutet.

«Ich wünsche mir, dass wir das, was wir einst hatten, integrieren mit dem Neuen, das wir errungen haben. Das wünsche ich mir von Herzen. Sie müssen uns keine Dummheiten lehren – wie soll ich sagen – ‹wie man Brot bäckt›. Das wissen wir doch. Ich bin überzeugt, dass die Welt, Europa und die USA viel von uns lernen könnten. Es gäbe viel davon. Sie haben es unterstützt, dass ein Konzept zerstört wurde, welches existiert hat. Dieses war nicht einfach nur ausgedacht, es existierte. Und wir haben zugelassen, dass es zerstört wird. Ich wünschte, ich könnte noch miterleben, dass wieder etwas ... [zusammenkommt, Anm. TP].

Manche sagen zu mir: Du bist eine Jugonostalgikerin. Nein, ich bin keine Jugonostalgikerin. Aber ich schätze, was ich hatte und was ein erprobtes Modell war.

Wieso sollte ich ein anderes Modell schaffen, bitte warum? Es gibt keinen Grund. Natürlich sollte man alles in einen neuen Kontext bringen, wir müssen es in den Kontext von heute setzen und nicht in die 1950er Jahre, als ich geboren wurde; nicht in die 60er und 70er, in denen ich aufwuchs, nicht in die 80er Jahre, als ich meine Kinder gebar. Wer ist der-/diejenige zwischen Triglav und Gevgelija, der sagen würde, dass er/sie sich nicht erinnert? Kann man sich denn so sehr selbst belügen? Wer das kann, muss damit selber klar kommen.»

Der Krieg war in vielerlei Hinsicht eine Lebenszäsur, eine Wendemarke für Kimeta A. Zum einen durch die als profunde Erschütterung erlebte Krise infolge des Ausbruchs von Gewalt, Hass und ethnischer Entzweiung. Zum anderen, weil sie darauf mit einer Besinnung auf ihr bestehendes Identitätsfundament im Sinne eines ‹erst recht› reagierte. Schliesslich formuliert sie eine selbstkritisch postulierte Einsicht:

«Da habe ich begriffen, warum all das geschehen ist, was geschehen ist in den Kriegsjahren: weil Schweigen und Reden und Propaganda das Gleiche waren. Wo ist die Brüderlichkeit und Einheit? Dann habe ich aber verstanden – nicht nur die Propagandisten haben es zerstört, sondern wir alle haben dazu beigetragen. Wenn wir nämlich wirklich weiterhin hätten zusammenleben wollen, hätte uns nichts und niemand auseinander gebracht.»

In ihrer Frustration darüber mischt sich auch die Kritik, dass es selbst innerhalb der Anti-kriegsbewegung(en) zu wachsenden Animositäten und schliesslich zum Bruch kam. Dieses bereits in Kapitel 3 beschriebene Phänomen erlebte sie in den frühen 1990er Jahren als sie sich in losen Frauennetzwerken gegen den Krieg engagierte und sich vor dem Hintergrund des eskalierenden bosniakisch-kroatischen Konflikts schliesslich vor den Kopf gestossen fühlte, als die bis dahin bestehende Frauensolidarität angesichts der zunehmenden ethnischen Spannungen erodierte. Gleichzeitig bedeutete der Krieg für sie den Beginn eines neuen Lebensinhaltes, den sie im zivilgesellschaftlichen und sozialen Engagement sieht. Diese Sphäre scheint ihr nebst einem Betätigungsfeld, um gegen die eigene Ohnmacht anzugehen, auch einen Ersatzraum gegeben zu haben, nachdem sie ihrer einstigen Umwelt beraubt wurde.

«Am 2. Juni 1992 sagte mir mein Nachbar in Sarajewo, der ein Angehöriger der Armee war [damals noch der Jugoslawischen Volksarmee, Anm. TP] und aus Varaždin/Kroatien kam, dass dieser Krieg nicht meiner sei und ich besser mich und meine Kinder in Sicherheit bringen und ergo fortgehen solle. Erst im November entschloss ich mich dazu und floh zu meiner Schwester nach Vitez.

Bis dahin ging ich täglich zur Arbeit, rennend unter Granatenbeschuss. Manchmal kam ich bis zur Arbeit, manchmal nicht, sondern versteckte mich wartend in irgendeinem Hausflur oder Keller bis der Granatenbeschuss vorbei war. Ich wollte es lange nicht wahrhaben! Ich habe damals bei dem grossen bosnisch-herzegowinischen Energieunternehmen Energoinvest gearbeitet, welches weltweit Grossbaustellen unterhielt.»

Die Erfahrungen und ihre Aktivitäten im Krieg haben in entscheidendem Masse dazu beigetragen, wie sie sich, ihr Engagement, ihren Umgang mit anderen und ihr Verständnis von Vergangenheitsarbeit heute sieht.

«Ich floh im November 1992 nach Vitez, wo meine Schwester zusammen mit ihrem Mann, beides Ärzte, lebte. Bereits im Frühling 1993 brach der Krieg in Vitez zwischen Muslimen und Kroaten aus. So floh ich mit meinen Kindern weiter ins 13 km von dort entfernte Zenica, wo ich im Juni 1993 bei Medica zu arbeiten begann, einem Therapie-Zentrum, welches sich um Frauen kümmert, die im Krieg vergewaltigt wurden. Davor habe ich in Vitez Frauen geholfen, die von kroatischen Streitkräften vergewaltigt worden waren. [...] Wir haben diese Frauen nach und nach zu Medica gebracht. Als die kroatische Armee mich und die Kinder aus der Wohnung meiner Schwester warf, gingen wir eben nach Zenica. So kam ich – anstatt, sagen wir, nach Split und weiter in die USA oder irgendwo nach Europa zu gehen – nach Zenica.»

Der Umstand, Schwester und Schwägerin eines von der ethnisch gemischten Bevölkerung sehr angesehenen Ärztepaares zu sein, hat ihr nicht nur Schutz vor Übergriffen geboten, sondern auch unverhofft einen Aktionsradius, der sie gleich mehrfach prägen sollte. Als Ärztin kam ihre Schwester sehr bald in Kontakt mit verletzten, gefolterten und auch vergewaltigten Frauen und begann unter anderem im nahegelegenen Zenica für ein Frauenzentrum zu arbeiten. Kimeta kümmerte sich zunächst spontan um diese Frauen und wurde schliesslich aufgrund dieser Erfahrungen, die sich herumgesprochen hatten, und auch wegen ihrer Ausbildung von der Leiterin des Therapiezentrums engagiert. Sie selber hatte zu Beginn gewisse Zweifel, wie sie meinte, immerhin habe sie *«nichts von NGOs gewusst»* und fühlte sich überfordert. Als erfahrene Ökonomin war sie jedoch in der Tat sehr geeignet als Koordinatorin des Zentrum, während ihr die praktischen Erfahrungen mit den Kriegsopfern das nötige Verständnis und Wissen mitgegeben haben. Das humanistisch-ärztliche Engagement ihrer Schwester und ihres Schwagers prägten sie dabei zusätzlich.

> *«Seit [...] 1992 bin ich Aktivistin, ohne damals genau gewusst zu haben, was das ist. Vermutlich tat ich es, um zu überleben, um mich und die Kinder zu retten. Und so habe ich mich in all das hier verliebt. Hätte es diesen Krieg nicht gegeben, hätte ich all das nicht entdeckt und das würde ich bedauern, muss ich sagen. Aktivistin sein ist sehr schwer, aber gleichzeitig auch wunderbar: Man hat ständig Gelegenheit, Leute zu treffen, andere Bräuche, andere Kulturen kennenzulernen und dies mit dem eigenen Leben zu vergleichen. Das Wichtigste aber ist, in all den Unterschieden so viele Ähnlichkeiten zu finden. Wie Speisen auf so unterschiedliche Weise zubereitet werden können, wir wir uns verhalten, wie wir Entscheidungen treffen, ganz egal wo auf dieser Welt und doch so ähnlich. Es gibt so viel davon. [...]»*

Danach befragt, welchen Personen sie einst half und welche sie damals begleitete, zählt sie auf:

> *«Frauen, die im Krieg vergewaltigt worden waren; geflohene und vertriebene Frauen aus verschiedenen Teilen Bosnien-Herzegowinas; Frauen, die verschiedene Lager-Erfahrungen hatten; die gefoltert worden waren; serbische Vertriebene aus Kroatien, die nach Bosnien-Herzegowina geflohen waren; mit verschiedenen.»*

Für sie war schliesslich der Umgang mit den leidgeprüften Menschen, Frauen wie Männern aller ethnischen Gruppen, der letzte entscheidende Anstoss für ihr zukünftiges Engagement sowie gleichzeitig der Grund für ihre differenzierte Wahrnehmung des Krieges. Ethnische Kategorisierungen bereiten ihr gerade wegen der Erfahrungen im Krieg bis heute grosse Mühe.

Während der Arbeit im Frauenzentrum in Zenica, entstand zusammen mit anderen die Idee zur Frauen-NGO in Sarajewo, bei der sie heute noch arbeitet. Dieser Schritt erforderte viele Vorbereitungen und es erstaunt nicht, dass die Arbeit sie entsprechend absorbiert hatte. Gleichwohl zog Kimeta A. vor allem viel Kraft und Zuversicht aus diesem Projekt, wobei die neue Position auch ein Einkommen und somit eine Zukunft sichern musste.

«Bis 1997 arbeitete ich drei Jahre lang jeweils drei Tage in Zenica (bei Medica) und drei Tage in Sarajewo. Obwohl man mich nach dem Krieg wieder zurück zu Energoinvest rief, ging ich nicht dorthin zurück, da ich keine Kraft dafür hatte: Zu sehr forderte mich die Arbeit bei den NGOs. Diese Arbeit kann man nicht nur halb machen; vielleicht können das andere, zumindest ich konnte das nicht. Ich hatte mich da bereits darin gefunden und so sollte es bleiben!»

Befragt zu Aktivitäten und Netzwerken in der Jugend, schildert sie die Stationen, die für viele ihrer Generation und speziell für viele gut ausgebildete Menschen typische Stationen waren:

«Ja, wie könnte ich anders. Ich bin in ebendieser Zeit aufgewachsen und war im Bund der Pioniere, im Bund der Jugend, in der Gewerkschaft. Das waren meine Netzwerke in der Jugend. Ich war jedoch nie Mitglied einer politischen Partei. Wobei klar ist wieso, oder? Gemäss den Parteien gab es keinen Gott, ich aber brauche Gott und ich weiss, dass es ihn gibt. Ich bin sehr gläubig.»

Ihren Glauben lebte Kimeta A. gemäss eigener Schilderung unbehelligt zu Zeiten Jugoslawiens aus; dieser bildet bis heute eine wichtige Konstante in ihrem Leben:

«Den Glauben habe ich stets gelebt und nicht verstanden, wo es den Leuten verboten gewesen sein soll. So war es bei uns in der Familie, wir haben das gepflegt. Wie soll ich sagen? Man lebt sein Leben in den Grenzen des Vorgegebenen und geht nicht dagegen vor. Meine Mutter hat immer gesagt, dass die Moschee super sei als Objekt, und dann und wann einen Besuch wert, aber wenn man sich Gott zuwenden möchte, reiche das eigene Zuhause völlig aus. Es ist nicht nötig, dass die ganze Welt Bescheid wissen muss. Das Herz ist entscheidend und Gott wird dies zu erkennen wissen. So sind wir erzogen worden und wir hatten wirklich keine Probleme. Meine

Schwester hat Medizin studiert, ich Ökonomie und nie hat uns je irgendjemand gesagt, das dies nicht ginge. Das heisst, wir sind in einem multiethnischen Umfeld gross geworden, es war essenziell, andere zu respektieren und respektiert zu werden, nie hat uns jemand eingeschüchtert oder verletzt, noch wüssten wir davon. Ich kann das doch jetzt nicht erfinden. Ich war wirklich verwirrt, als ich im Krieg ‹aufwachte›.»

Interessant ist ihr Ansatz im Umgang mit der Vergangenheit vor dem Hintergrund ihres Glaubens.

«Selbstverständlich, wenn man hier lebt und sich hier bewegt, begegnet man Tätern. Mein Standpunkt ist in der Hinsicht jedoch vielleicht ein anderer, als ihn Leute möglicherweise sonst haben: Die Tatsache, dass ich gläubig bin, hat es mir nie gestattet, Menschen zu beurteilen, zu verurteilen. Für mich wird Gott derjenige sein, der entscheiden und verurteilen wird. Wann immer ich solche Leute traf, hatten diese eigentlich immer das Bedürfnis mir zu sagen: Ich habe nichts getan, entschuldige. Ich entgegne ihnen dann, dass ich nicht gekommen sei, um über sie zu urteilen. Jeder muss mit seinen Taten leben. Wir müssen uns alle mit dem auseinandersetzen, was wir gemacht haben, was wir gesagt haben. Was ich nicht will, ist, dass uns jemand einander bekannt macht, ich will mich selber mit dir bekannt machen; es braucht dazu keine Vermittler. Jeder muss für sich selber Verantwortung übernehmen.»

Danach befragt, wie sich diese Gläubigkeit mit der Strafjustiz im Allgemeinen und der *Transitional Justice* im Besonderen vertrage, führt sie aus:

«Ich frage mich oft, was ‹Recht bekommen›, für die Opfer bedeuten könnte. Sie werden nämlich nie die Satisfaktion erhalten, die sie erwarten. Sie erwarten immer etwas anderes; vermutlich eine Kompensation für diesen gewaltigen Verlust, Schmerz, alles Mögliche hängt da zusammen. Aber Recht und Gerechtigkeit sind zwei verschiedene Sachen. Was bedeuten Tatsachen? Wer ist interessiert an Tatsachen? Selten jemand. Die Opfer, ja. Aber das ist ihr Wunsch. Und was, wenn dies dann festgestellt ist? Von sagen wir mal 2000 Vergewaltigungen im Krieg, sind rund 500 gerichtlich erhärtet worden. Zu was sind die Täter verurteilt worden? Was ist geschehen? Hat sich etwas geändert? Nein. Haben die Leute gesagt: Ja, ich übernehme Verantwortung für das, was geschehen ist? Nein, haben sie nicht. Wer kümmert sich um diese Frauen? Wo sind sie, wie leben sie? Mich interessieren nicht

die Täter, die Vergehen, die Strafen. Was ich sehen möchte ist, dass wir als Menschen Verantwortung übernehmen für das, was geschehen ist, als wir geschwiegen, geredet, gehandelt haben. Ich denke, wenn wir das tun, dann ist dies ein Schritt in die Richtung, dass solche Sachen nicht mehr passieren.

In was für einer Situation befinden wir uns gerade? Auf Positionen des sich gegenseitigen Beschuldigens, und niemand will Verantwortung übernehmen. Ich denke, es ist eine Schande, dass so viele Tausende Menschen getötet wurden. Am wenigsten wichtig ist dabei, welcher ethnischer Herkunft sie waren. Wenn wir aufhören würden aufzurechnen und statt dessen bereit wären, uns auseinanderzusetzen, dann wäre klar, wieviel in diesem Krieg gestorben sind.

Nein, ich bin kein Opfer – nicht, weil ich Muslimin bin: Ich will Verantwortung übernehmen für alle Orthodoxen, Katholiken, Roma, Juden und andere, die hier verschwunden sind. Nur so können wir es. Aber nicht durch dieses gegenseitige Aufrechnen. [...] Wenn wir uns nicht solidarisieren können, wenn wir nicht die Orte des Sterbens, die Gräber aufsuchen gehen ... Wenn Mütter, die Kinder verloren haben; wenn Frauen, die vergewaltigt wurden – und sie wurden auf allen Seiten vergewaltigt, da diese sich derart gegenseitig gestraft haben – wenn dies keine Verbindungen herstellt? Ist das nicht Verbindung genug, dass dies niemandem mehr passieren darf? Und nicht dieses: Sie haben uns, wir haben euch.»

Sie will damit nicht die *Transitional Justice* als solche in Abrede stellen; diese erachtet sie als wichtig. Aber sie bevorzugt eine, die *«menschlicher»* (wörtlich: *uljuditi*) ist und zwar in einem integrativen Sinne dahingehend, dass sie die Bedürfnisse der Menschen, ihre Interessen, ihre Gefühle und Erfahrungen miteinbezieht. Das ICTY als interationale Rechtsinstanz hat seine Aufgaben, Zwänge und Rahmenbedingungen; entsprechend kurz kommen dabei Aspekte, die darüber hinausgehen. Diese wünscht sie mit der Arbeit der Organisation und dem Engagement weiterer zivilgesellschaftlicher Akteure einbringen zu können. Sie schildert, wie solche Programme aussehen könnten:

«Auch mit Veteranen arbeiten wir zusammen. Mit einstigen Angehörigen von, wie wir hier sagen, unterschiedlichen Armeen, und sie leben weiterhin hier. Ich würde hinzufügen, sie sind bereit, hier auch wieder miteinander zu leben. Sie haben öffentlich von ihren Erfahrungen erzählt. Drei Jahre lang haben wir an einem Programm gearbeitet zur Förderung des Dialogs und des Friedens. Wir haben dazu beigetragen, dass Menschen zueinanderfinden, die früher zusammengelebt haben und sich

heute auf verschiedenen Seiten befinden; dass sie sich wieder begegnen, ihre Gemeinsamkeiten wiederfinden, sich an diese erinnern, um zu sehen, ob dies ein Ausgangspunkt für eine Wiederherstellung eines erneuten gemeinsamen Lebens sein könnte. Wir werden selber entscheiden, ob wir wieder zusammenleben wollen; die einen mit den anderen, einer neben dem andern. Das ist kein Konzept, welches man von aussen auferlegen kann.»

Sie strebt darum einen Ansatz an, der die Auseinandersetzung mit der eigenen Person zum Ausgangspunkt nimmt. Die Erinnerung an die Vergangenheit wird somit Teil eines Weges mit Anknüpfungspunkten für das Nachdenken über das, was sie als die Essenz dessen bezeichnet:

«Was ich sehen möchte ist, dass wir als Menschen Verantwortung übernehmen für das, was geschehen ist, als wir geschwiegen, geredet, gehandelt haben.»

Sie wundert sich – und reflektiert dabei jugoslawischen Erfahrungen –, wieso es heute keine Arbeitsaktionen gäbe, wo doch so vieles im Argen läge. Das Plädoyer von John F. Kennedy – nicht zu fragen, was der Staat für einen tun könne, sondern vielmehr sich zu fragen, was man für den Staat zu tun gedenke – scheint ihr für die Menschen in Bosnien-Herzegowina und in der Region ein Weg aus der Misere und für das Wohl der Gesellschaft zu sein. Kimeta A. bezieht sich dabei einmal mehr auf jenen Aspekt, der ihr selbst ein lohnenswertes Gut bedeutet, nämlich auf ihre interethnischen Erfahrungen, die selbstverständlicher, integrativer Teil ihrer Lebenswelt waren und worauf zu hoffen, sie trotz der ernüchternden Realität nicht aufgegeben hat. Sie illustriert diese Sehnsucht anhand von Kindheitserinnerungen und Beispielen gelebter interethnischer Beziehungen.

«Trotz meiner weitgehend homogenen Familie – es waren über eine lange Zeit hinweg vielleicht nur zwei oder drei Familienmitglieder orthodoxer und katholischer Herkunft – lebten wir ein Konzept des verständnisvoll-respektvollen Umgangs mit Anderen um uns herum. Mein Grossvater mütterlicherseits war ein angesehener Mann in Pljevlja. Als meine Eltern mit uns Kindern nach Sarajewo zogen, zogen meine Grosseltern nach Zenica. Zeit seines Lebens half mein Grossvater seiner Heimatgemeinde in Pljevlja, das heisst der Kirche ebenso wie der Moschee. Die

Leute haben ihn dafür immer geschätzt. [...] Das Haus meiner Grosseltern in Zenica befand sich zufällig neben dem Haus von Oma Desanka – wir Kinder nannten sie Oma –; sie machte Bretzel-Gebäck und färbte Ostereier für die Kinder in Sarajewo und für mich und meine Schwester, wenn wir zu ihr kamen. Das heisst, Oma Desanka und ihr Sohn Djordje waren für uns wie meine Tante und mein Cousin, die auch bei meinen Grosseltern lebten. Das heisst, das war bei uns nicht getrennt.»

4.8. Jugendgruppen-Vertreterin: Jasmina L. aus Bosnien-Herzegowina

«Ich arbeite gerne in Pale und setze mich somit auch mit meinen eigenen Dämonen auseinander!»

Die im Folgenden beschriebene Organisation wurde von einer Gruppe von jungen Leuten aus der Region gegründet und engagiert sich seit 2003 für Jugendliche sowie junge Frauen und Männer im Alter bis ca. 25 Jahren in Bosnien–Herzegowina. Das Ziel ist, die junge Generation zu motivieren und zu befähigen, ihr Schicksal in die Hand zu nehmen und ihre politische Partizipation in der Gesellschaft einzufordern und mitzugestalten. Jugendliche sollen sich bestärkt und ermutigt fühlen, sich aktiv für Demokratisierung, *Good Governance* (gute Regierungsführung) und Reformen einzusetzen und zwar in ihren jeweiligen Ländern wie auch in der gesamten Region. Aus diesem Grund kommt der regionalen Vernetzung über die Partnerorganisationen besondere Bedeutung zu.

Vergangenheitsarbeit ist für die Organisation ein Thema unter mehreren prioritären und kann je nach Land und Aktualität unterschiedliche Ausprägungen annehmen: Sei es in Form von Petitionen für bestimmte Anliegen zugunsten von Kriegsopfern oder öffentliche Stellungnahmen an die Politik zu bestimmten Aspekten, Diskussionsrunden über sensible Themen usw. Ein zentrales Mittel bei all diesen Massnahmen ist der direkte Austausch zwischen den verschiedenen Volksgruppen und die Schaffung eines Umfeldes, in dem divergierende Sichtweisen konstruktiv zum Thema werden können.

Die Arbeit mit Jugendlichen gestaltet sich vielschichtig. So wird einerseits der Dialog zwischen den Jugendlichen über die ethnischen Gräben hinweg bei gemeinschaftlichen Freizeit-Aktivitäten gefördert, andererseits stehen Weiterbildungsmassnahmen auf der Agenda, die zum Ziel haben, jungen Frauen und Männern ein Bewusstsein für die aktuellen zivilgesellschaftlichen und staatsbürgerlichen Herausforderungen zu vermitteln. Dazu gehört beispielsweise ein sich über mehrere Wochen ziehendes Training in der Art einer aktiven Staatsbürgerkunde mit Bezugnahme auf das EU-Recht, das Unterschriften-Sammeln für die *REKOM*-Kampagnen in der Region oder die Arbeit an Vorschlägen zur Justizreform unter Teilnahme von Studierenden der Rechtsfakultäten der Universitäten Sarajewo, Pale (Ost-Sarajewo), Banja Luka und Mostar.

Darüber hinaus ist der Austausch zwischen Jugendlichen und jungen Leuten mit den verschiedensten gesellschaftlichen Gruppen zentral: Sei es der Dialog mit Kriegsopfern oder zivilgesellschaftlichen Akteuren und Institutionen; es geht jeweils um die Mobilisierung von Jugendlichen und die Sensibilisierung und Befähigung zur aktiven Teilnahme am Gesellschaftsleben. Die Realität der Jugendlichen ist schwierig, oft von Zukunftsängsten geprägt oder vom Wunsch dominiert, das Land in Richtung Westen zu verlassen.[312]

Gerade in den jugoslawischen Nachfolgestaaten ist es wichtig, dass die Jugend in zivilgesellschaftliche Aktivitäten eingebunden, sozialisiert und aktiviert wird. Die Generation, die während oder nach den Kriegen geboren wurde, ist aufgrund ihrer mittelbaren oder unmittelbaren Erfahrungen von Misstrauen oder Unkenntnis geprägt und hat weniger oder kaum noch Anknüpfungspunkte und Möglichkeiten zum Kennenlernen der anderen Volksgruppen, wie dies noch bei der Generation der Eltern der Fall gewesen

312 Eloïse Bollack: L'après-guerre: Quelles perspectives pour la jeunesse bosnienne? In: *L'ex-Yougoslavie dix ans après Dayton*. De nouveaux États entre déchirements communautaires et intégration européenne. Ed. par André-Louis Sanguin, Amaël Cattaruzza, Emmanuelle Chaveneau-Le Brun. Paris 2005, S. 48–58.

war. Erinnert sei an dieser Stelle an ‹ethnisch bereinigte› Siedlungsgebiete und Schulen mit ethnisch geteilten Klassen. Diese gegenseitige Unkenntnis birgt jedoch ebenfalls die Chance, durch eine Annäherung unter neuen, unvoreingenommenen Vorzeichen ein neues Kapitel in den interethnischen Beziehungen aufzuschlagen.

Jasmina L. wurde 1981 in Sarajewo als Tocher eines bosnischen Kroaten und einer bosnischen Muslimin geboren. Obgleich sie der Krieg noch in Kindheitstagen sehr direkt getroffen hatte, fällt es ihr schwer, sich zu einer Generation – wie zum Beispiel der jüngsten Kriegsgeneration – zugehörig zu fühlen. Am ehesten empfindet Jasmina L. ein identitätsstiftendes Gefühl bei der Vorstellung, eine «*Sarajlija*» (Bewohnerin der Stadt) zu sein. In Sarajewo ist sie geboren und aufgewachsen und dort sollte der Krieg sie regelrecht festsetzen. Jasmina L. erlebte die Belagerung von Sarajewo durch bewaffnete serbische Verbände; diese Erfahrung sei ihre zentrale Geschichtslektion gewesen.

> *«Während meine Eltern festsassen, konnte ich selber bald Sarajewo verlassen und wuchs als Flüchtling in Kroatien zunächst zwei Jahre in Zagreb auf, dann rund eindreiviertel Jahre in Dubrovnik. Ich lebte bei Familienmitgliedern väterlicherseits, während mein Bruder bei der Familie mütterlicherseits unterkam. In Kroatien besuchte ich regulär die Grundschule. Mit meinem Familienzweig in Zagreb gab es immer wieder Reibereien, da ich ihr katholisch-nationalistisches Weltbild nicht teilte. [...] Ich musste da sogar in den katholischen Religionsunterricht, in die Kirche und grosskroatische Karten betrachten! Bei dem Familienzweig in Dubrovnik war das nicht so. Phasenweise hatte ich eine sehr kritische Haltung gegenüber der Religion, zu sehr erschien sie mir als Instrument des Hasses und der Manipulation. Aber ich muss sagen, dass mich der Krieg insgesamt nicht zu sehr betroffen gemacht hat: Ich war jung und adaptionsfähig – du gewöhnst dich an manches und nickst einfach mit dem Kopf.»*

Die Eltern überlebten den Krieg und so kam es mit Kriegsende 1995 zur Familienzusammenführung. Jasmina L.s Adaptionsfähigkeit und Resilienz, die ihr geholfen haben, in den schweren Kriegszeiten vor allem mental stark zu sein, zeigte sich auch im weiteren Verlauf ihres Lebens: Nach der Rückkehr in ihre Heimatstadt und der Beendigung der Schulzeit, entschied sie sich pragmatisch für ein anwendungsorientiertes Studium im Ausland, welches sie schliesslich 2007 erfolgreich abschloss. Ihr berufliches Selbstverständnis speiste sich dabei stark aus der unmittelbaren Kriegserfahrung und dem Wunsch, mit ihren Erfahrungen, anderen helfen zu wollen.

Noch im gleichen Jahr kam sie als Mitarbeiterin einer grossen internationalen Friedensorganisation zum Einsatz in ein kriegsversehrtes Land in Übersee und erlebte dort Unerwartetes:

> *«Ich erlebte dort einen grossen Aha-Moment: Es gab im dortigen Konflikt so viel Ähnlichkeiten mit jenem in unserer Region! Auch hinsichtlich seiner Komplexität. Es hat mir geholfen einzusehen, dass unsere Konflikte in Bosnien-Herzegowina gar nicht so einzigartig sind. Und es zeigte mir, wie sehr unser Konflikt ein ‹gemachter› Konflikt gewesen ist.»*

Diese Erfahrung war so erhellend wie bedrückend, denn sie musste beim Einsatz erkennen, dass ihr, trotz hoher Motivation und besonderer Empathie für die notleidende und von Jahren des Bürgerkrieges zermürbten Bevölkerung, die Hände gebunden waren. Die der Organisation inhärenten politischen Prämissen konnten gar nicht zu dem Ziel führen für das sie sich im aktiven Einsatz glaubte. Sie fand sich vielmehr in einer Situation wieder, wo sie – wider besseres Wissen – Einheimischen Zuspruch und Besserung versprach, obwohl sie ahnte, dass es bei symbolischen Worten bleiben sollte. Diese Erkenntnis traf sie hart, hatten sie und viele andere in Sarajewo doch selber zuvor in diese Friedens- und Hilfsorganisation viele Hoffnungen gesetzt und immer wieder Enttäuschungen erlebt. Dieser Blick hinter die Kulissen hatte nun unverhofft noch weitaus mehr Schwächen offenbart, so dass retrospekt aus diesem Blickwinkel die eigene Situation unter der Belagerung noch mehr an Schrecken gewann.

Nach ihrer Rückkehr nach Sarajewo arbeitete sie für bedeutende internationale Hilfsorganisationen, wo sie ihre fachlichen Kompetenzen einbringen und vor allem im Bereich der Zivilgesellschaft, Medien und Justizreform erweitern konnte. Aus ihren vielfältigen Erfahrungen und länderumspannenden Begegnungen resultierte ein grosses Beziehungsnetz, welches sie weiter prägen sollte:

> *«Ich habe ein privilegiertes Umfeld und im wahrsten Sinne des Wortes ein globales Netzwerk. Ich durfte viele Reisen machen und habe viele Besuche bekommen. Grundsätzlich muss ich sagen: Je offener die Leute, desto besser gefällt es mir!»*

Die Anstellung bei den erwähnten renommierten und im Vergleich zu lokalen Organisationen sehr gut entlöhnenden Hilfsorganisationen in Sarajewo hat sie schliesslich bewusst verlassen, um sich seit nunmehr knapp zwei Jahren in einer 100-Prozent-Anstellung Jugendlichen zu widmen. Bei einer NGO plant und führt sie Qualifizierungsmassnahmen durch, um Jugendliche zu mobilisieren, sich für ihre Zukunft und das Gemeinwohl einzusetzen. Auch wenn der Sitz der Organisation in der bosnischen Hauptstadt und somit in der bosniakisch-kroatischen Entität ist, werden die Aktivitäten nach Möglichkeit im ganzen Land durchgeführt, das heisst auch in der bosnisch-serbischen Entität, wobei der Akzent auf Jugendlichen aus einem ländlichen Umfeld liegt.

> *«Ich identifiziere mich mit dem Mission Statement der Organisation. Es gilt dieses Land durchzurütteln und am interessantesten ist dies, indem man die Jugendlichen zusammenbringt. Sie wieder zusammenzubringen und ihre Vorurteile zu zerschlagen ist unsere Art der Vergangenheitsarbeit. Die Jugendlichen mögen unsere Programme – in diesem verrückten Land sind wir eine Art ‹interethnische Brückenbauer›. Dabei braucht es uns in den Städten wie Sarajewo oder Mostar gar nicht so sehr, da dort die Gesellschaft offener ist und überdies bereits mit anderen Kultur- und Unterhaltungsangeboten bedient ist. Unser Einsatz ist viel mehr in den Dörfern und ländlichen Gebieten notwendig. Und deshalb arbeite ich so gerne in Ost-Sarajewo und in Pale: Ich setze mich dabei auch mit meinen Dämonen auseinander. […] Ich bin sehr zufrieden mit meinem Engagement und dadurch die Möglichkeit zu haben, das zu machen, was ich will.»*

Diese Auseinandersetzung mit ihrer eigenen Vergangenheit versteht sich vor dem Hintegrund der Belagerung Sarajewos durch serbische Streitkräfte und insbesondere Scharfschützen. Pale war während des Bosnienkrieges Sitz der politischen und militärischen Führung der bosnischen Serben unter Radovan Karadžić und General Ratko Mladić und gehört heute zu Ost-Sarajewo, einer Agglomeration Sarajewos, die zur Entität der *Republika Srpska* gehört.

> *«Es ist eine Floskel zu sagen, dass die Jugend in Bosnien-Herzegowina passiv und so und so ist. Sie ist oft sehr offen und aktiv. Wenig ist nötig, um die Jugend ‹abzuholen› und sie einzubinden in nützliche Dinge. Es gilt, diese jugendliche Zeit zu nutzen!»*

Jasmina L. spricht damit ein Stück weit auch aus eigener Erfahrung:

> *«Ich habe selber erfahren, was der Austausch mit anderen Jugendlichen bedeuten kann und ich respektive wir, möchte(n) dies weitergeben. 2005 nahm ich an einem Video-Lehrgang in der Vojvodina in Nordserbien teil und hatte anschliessend Gelegenheit ans Exit-Festival zu gehen, was mir sehr viel bedeutet hat! Es war nicht nur die Beschäftigung mit dem Krieg, sondern eben das Kennenlernen dieses anderen Belgrad, dieses anderen Zagreb usw. Die regionale Zusammenarbeit ist wichtig und mittlerweile auch kein grundsätzliches Problem mehr.»*

Wie bedeutsam eben dieses gegenseitige Kennenlernen jener Generation ist, die im oder nach dem Krieg geboren ist, lässt sich leicht an einem auffallenden Phänomen im Verhältnis zum eigenen, erlebten und/oder erlernten Geschichtsverhältnis erkennen:

> *«Ich habe meine formale Geschichtsbildung in Bosnien-Herzegowina und Kroatien erfahren, die ganz unter dem Einfluss der Kriege stand. Neben der Belagerung Sarajewos habe ich 1993 schliesslich auch den kroatisch-bosnischen Krieg erlebt, dabei kamen wir in der Schule noch nicht einmal bis zum Zweiten Weltkrieg! In Kroatien deckte sich die formale Bildung überdies mit der ‹Haus-Geschichte›, also der Geschichte, wie sie zu Hause [bei der Familie in Zagreb, Anm. TP] tradiert wurde. Letztere verherrlichte den Präsidenten Franjo Tudjman. Zum Glück sind das keine spannenden Themen für ein elfjähriges Mädchen, wie ich es war, aber ich erinnere mich gut an einen historisch konnotierten Hass gegenüber Serben. […] Eine grosse Desillusionierung stellte sich Jahre später ein, als ich begreifen musste, dass die bosnisch-herzegowinische Sache keine reine Sache der Verteidigung war. Das hat vieles relativiert! Auch diese Viktimisierung nervt mich sehr. Zum Glück war mein Umfeld davor schon so divers, so dass mir Mythen und Nationalismus nicht so viel anhaben konnten.»*

Mit dem Phänomen ist jene Augenfälligkeit gemeint, dass der Geschichtsunterricht in der Regel – ungeachtet von der jeweiligen Klassenstufe – vor dem Zweiten Weltkrieg endete oder die Zeit danach bis zum Zerfall Jugoslawiens, falls überhaupt, nur sehr lückenhaft behandelte. Das ist insofern verständlich, als infolge des Auseinanderbrechens des jugoslawischen Staates das sozialistische Geschichtsbild erhebliche, je nach Republik teilweise erdrutschartige Legitimationseinbussen erfuhr.[313] Praktisch alle GesprächspartnerInnen der Generation der nach 1980 Geborenen berichteten von dieser mehr oder minder gleichen Erfahrung aus dem Geschichtsunterricht, des begrenzten Wissens und der Tabuisierung von sensiblen Themen, sofern sie nicht von einem neuen Curriculum erfasst wurden und entsprechend Neuinterpretationen und Umdeutungen erfahren haben.

4.9. Jugendgruppen-Vertreter: Ivan E. aus Serbien

«Ich bin ein linker Agent provocateur!»

Ivan E., der Repräsentant der folgenden Organisation, war 1996 Gründer dieser NGO und seither ihr bekanntes Aushängeschild. Die Organisation hat sich die Entwicklung der Zivilgesellschaft in Serbien zum Ziel gesetzt und dabei eine Vielzahl von Aktivitäten in den letzten Jahren durchgeführt. Im Zentrum standen stets Massnahmen zur Selbstbefähigung im Sinne einer «*Hilfe zur Selbsthilfe*», die es neuen Gruppen und Akteuren erlauben sollte, ihre eigenen, spezifischen Themen zu lancieren und zu entwickeln. Unter der massgeblichen Führung von Ivan E., der in Serbien zu den bekanntesten Personen der Zivilgesellschaft zählt, ist nicht nur die thematische Bandbreite der Organisation ausgeformt worden, sondern hat auch die Tiefe in bestimmten Programmbereichen an Profil gewonnen. Durch Ivan E.s ursprüngliches Engagement in der Bürgerbewegung Serbiens im

---

313 Siehe hierzu beispielsweise Edin Hajdarpašić: "But my memory betrays me": National Master Narratives and the Ambiguities of History in Bosnia and Herzegovina. In: *Conflict and Memory: Bridging Past and Future in (South East) Europe*. Ed. by Wolfgang Petritsch and Vedran Džihić (Southeast European Integration Perspectives, Vol. 3). Baden-Baden 2010, S. 201–214.

Zeichen des Widerstandes gegen Krieg und Nationalismus und seine gute Vernetzung mit den ExponentInnen der anderen Gruppen, Initiativen und NGOs war stets mehr oder minder ausgeprägt das Thema Vergangenheitsarbeit in seinen verschiedenen Facetten inhärenter Teil der Arbeit. Die NGO hat einem Motor gleich die Entwicklung weiterer Organisationen nachgezogen und sich bemüht, als eine Plattform für Austausch, Training und Lobbyarbeit die Anliegen der vielen Organisationen nach innen und aussen zu stärken.

Eine Besonderheit, wenn gleich keine Ausnahme, war der Entschluss von Ivan E., 2012 bei den serbischen Parlamentswahlen zu kandidieren. Bei unserem ersten Treffen im April 2012 war er zwar noch nominell Teil der NGO, hatte jedoch wegen der Teilnahme im Wahlkampf sein Amt niedergelegt. Bei unserem zweiten Gespräch amtete er seit wenigen Wochen als Parlamentarier. Für die vorliegende Untersuchung ist es eine Besonderheit, hier den Wechsel vom langjährigen zivilgesellschaftlichen Engagement in die Politik näher betrachten zu können. Dieser Wechsel ist bedeutend in einem Umfeld, indem zumeist so etwas wie eine ‹fixe Lagerbildung› vorherrscht: Man gehört entweder zur Zivilgesellschaft und ist strikt darauf bedacht, sich vom politischen Establishment abzugrenzen und um seine Opposition bemüht zu sein – oder man ist nicht mehr Teil der Zivilgesellschaft. Dem liegt die erwähnte spezifische Prägung der serbischen zivilgesellschaftlichen Bewegung aus den 1990er Jahren gegen das Milošević-System und die Regierung zugrunde. So liesse sich die allgemeine Grundhaltung in Serbien skizzieren, und mit dem Beispiel Ivan E.s vollzieht sich, zumindest in den Augen vieler zivilgesellschaftlicher AkteurInnen in Serbien, gewissermassen eine skandalöse Tat.

Die Biografie von Ivan E. weist eine Fülle an Prägungen auf, die sein späteres Engagement im zivilgesellschaftlichen Bereich entscheidend mitbeeinflusst haben dürften. Bereits früh machte er wichtige Erfahrungen und wurde mit Lebenssituationen konfrontiert, die sein Interesse an Menschen geweckt und für ihre Bedürfnisse sensibilisiert hat.

«Ich bin 1950 geboren und würde mich als Zugehöriger der Generation von Beatles und Rolling Stones bezeichnen; das hat mich geprägt und das hat die Kultur welt-

weit geändert. Und dann kam 1968! Und ansonsten vor allem als einer Generation zugehörig, die daran gewöhnt ist, dass sich alles ändert.

Aufgewachsen bin ich in einem urbanen, akademisch geprägten Umfeld in einer Belgrader Familie. Mein Vater war ein Serbe aus Kroatien, meine Mutter wiederum stammt aus der Ehe eines katholischen Albaners und einer jüdisch-ungarischen Mutter; meine Frau hingegen ist Kroatin. Ich bin nicht religiös und würde mich als militanten Atheisten bezeichnen. Vielleicht trug gerade all das dazu bei, dass wir uns – falls überhaupt etwas – am ehesten noch als Leute aus dem Stadtteil Dorćol [in Belgrad, Anm. TP] bezeichnen würden. Das war und ist für mich Heimat. [...]

Der Bekanntenkreis meiner Eltern bestand zumeist aus Akademikern, aus Ärzten und Juristen. Alles hatte bei uns immer einen sozialen Kontext. Die Themen soziale Gerechtigkeit, Gleichheit, gleiche Chancen. Damals hiess das hier noch gar nicht Menschenrechte, das kam erst später.»

So verwundert es auch nicht, dass ethnische oder nationale Kategorien für Ivan E. keine sind. Er hat sich zuvor als Jugoslawe gefühlt, auch, weil er sich als *«mehr als nur als Serbe»* verstanden hat. Der Zerfall Jugoslawiens war für ihn schmerzhaft. Heute bezeichnet er sich bewusst als Bürger Serbiens. Auch der Umstand, dass seine Schwester mit einem Afrikaner verheiratet ist, was für hiesige Kreise relativ ungewöhnlich war, sorgte für eine Distanzierung zu gängigen ethnischen Zuschreibungen und Segregationen.

Er verstand sich als jemand mit einer dezidiert jugoslawischen Identität. Dazu meinte er im Interview:

«Ich muss sagen, dass mir der Zerfall Jugoslawiens schwer gefallen ist. Ich hielt es, und tue es nach wie vor, für ein Projekt, das Sinn gemacht hat, und sei es auch nur, um diese Region zu befrieden, ohne Kriege und ohne ethnische Säuberungen und all dem anderen, was später geschah.»

Der Beruf ist seine wichtigste identitätsbildende Konstante.

Zwei wichtige Etappen prägten Ivan E.s Kindheit und bestärkten ihn in seinem Wunsch, sich später beruflich mit Menschen und ihren Bedürfnissen zu beschäftigen.

«Als Elfjähriger zog meine Familie für vier Jahre nach Äthiopien, wohin mein Vater als Statistiker delegiert wurde. Von 1961–65 lebten wir also in Afrika. Für mich als

ausländisches Kind bedeutete dies unter anderem den Besuch einer französischen Schule, was mich nachhaltig prägen sollte, da es ein liberales Schulsystem war, bei welchem man seinen Neigungen nachgehen und anderes vernachlässigen konnte. Daneben blieben mir insbesondere die Kinobesuche in Addis Abeba, als eines der wenigen Hobbies, denen ich dort nachgehen konnte, in Erinnerung: Es war ein wichtiges Fenster zur Welt für mich – am Samstag und Sonntag wurden gleich mehrere Filme hintereinander gezeigt. Es hat mich sicherlich in meinem späteren Wunsch beeinflusst, Filmregisseur zu werden.»

Warum sein Vater nach Äthiopien entsandt wurde, erschliesst sich vor dem Hintergrund der Rolle Jugoslawiens innerhalb der Blockfreienbewegung. Jugoslawien bildete zusammen mit Ägytpen und Indien in den 1950er Jahren die Spitze einer Bewegung, die im September 1961 in Belgrad zur Gründung der «Bewegung der Blockfreien» führte.[314] Tito, der Ägypter Gamal Nasser und Jawaharlal Nehru aus Indien bildeten ein Dreigestirn an der Spitze der Bewegung, welches in der Zeit des Kalten Krieges zwischen dem kapitalistischen Westen und dem sozialistischen Ostblock für ‹einen dritten Weg› stand. Im Rahmen der Zusammenarbeit zwischen den blockfreien Staaten leisteten fortschrittlichere Staaten, wie die damalige Sozialistische Föderative Republik Jugoslawien, zum Beispiel technische Entwicklungshilfe, indem Fachleute für Infrastrukturprojekte und den Wissenstransfer in die Länder des Südens geschickt wurden – so unter anderem der Vater von Ivan E.

«Zurück aus Äthiopien kam ich in Belgrad in Fortsetzung meiner internationalen Erfahrung zwangsläufig in das französische Gymnasium, wo ich meinen Interessen gut nachgehen konnte.»

Die zweite, einschneidende Erfahrung ging mit einer Erkrankung Ivan E.s in der Kindheit einher; heute noch leidet er deswegen an körperlichen Beeinträchtigungen. Ivan E. erinnert sich:

314 Marie-Janine Calic: *Geschichte Jugoslawiens im 20. Jahrhundert* (Bundeszentrale für politische Bildung, Schriftenreihe, Bd. 1093). Bonn 2010, S. 201.

> *«Meine Erkrankung führte dazu, dass ich nicht wie andere Jungs in meinem Alter dem Fussball frönen konnte. Vielmehr wurde das Lesen zu meinem grössten Zeitvertreib.»*

Es ist leicht nachzuvollziehen, dass die eigene Erfahrung von Leid und körperlicher Benachteiligung, Ivan E.s Sensibilität für individuell und gesellschaftlich benachteiligte Menschen beeinflusst hat.

Die aufregenden Kinoerlebnisse in Afrika wie auch die vielen anderen Eindrücke, die sich einem Heranwachsenden in solch einem tendenziell exotischen Umfeld geboten haben müssen, hinterliessen ebenso ihre Spuren wie die durch die Krankheit gesteigerte Beobachtungs- und Einfühlungsgabe für seine Umwelt und seine Mitmenschen. Sein Berufswunsch realisierte sich schliesslich:

> *«Ich studierte an der Hochschule für Dramaturgie und wurde Filmregisseur. Besonders beeindruckt hat mich Ingmar Bergmann, der wie kein anderer, keine Angst hatte, die Menschen entblösst in ihrer Verletzlichkeit zu zeigen.»*

Das Interesse am Anderen, das Beobachten der Menschen und das Studium des sozialen Kontextes wurden zusätzlich durch viele Reisen stimuliert:

> *«Während meiner Jugend- und Studienjahre bin ich nicht nur mit meinen Eltern, meiner Familie viel auf Reisen gewesen. Als Gymnasiast habe ich zudem als touristischer Führer gearbeitet, was mir einerseits die Möglichkeit gab, junge Europäer kennenzulernen und andererseits ganz Jugoslawien intensiv zu bereisen. Dieses Gefühl von Freiheit, welches schon in meinem Elternhaus geherrscht hat, hatte ich seither immer! Ich bin früh ausgezogen, habe viel Freiheit verspürt.*
>
> *Mit dem Ende der 1980er Jahre spürte ich plötzlich und erkannte ich die Gefahr für uns alle. Als Mitglied in der Vereinigten Jugoslawischen Demokratischen Initiative (UJDI) verlangten wir den Rücktritt von Slobodan Milošević. Mein Bedürfnis, die Gesellschaft zu verändern, wuchs. Die Zivilgesellschaft schien mir der Raum zu sein, Freiheit zu propagieren und die Gesellschaft voranzubringen.»*

Dieses Interesse könnte man im Fall Ivan E.s als genuines Interesse an den Lebenswelten der Anderen bezeichnen; er selber jedenfalls reflektiert nach wie vor viel darüber:

> *«Ja, die Lebenswelten der Anderen waren und sind prägend für mich gewesen. Sie waren Teil meines Berufs als Regisseur. Siehe auch meine Liebe zu Bergmann.»*

Ivan E. ist ein namhafter Vertreter der einstigen Antikriegsbewegung, die als Sammelbewegung unter dem Namen *Antikriegsaktion* bekannt wurde und sich seit Beginn der 1990er Jahre gegen das Regime Slobodan Milošević richtete.

Aus diesem Engagement wuchs nach und nach das Bestreben, eine Bürgerbewegung zu gründen, die sich der gesellschaftlichen Verantwortung in einem weiteren Sinn widmen sollte, das heisst nicht nur als Antikriegsbewegung, sondern als umfassende Bewegung für mehr Bürgerpartizipation im Sinne einer ausserparlamentarischen Opposition.

Ivan E. erinnert sich an eine Fernsehberichterstattung 1988/89 über Slobodan Milošević, die einen nachhaltigen Eindruck bei ihm hinterlassen habe:

> *«Es war an einem Treffen in jener dunklen Zeit, als Milošević mit seinen Gegnern abrechnete. An diesem Meeting fragte Milošević, als es an eine Abstimmung ging: ‹Wer ist dafür?›, und fuhr fort. Schliesslich flüsterte jemand Milošević etwas zu, woraufhin sich dieser nochmals an das Plenum wandte und fragte: ‹Gibt es jemanden, der dagegen ist?› Von diesem Moment an war ich definitiv gegen Milošević. Wenn wir von Details sprechen, die Auswirkungen auf mich hatten, dann war das Moment sicher so eines.»*

Er schloss sich damals den oppositionellen Kräften an und wurde somit Teil einer Gruppe von unabhängigen Intellektuellen, der bereits vorgestellten *Vereinigten Jugoslawischen Demokratischen Initiative UJDI*, die offen den Rücktritt von Milošević verlangte.

Ivan E. arbeitete in den 1980er Jahren als Filmschaffender für Kulturprogramme, aber auch für Werbefilme und bekam für seine oppositionelle Haltung Anfang der 1990er Jahre die staatlichen Repressalien direkt zu spüren: Eines Tages kam er wie gewöhnlich zur staatlichen Radio- und Fernsehanstalt, als ihm plötzlich, nach 15 Jahren Arbeit, die Akkreditierung zerrissen und fortan der Zutritt verwehrt wurde.

> *«[...] Und dann gelangen sie in ein Szenario wie bei Kundera, wo man sie zwingt Fenster zu putzen; nur dass ich nicht Fenster putzen musste. Aber sie zwingen einen schlicht dazu, sie haben unsere Leben geändert. Und so bin ich auf der Suche nach einer Aktivität zugunsten von Veränderungen in der Gesellschaft, der Förderung und Errichtung individueller Freiheiten zum Schluss gekommen, dass der beste Raum dafür die Zivilgesellschaft wäre und eben nicht die Politik.»*

Dies bot ihm den Raum, mit anderen Mitteln seinem bestehenden Interesse an den Lebenswelten anderer nachzugehen. Gewissermassen, um mit einem Bergmann'schen Blick die zwischenmenschlichen Beziehungen zu verstehen, die Motivationen ihrer Handlungen aufzuspüren, die menschlichen Begrenzungen nachzuvollziehen und sich dabei miteinzubeziehen. *«Das sind eben genau die Fragen meiner Profession!»*, wie Ivan E. einwirft.

Auf sein zivilgesellschaftliches Engagement in der NGO angesprochen, führt er als sein Hauptanliegen aus:

> *«Die Projektarbeit in einer NGO ähnelt sehr der Arbeit eines Filmregisseurs. Wir haben einen antizipativen Ansatz, basierend auf Beobachtung und Analyse. Wir haben Themen vor ihrer Trendwerdung lanciert, während viele hingegen nur reaktiv sind. So haben wir selber Projekte erdacht und haben dann Donatoren gesucht, nicht andersherum.»*

Damit distanziert sich Ivan E. implizit von einem Vorwurf, der immer wieder als Kritik an der Arbeit von Nichtregierungsorganisationen laut wird und der auch unter NGO-AkteurInnen selber Gegenstand von Auseinandersetzungen grundsätzlicher Natur ist: Wo setzen zivilgesellschaftliche AkteurInnen Themen auf die politischen und gesellschaftlichen Agenden und wo reagieren sie nur opportunistisch auf Vorgaben von Donatoren?

> *«Wir haben strategisch entschieden, uns auf die Jungen auszurichten und nicht auf die Älteren, die eine verlorene Generation sind. Wir sind bekannt dafür, Studierende und generell die Jungen einzubeziehen.»*

> *«Unsere NGO hat sich zu einer sehr einflussreichen entwickelt, was positiv ist. Hingegen ist negativ zu bewerten, dass sich seitens der NGO-KollegInnen Konkurrenzgefühle breit machten. Auch der Umstand, dass die Organisation durch mich*

> *stark personalisiert wurde [...] ist problematisch, zumal sie eigentlich auf die Jungen übergehen sollte. [...] Nach 16 Jahren habe ich erkannt: Es gibt Punkte, wo die Zivilgesellschaft an ihre Grenzen kommt. Ob sie wollen oder nicht, man kommt in Kontakt mit der Politik. Vor allem, wenn man sich im Bereich von Menschenrechten, Marginalisierten, Bildungsfragen usw. engagiert. Man ist immer wieder in Konflikt mit der Politik und mit dem Staat. Nachdem ich meinen Beitrag für die Zivilgesellschaft geleistet habe und die Aufgaben in die Hände der Jungen gelegt habe, um diesen schweren Kampf weiterzuführen, wechsle ich auf die Gegenseite, um sie von innen zu ändern – um die Institutionen zu sensibilisieren und zu verändern.»*

Dass es ihm mit seiner Selbstbezeichnung als «*Agent provocateur*» nach wie vor ernst ist, bewies er bereits in den ersten Wochen seines Mandats als Abgeordneter im serbischen Parlament: Als Gegenreaktion auf die Geschichtsklitterung und die Instrumentalisierung historischer Ereignisse und Persönlichkeiten, wie sie seit Mitte der 1980er Jahre gesellschaftsfähig wurden, erschien er mit wechselnden Abzeichen am Revers in den Parlamentssessionen. Diese selbst fabrizierten Buttons zierten Porträts von Persönlichkeiten der serbischen Geistesgeschichte der letzten 200 Jahre, konkret Frauen und Männer, die als AufklärerInnen, WissenschaftlerInnen oder KünstlerInnen einen wichtigen Beitrag zur kulturellen und auch zivilgesellschaftlichen Entwicklung des Landes respektive der Region beigetragen hatten. Diese Abzeichen stiessen unter den ParlamentarierInnen auf Interesse und – so Ivan E. – nur leider allzu oft auf Unkenntnis. Genau darauf und auf den einsetzenden Mediendiskurs hatte es Ivan E. mit seiner Aktion abgesehen: Das Augenmerk sollte auf jene in Vergessenheit geratenen Aspekte der Geschichte fallen und zugleich aufzeigen, wie gross die Unkenntnis an einem solch prominenten Ort des Diskurses und der Meinungsbildung ist.

Bemerkenswert ist Ivan E.s Vorstellung, dass es die Zivilgesellschaft als solche nicht gibt; vielmehr gäbe es Organisationen der Zivilgesellschaft. Diese vergleicht er mit «*Quecksilber*», als etwas mit wechselnder Form, stets in Bewegung.

Das Motivieren der jungen Generation war und ist ihm ein zentrales Anliegen. So schwingt etwas Stolz mit, als er darauf verweist, dass seine

Organisation im Rahmen der Kampagne *Izlaz 2000* (wörtlich: *Ausgang 2000, Englisch: exit*) im erwähnten Jahr, unter anderem das *Exit-Musik-Festival* in Novi Sad mitbegründet hat. Dieses begann als mehr oder minder offener Teil einer politischen Kampagne und war ein Versuch, unter anderem eine Begegnungsstätte für die Jugend zu schaffen, um ihnen in diesem Rahmen die Bedeutung von Wahlen und von gesellschaftlichen Veränderungen bewusst zu machen. Das Motto des damals rund 100tägigen Festivals lautete «*Exit aus 10 Jahren Wahnsinn*», in Anspielung an das Milošević-Regime.

Das Festival hat sich seitdem nicht nur zu einem der wichtigsten Musikfestivals in Europa und der Welt entwickelt, sondern übt insbesondere in der Region eine grosse Anziehungskraft aus, wenn es alljährlich im Sommer, während rund fünf Tagen in und um die Festung Petrovardein am Donauufer, zum Treffpunkt von Jugendlichen, Junggebliebenen und Liebhabern vornehmlich elektronischer Musik wird.[315] Bei allem Musik- und Spassfaktor, stellt es eine der wichtigsten Plattformen im ehemals jugoslawischen Raum für Begegnungen und Austausch jenseits nationaler Grenzen dar, und trotz Kommerzialisierungstendenzen hat es bislang eine soziale Komponente bewahrt.[316] So finden im Rahmenprogramm Workshops, Roundtable-Diskussionen und Theateraufführungen zu Themen wie Vergangenheitsarbeit, Zivilgesellschaft oder Ökologie statt.

---

315 http://www.exitfest.org/sr (letzter Zugriff: 12.12.2012).

316 http://www.exitfest.org/en/news/revolution-begins (letzter Zugriff 28.12.2012).

5. Auswertung

5.1. Vergleichende Analyse und Zusammenfassung

Absicht der geführten Interviews war es, herauszufinden, welche Prägungen und lebensweltliche Erfahrungen für die Personen entscheidend waren und ob daraus Rückschlüsse auf die Motivation für ihr zivilgesellschaftliches Handeln gezogen werden können. Zu einem hohen Grad konnten biografische Prägungen und Erfahrungen ausgemacht werden, die darlegen, wie eng der Zusammenhang zwischen diesen und dem späteren Engagement ist. Die vorgestellten Lebensläufe haben sowohl individuelle Besonderheiten als auch Gemeinsamkeiten in der zivilgesellschaftlichen Entwicklung der Akteure aufgezeigt. Im Folgenden sollen diese anhand von Bedeutungskategorien festgehalten werden.

Eine wichtige identitätsstiftende Kategorie für die ältere Generation war der erlebte jugoslawische Kontext, der einher ging mit einer Identifikation mit der besonderen ethnischen, religiösen und sprachlichen Vielfalt, die offensichtlich mehr noch als die politischen Grundlagen des Sozialismus für diese Generation prägend war. Die Identifikation mit dem Land und seinen durchaus eindrücklichen Errungenschaften in den 1950er und 1960er Jahren im Zuge der Industrialisierung und Modernisierung war besonders für diese Generation in jungen Lebensjahren erfahrbar und wurde Teil des Selbstverständnisses. Dies zeigt sich insbesondere an jenen Stellen, wo die internationale Ausstrahlung des Landes (etwa angesichts seiner führenden Rolle in der Blockfreienbewegung), dic relativ grosse kulturelle Offenheit für Diskurse aus dem Westen wie aus dem Osten und ein gewisser Lebensstandard das Lebensgefühl der Bürger entscheidend beeinflusste.

Zu einem entscheidenden Moment gehörte bei den beiden ältesten Interviewteilnehmern insbesondere die Erfahrung der Studentenbewegung und der ‹Geist von 1968›, die sie eine Freiheit im Geist und im Handeln verspüren liess, die allein als solche schon Antrieb genug war, in der Phase der sich anbahnenden Nationalismen und des jugoslawischen Zerfalls die kommende Unbill zu wittern. Ivan E. und Biljana U. als Angehörige der 68er-Generation, und zu einem gewissen Grad auch Edin I., der seine prägende, kulturell definierte Heimat vor allem in der Musik- und Kulturszene der 1980er Jahre verortet, haben früh die Zeichen der Veränderung erkannt.

Für jene Befragten, die einen substanziellen Teil ihres Lebens unter jugoslawischen Vorzeichen verbracht haben, war die Identität eine jugoslawisch konnotierte, ungeachtet ihrer unterschiedlichen ethnischen und teilweise auch religiösen Herkunft. Diese Generation erfuhr den Zerfall Jugoslawiens und insbesondere die Art und Weise dieses Prozesses als eine nicht nur einschneidende, sondern auch schmerzhafte oder zumindest bedauerliche Erfahrung. Diese hat sie entscheidend mitbeeinflusst, ihrem Protest gegen die Kriege und gegen den nationalistischen Diskurs jener Zeit einen Ausdruck zu verleihen. In einige Fällen war das langjährige Wirken in zivilgesellschaftlichen Kreisen die logische Folge und setzte sich teilweise bis zum heutigen Engagement in ungebrochener Linie fort. Es erstaunt nicht, dass gerade unter diesen Protagonistinnen und Protagonisten die jugoslawisch konnotierten Verbindungen in der Region noch weitgehend intakt sind und diese Gruppe somit damit ein entscheidendes Vehikel bildet für den zivilgesellschaftlichen Austausch über Politikströmungen und Ländergrenzen hinweg.

Ein bereits bestehendes Interesse an gesellschaftlichen Fragen erfuhr durch die zunehmenden Herausforderungen der Zeit eine Akzentuierung und stellte somit die Weichen für das spätere Engagement. Zahlreiche Befragte datieren ihre ersten zivilgesellschaftlichen Versuche in die Zeit der späten 1980er Jahre oder frühen 1990er Jahre, wenn auch aufgrund unterschiedlicher Motivationen – bei Edin I. und Biljana U. parteipolitisch, bei Radan N. und Kimeta A. gewerkschaftlich orientiert. Bei Ivan E. und Biljana U. hat bereits die Berufswahl das Interesse am Menschen und seinem gesellschafltichen Kontext offenbart.

Für die jüngeren unter den Befragten, das heisst jene, die in den 1980er Jahren geboren wurden, ist die Erinnerung an Jugoslawien eine schemenhafte, falls überhaupt existent. Manchmal erscheint sie als Kontrastfolie für die folgende Zeit der Instabilität und des Chaos. Grundsätzlich ist die Phase der Kriegsjahre einschneidend: Ausnahmslos für alle Befragten gilt, dass die in den 1990er Jahren im Zeichen von Krieg und Zerfall gemachten Erfahrungen, die dominierendsten waren.

Entweder waren die Erfahrungen unmittelbarer Art wie im Falle der direkten Bedrohung durch Krieg und Flucht (Jasmina L., Mladen K.) oder erfolgten in subtilerer Weise in Form von ethnischer Säuberung am Arbeitsplatz und Rassismus in der Schule (Janica L., Mladen K.) oder der Umsiedlung und Trennung von der Familie (Ana P., Jasmina L.) oder beides (Kimeta A.). Die Kriegsmobilisierungen (freiwillig oder unfreiwillig) waren im Falle von Radan N. und Edin I. eine besondere Form der Kriegserfahrung. Beide sind gezeichnet vom Krieg, haben mit seinen Nachwirkungen zu kämpfen oder haben sich unter Schwierigkeiten davon befreit (Alkoholismus, Drogenabhängigkeit) und spüren offenbar besonders das bestehende Gewaltpotenzial in ihren Gesellschaften.

Aber auch die mittelbaren Auswirkungen erwiesen sich bei näherer Betrachtung als bedeutende, leidvolle Erfahrungen, die ihre Spuren hinterlassen haben: Bei Ana P. waren es die Gefühle von Scham und Qual, die sich nach Jahren einstellten, als sie das Ausmass ihrer kindlichen Abenteuerlust erfassen konnte; aber auch der Tod des Vaters, der indirekt an den Folgen des Krieges starb. Bei Janica L. zeigen sich die Spuren des nationalistischen Umfeldes, dem sie im Alltag und in der Schule begegnete, unter anderem an ihrer dezidierten Abwehr gegenüber allen nationalen und ethnischen Diskursen. Aufgrund der Entlassung des Vaters und des damit einhergehenden sozialen Abstiegs der Familie erfuhr dies eine weitere Verstärkung. Heute setzt Janica L. sich mit ihren Erfahrungen auch zusätzlich wissenschaftlich auseinander. Man erahnt das Ausmass dieser ‹kollateralen Kriegsschäden›, wenn Mladen K. von der Seelenpein und der Verbitterung seines Vaters berichtet oder der Veteran Radan N. die Entfremdung von seiner Familie oder die innerfamiliären Gräben zwischen den Generationen schildert.

Während in Kroatien und Bosnien der Krieg tobte, waren die desaströsen Auswirkungen in Serbien im Kontext des individuellen, selbst gewählten Wirkens für die Antikriegs- und Bürgerbewegung sichtbar, welches sich auch automatisch gegen das Regime richtete: Bei Ivan E. führte das zivilgesellschaftliche Engagement zu seiner Entlassung und beruflichen

Isolation; dies umso mehr als er durch seine körperliche Behinderung hinsichtlich möglicher Alternativen ohnehin bereits sehr eingeschränkt war.

Bei Biljana U. führte die bewusste Entscheidung, ihre Arbeit beim Staat zu quittieren zu substanziellen Einkommensverlusten und grossen Unsicherheiten. Überdies wurde sie durch die Arbeitsbelastung, die die neue finanziell wenig einträgliche, aber sehr zeitaufwenige Beschäftigung mit sich brachte, sowie durch die Erziehungspflichten von ihrem Bedürfnis nach einem stärkeren zivilgesellschaftlichen Engagement abgehalten. Gleichwohl beteiligte sie sich in verschiedener Weise an Hilfsprogrammen, Protesten oder in politischen Parteien.

Bei der jungen Generation war es die Herausforderung, nach Schule und Ausbildung in Nachkriegszeiten unter schwierigen wirtschaftlichen Bedingungen eine Arbeit zu finden, die sie mehr oder weniger direkt zu ihren heutigen Beschäftgungsfeldern brachte. Ob Mladen K., Ana P., Janica L., Edin I. oder Jasmina L.: Sie fanden sich mit ihren Erfahrungen in Organisationen wieder, wo sie ihren privaten wie beruflichen Interessen nachgehen konnten. Alternativ erlebten sie einen Schlüsselmoment, wie im Falle von Ana P., deren beruflicher Weg nach der eindrücklichen Gerichtsverhandlung des Falles Sjeverin eine andere Wendung erfährt, oder am Beispiel von Jasmina L., die ihre Kriegserfahrungen in gewisser Weise zum Beruf macht und dabei in der Ferne anhand eines völlig anderen Konflikts erkennt, welche Ähnlichkeiten diesen beiden zugrunde liegen und wie sehr sie im schlechten wie im guten Sinne beeinflussbar sind, da von Menschen gestaltet.

Gemeinsam ist ihnen allen die Erfahrung, nur sehr collagen- und bruchstückartige Geschichtsbilder in der Schulzeit vermittelt bekommen zu haben, welche von Einseitigkeiten und Antagonismen im interethnischen Miteinander geprägt waren. Zahlreiche Epochen und Themen, wie der Zweite Weltkrieg, das sozialistische Jugoslawien und insbesondere sein Ende kamen angesichts ihrer Komplexität oft gar nicht erst zur Sprache. Vergegenwärtigt man sich zusätzlich zur dieser Schulbildung die Einseitigkeit der Medienberichterstattung jener Zeit, die von staatlicher Kontrolle und nationalistischem Meinungsjournalismus geprägt war, versteht man in welchem geistigen Vakuum speziell diese Generation aufgewachsen ist.[317]

Auffallend, aber nachvollziehbar ist bei der jungen Generation die daher bedeutsame Erfahrung, Altersgenossen in der Region mitsamt den Gemeinsamkeiten neu zu entdecken und daraus ein authentisches Interesse an der Auseinandersetzung mit der Vergangenheit und der Region zu entwickeln, während die ältere Generation dankbar ist für die bestehenden Beziehungen und die gemeinsamen Bezugspunkte, an die ihre Arbeit anknüpfen konnte. Das Beispiel des erwähnten Exit-Festivals in Serbien, welches praktisch alle jungen Interviewten besucht hatten, ist für viele ein Schlüsselmoment und Stimulus gewesen, Gleichaltrige unterschiedlichster Herkunft aus der Region kennenzulernen und sich eingehender mit ihnen und ihren Lebenswelten auseinanderzusetzen. Den «*jungen Brückenbauern*» halfen hierbei die «*erfahreneren Brückenbauer*» gewissermassen ein Stück mit, wie Ivan E. als einer der *Exit*-Initiatoren zufrieden anmerkte.

Zugleich lässt sich an diesem Punkt die Frage aufwerfen, ob und inwiefern aus der zivilgesellschaftlichen Kooperation rund um das Thema Vergangenheitsarbeit bereits Ansätze einer neuen regionalen oder gar überregionalen und überstaatlichen Identität erkennbar sind? Augenfällig ist, wie bei den älteren Aktivisten die jugoslawische Idee und die einstige Kultur der Vielfalt weitergewirkt und einen günstigen Nährboden für das zivilgesellschaftliche Schaffen gebildet hat: Ihr Selbstverständnis, ihre tolerante Haltung anders Denkenden gegenüber wie auch die aufrechterhaltenen Beziehungen über die Kriegsjahre und trennenden Momente hinweg, waren zentral für die regionale Zusammenarbeit in wichtigen Bereichen und scheinen ein Netzwerk gebildet zu haben, an das die jüngeren Aktivisten anknüpfen konnten oder ihnen zumindest als Orientierung und vertrauensbildende Massnahme gedient haben könnten. Bei der jungen Generation steht das Kennenlernen oder gewissermassen Wiederentdecken von Gleichgesinnten in der Region im Vordergrund und das Entwickeln neuer Beziehungsnetze. Spannend wäre es nun beispielsweise der Frage nachzugehen, ob die bisherigen Interaktionen innerhalb der zivilgesell-

317 Popović: *Mythologisierung des Alltags*, S. 45ff.

schaftlichen Szenen über Themengebiete, Generationen und Länder hinweg zu neuen, identitätsstiftenden Bezugspunkten oder gar einem neuen Selbstverständnis geführt haben.

Wichtig, aber zu vage um an dieser Stelle verallgemeinernd ausgelegt werden zu können, ist auch der soziale Kontext, aus dem die hier präsentierten zivilgesellschaftlichen Akteure kommen. Zwar ist das Bild durchaus nicht einheitlich, aber es zeigt doch in Bezug auf die Herkunft einen grossen Anteil an städtisch-urbanen, akademisch geprägten Milieus auf.

Schliesslich sind biografische Erfahrungen individueller Art und soziale Prägungen sehr bedeutsam, auch wenn sie im vorliegenden Fall nur eher vermutet werden können: Vielleicht wäre der Blick Ivan E.s auf seine Umwelt und seine Perzeption der Dinge eine andere, wenn ihn die körperliche Behinderung nicht zum guten Beobachter gemacht hätte? Wie sehr hat die persönliche Erfahrung von Leid und Zerstörung sowie von der beachtlichen nationalen und internationalen Hilfsbereitschaft nach dem grossen Erdbeben Biljana U.s Empathie und Solidarität für andere geschärft? Was löste der Auslandseinsatz bei der jungen Jasmina L. aus, um schliesslich die gutbezahlte Anstellung bei internationalen Organisationen aufzugeben, um sich bewusst unter bescheideneren Bedingungen für die einheimischen Jugendlichen zu engagieren? Diese vorgestellten Interviews sowie die anderen Gespräche zeigen auf, wie sehr persönliche Umstände und individuelle Erfahrungen das Handeln geprägt haben.

5.2. Schlussfolgerungen, Forschungsdesiderate, Ausblick

Bei der vorliegenden Arbeit wurde der Versuch unternommen, über die Analyse lebensweltlicher Interviews, Einsichten zu den Biografien zivilgesellschaftlicher AkteurInnen zu gewinnen und Beweggründe für ihr heutiges Engagement ausfindig zu machen. Die Ergebnisse lassen den Schluss zu, dass tatsächlich lebensweltliche Prägungen bedeutsam für die persönlichen Einstellungen und die zivilgesellschaftiche Motivation waren. Im Falle der hier herangezogenen AkteurInnen, die allesamt im näheren oder weiteren Kontext der Vergangenheitsarbeit aktiv sind, ist diese Feststellung möglicherweise keine überraschende, wenn man berücksichtigt, dass dieses Thema von AktivistInnen besondere Zugangsweisen erfordert.

Die individuellen Prägungen sind nicht von den historischen Leitlinien zu trennen, sondern müssen im Gegenteil in Beziehung zueinander gesetzt werden. Wichtig für das Verständnis der Zivilgesellschaft im vorliegenden Raum ist, dass die Strukturen vor 1991 insgesamt als schwach bezeichnet und allenfalls als Vorstufen zivilgesellschaftlichen Schaffens qualifiziert werden müssen. Unter den sehr schwierigen Bedingungen der folgenden Kriegs- und Transitionsjahre mussten sich die noch zarten Ansätze einer zukünftigen Bürgergesellschaft zugleich entwickeln und bereits bewähren. Wie aufgezeigt wurde, verliefen die zivilgesellschaftlichen Entwicklungen in Serbien, Bosnien-Herzegowina und Kroatien vor dem Hintergrund des jeweiligen politischen Kontextes und daher entsprechend unterschiedlich. In Serbien entstand eine kleine, aber vielfältige Zivilgesellschaft, die auf bestimmte historische Entwicklungen zurückgreifen konnte und sich schliesslich über ein Jahrzehnt lang im Widerstand gegen das dominierende Milošević-Regime und die vielen Kriege in Slowenien, Kroatien, Bosnien-Herzegowina und im Kosovo ausdifferenzierte. Die Zeit danach brachte zwar Erleichterungen mit sich, aber verursachte durch eine schleppende Demokratisierung, Kontinuitäten ehemaliger Netzwerke und dem Aufkommen einer rechtsradikalen Bewegung zusätzliche Herausforderungen. Zahlreiche Rückschläge, wie beispielsweise die Ermordung des reformorientierten serbischen Ministerpräsidenten Zoran Djindjićs 2003, erschwerten die Entwicklung.

Die zivilgesellschaftliche Landschaft konnte zwar auf viele, engagierte Personen und Organisationen zählen, die sich jedoch durch Egoismen und mangelnde Kooperation teilweise aber selber geschwächt haben und Gefahr laufen, sich von der Gesellschaft abzukoppeln. Vor dem Hintergrund einer nur zaghaft voranschreitenden Reform des Staates einerseits und einer Bevölkerung andererseits, die sich über weite Teile nicht von den zivilgesellschaftlichen Ideen angesprochen fühlt und die zu politischer Apathie, Resignation oder zur Radikalisierung neigt, scheint die Zivilgesellschaft dazwischen in gewisser Hinsicht isoliert. Unter diesen Bedingungen können bedeutende Erfolge gerade im Bereich der Vergangenheitsarbeit schwerlich erwartet werden.

In Bosnien-Herzegowina wurden die vereinzelten und relativ schwachen zivilgesellschaftlichen Initiativen mit dem Kriegsausbruch beendet oder jäh zerstört. Die Nachkriegszeit war geprägt von der Entstehung einer vielfältigen zivilgesellschaftlichen Szene, die jedoch durch eine unkontrollierte, von Aussen implementierte Entwicklung in vielerlei Hinsicht ad absurdum geführt wurde und negative Folgen nach sich zog. Die befragte Jugendgruppen-Vertreterin Jasmina L. resümiert konsterniert: «*Wir haben heute keine Zivilgesellschaft in Bosnien-Herzegowina; wir haben NGOs*».

Trotz weiterhin bestehender grosser Herausforderungen für Land und Leute und ungeachtet der durchaus bestehenden Expertisen, die sich in den zivilgesellschaftlichen ‹Inseln› herausgebildet haben, fällt es diesen schwer, angesichts schwacher staatlicher Strukturen, fehlender Medienfreiheit und einer der Zivilgesellschaft tendenziell negativ eingestellten Bevölkerung eine grössere Rolle zu spielen. Bei dieser Einschätzung stehen die zivilgesellschaftlichen Anstrengungen im Vordergrund, die sich der Vergangenheitsarbeit und dem selbstkritischen Umgang mit der Geschichte verschrieben haben. Speziell diese Themen stellen jedoch im kriegstraumatisierten Bosnien-Herzegowina eine besonders schwierige Angelegenheit dar.

Im Gegenzug dazu, hatte sich in Kroatien unter dem Dach der *Antikriegsbewegung ARK* die 1990er Jahre hindurch eine Sammelbewegung entwickeln können, die wiederum aus den Sozialbewegungen der 1980 Jahre entstanden ist. Diese relativ lineare Entwicklung hat die heutige Zivilgesellschaft ideell und personell stark geprägt. Zwar stellte das autoritäre Regime Franjo Tudjmans eine Bürde für die zivilgesellschaftliche Entwicklung dar, doch war die Gesellschaft trotz bestehender Meinungsverschiedenheiten in der Kriegsphase zwischen 1991 und 1995 angesichts der äusseren Bedrohung relativ geeint und nicht wie in Serbien von massiven inneren Konfrontationen geprägt. Die forcierte Demokratisierung und insbesondere die EU-Annäherung, die ab dem Jahr 2000 einsetzten und zum EU-Beitritt 2013 führten, trugen entscheidend dazu bei, dass sich heute Staat und Zivilgesellschaft relativ konstruktiv gegenüberstehen.

Im Falle von regionalen Initiativen, wie der erwähnten *REKOM*-Bewegung, aber auch anderen wie der *Igman-Initiative* (*Igmanska Inicijativa*)[318] oder der *Youth Initiative for Human Rights*, können diese unterschiedlichen Herausforderungen im gemeinsamen Austausch lehrreich sein und wichtige Chancen zur Zusammenarbeit ergeben.

Die ICTY-Freisprüche für die kroatischen Generäle Ante Gotovina und Mladen Markač sowie den angeklagten kosovarischen Kommandanten Ramush Haradinaj Ende 2012 bedeuteten für die Vergangenheitsarbeit in der Region einen Rückschlag.[319] Der dominierenden triumphalen Rhetorik auf Seiten weiter Teile der kroatischen und kosovo-albanischen Öffentlichkeit, die sich – jede auf ihre Weise – in ihrer Wahrnehmung der ‹gerechten Sache› bestätigt sahen, konnten die zivilgesellschaftlichen AkteurInnen mit ihrer kritischen Sicht der Dinge wenig entgegenhalten. Sie taten es gleichwohl und versuchten zu unterstreichen, dass ihre Forderungen nach einer kritischen Auseinandersetzung mit der Vergangenheit nun erst recht nötig seien.

Es wäre aufschlussreich, mehr Beispiele bei einer solchen Untersuchung einzubeziehen und um weitere, relevante gesellschaftliche AkteurInnen zu ergänzen, die bei dieser Arbeit zwar als (sehr) wichtig eingestuft, aber nicht konkret einbezogen worden sind. Die Zugänge, Motivationen und Beiträge von KünstlerInnen, Theaterschaffenden, SchriftstellerInnen, unabhängigen WissenschaftlerInnen oder ReligionsvertreterInnen zu diesem Themengebiet eingehender zu untersuchen wäre gewinnbringend. Ebenso wäre es spannend, der augenfällig bedeutenden Rolle von Frauen in der Zivilgesellschaft detaillierter nachzugehen.

---

318 http://www.igman-initiative.org/members/expert-teams (letzter Zugriff: 13.3.2013).

319 Vgl. hierzu auch den Themenschwerpunkt «Die Urteile des ICTY zu Gotovina und Haradinaj und die Folgen» mit verschieden Einschätzungen und insbesondere hierbei den Beitrag von Florian Bieber «Die Grenzen des ICTY: Nach den Freisprüchen von Gotovina, Markač und Haradinaj». In: *Südosteuropa Mitteilungen*, 2 (2013), S. 31–84.

Heute werden die AktivistInnen, Männer und speziell Frauen, noch allzu oft als «vaterlandslose Verräter», als «westliche Spione», «fünfte Kolonne» oder «vom Westen Bezahlte» verunglimpft und bedroht.[320] Exemplarisch sei hierfür ein Interview-Auszug mit Borka Pavičević wiedergegeben, Theaterdramaturgin und Direktorin des bereits erwähnten *Zentrums für kulturelle Dekontamination* (*Centar za Kulturnu Dekontaminaciju, CZKD*) in Belgrad. Das *CZKD* entstand 1995 aus der Zusammenarbeit des *Belgrader Kreises* und Leuten aus der Theaterszene, Freischaffenden usw. Der ursprüngliche Name lautete bezeichnenderweise *Zentrum für Dekontamination, Pazifizierung und Entnazifizierung* (*Centar za dekontaminaciju, pacifikaciju i denacifikaciju)*.

Das Ziel war, die Schaffung eines autonomen Kulturzentrums, welches sich dem kritischen Denken widmen und unter anderem mittels künstlerischer Ausdrucksformen, Theateraufführungen, Festivals, Diskussionsforen, Ausstellungen, Publikationen, Seminaren, Happenings et cetera, eine Gegenöffentlichkeit zum dominierenden nationalistischen Diskurs in Politik und Öffentlichkeit vertreten sollte. Die thematische Bandbreite ist weit und anspruchsvoll; dazu gehören etwa die Auseinandersetzung mit *Transitional Justice* oder Projekten mit dem Namen *Erinnerungsgemeinschaft* oder den *Studien Jugoslawiens*.[321] Anlässlich dessen damals just

320 Vgl. hierzu auch den Beitrag im Online-Medium *Peščanik* Tamara Kaliterna: «Na patriote razbroj's», vom 24.12.2012, welcher unter anderem über eine Liste von «Antiserbischen NGOs» berichtet, die von der Bewegung *SNP Nasi* aufgestellt wurde und rund 20 bekannte NGOs auflistet, http://pescanik.net/2012/12/na-patriote-razbrojs (letzter Zugriff: 28.2.2013).

321 Die Projekte und Aktionen, die 2010 bereits die Zahl von 5000 überschritten haben, wurden von zahlreichen namhaften regionalen und internationalen Kunstschaffenden, Intellektuellen usw. besucht, bespielt oder anderweitig unterstützt, darunter György Konrad, Michael Ignatieff, Bibi Anderson, Jacques Lang. Zu den Donatoren der Organisation gehören die Open Society Foundations, die European Cultural Foundation, die Rosa-Luxemburg-Stiftung, das Swiss Culture Programme in the Western Balkans, aber auch die Stadt Belgrad und das serbische Ministerium für Kultur und Medien. Vgl. auch http://www.czkd.org (letzter Zugriff: 25.12.2012).

bevorstehenden 15-jährigen Jubiläums im Jahr 2010 beschrieb Pavičević im Interview ihre Erfahrungen mit Rechtsradikalen wie folgt:[322]

> *Unlängst kamen Leute der Organisation 1389 ins CZKD, dies in Begleitung von Polizei und Kameras. Sie schrien ihre Parolen daher und übergaben einen Brief, der mich in Panik versetzte. In dem Brief stand, dass ich die EULEX-Mission im Kosovo ebenso verhindern müsse wie den Beitritt Serbiens zur NATO und das Tribunal in Den Haag beenden! Du erkennst sodann in diesem Brief einen Irrsinn und gleichzeitig eine Überschätzung und Potenzierung dessen, was wir machen. Denken Sie nur, als ob ich solch eine Macht hätte! Aber dafür haben wir, alle zusammen, eine andere Macht. Sich zu artikulieren, zum Beispiel.*

Obgleich das Interview aus dem Jahr 2009 stammt, hat sich an der Situation kaum etwas verändert, wie manche InterviewpartnerInnen in ähnlicher Form zu berichten wussten.

Vereint scheinen die VertreterInnen der Zivilgesellschaft auch im Hinblick auf eine Jugend, die sich politisch und gesellschaftlich radikalisiert hat, zumindest in Serbien. Der Zulauf, den Organisationen des rechten und rechtsradikalen Spektrums verzeichnen, alarmiere und beschäftige sie sehr. Borka Pavičević skizziert dies anschaulich:

> *Jetzt haben wir auch noch diese Verwirrung, bedingt durch die Transition: Das Phänomen, dass ein junger Kerl daherkommt, mit Ohrring im Ohr, Benetton T-Shirt und Turnschuhen und dann erklärt er dir, dass die Juden Serbien zerstören würden.*[323]

Jugendorganisationen, wie die hier vorgestellten, teilen diese Einschätzung und betrachten die nächsten Jahre als entscheidend; nicht zuletzt auch, weil die Generation, die sich seit Ende der 1980er Jahre zivilgesellschaftlich engagiert, ein bereits fortgeschrittenes Alter erreicht hat. Wichtig wird die

---

322 Sonja Ćirić: *Čin ljubavi i prijateljstva.* Interview mit Borka Pavičević, Vreme Nr. 991–992, 29. Dezember 2009, http://www.vreme.com/cms/view.php?id=905103 (letzter Zugriff: 26.2.2013).

323 Borka Pavičević im Interview mit Sonja Ćirić: *Čin ljubavi i prijateljstva*, Vreme, 2009.

Frage sein, ob und wie es den gegenwärtigen zivilgesellschaftlichen AkteurInnen gelingen wird, ihre Argumente jüngeren Generationen überzeugend zu übermitteln.

Mehr und ausgesuchtere Unterstützung tut Not. Die Motivation erscheint hierbei – wie anhand der vorgestellten biografischen Interviews ersichtlich – als ein wichtiger Schlüssel zum Verständnis der AkteurInnen der Zivilgesellschaft. Dies gilt insbesondere für jene, die sich der gesellschaftlich sensitiven und verantwortungsvollen Aufgabe der Vergangenheitsarbeit widmen. Ihr Antrieb speist sich aus vielen verschiedenen Quellen, ist aber nicht unendlich. Vielen dürften eine ähnlich hohe Selbstmotivation, im Sinne eines Ideals, zu eigen sein, wie Borka Pavičević, befragt zu ihren Beweggründen, es indirekt hier darlegt:

> *In der Philosophie gibt es etwas, was sich grundlose Tat nennt. Etwas was kostbar ist, aber keinen Zweck hat; etwas was unendlich wertvoll ist, aber keinen Preis hat. Ich tue das, was ich tue, wegen der unglaublichen Mitarbeiter, welche das Zentrum zum Leben erweckt haben, nur so kann es auch funktionieren; wegen Freunden und Mitarbeitenden, die mir eine Ehre sind; wegen des Baumes, der einst ganz klein im Hof des Zentrums stand und heute, gross und wunderschön, Schatten spendet; wegen der Steine, die an das Muster mediterraner Häuser erinnern; deswegen, weil jeder Tag, an dem ich das Zentrum betrete, schön und mir lieb ist. Weil ich zufällig vor wenigen Tagen aus dem französischen Kulturzentrum mit dem Buch ‹Der Mythos des Sisyphos› von Camus kam; weil ich in Zeiten grosser Zerrissenheit mitbeteiligt am Aufbau einer Institution war.*[324]

Es ist eine Sisyphos-Arbeit, die aber angesichts der Dringlichkeit und zum Wohle eines nachhaltigen Friedens keine solche bleiben darf. Wie erwähnt, sind die äusseren Rahmenbedingungen für die Zivilgesellschaft sehr wichtig. Mit dem Beitritt Kroatiens zur Europäischen Union 2013 stelle sich für die dortige Zivilgesellschaft – so eine Sorge, die in den geführten Interviews 2012 ausgedrückt wurde – die Herausforderung, dass manche Donatoren ihre Unterstützung einstellen werden, da sie Kroatien ja fortan vermeintlich nicht mehr brauchen würde.

324 Ebd.

In Bosnien-Herzegowina und Serbien wird vor dem Hintergrund der weltweiten Finanzkrise und insbesondere der aktuellen innen- sowie aussenpolitischen Herausforderungen für die EU – verwiesen sei nur auf die Griechenland- oder die Flüchtlingskrise – ein Rückgang der ausländischen Unterstützung erwartet; zumal ‹doch der Balkan befriedet scheint›, wie Beobachter bisweilen glauben.

Immerhin bietet dies auch die Chance einer ‹Flurbereinigung› unter den NGOs, was wiederum jenen Kräften zugute kommen könnte, die mit einem so anspruchsvollen wie relevanten Thema wie der Vergangenheitsarbeit auf internationale Unterstützung hoffen können. Diese Hilfe sollte sich dabei keineswegs auf monetäre Aspekte beschränken, zumal diese bereits ihre Risiken zu genüge offenbart haben: Zu viel finanzielle Unterstützung und oft für Projekte bestimmt, die einheimisches Engagement zur Dienstleistungserbringung für ausländische Auftraggeber degradiert, wird von den interviewten Akteurinnen und Akteuren als der Sache wenig dienend qualifiziert – einerseits verstärkert es die Kritik von seiten jener, die die Vergangenheitsarbeit als Machwerk des Auslands sehen, die wahren Beweggründe verkennen und mit weiterem Gegendruck reagieren; andererseits fördert allzu bereitwillige oder grosszügige Förderung das eigene Potenzial des zivilgesellschaftlichen Schaffens zu wenig, bei dem es vor allem darum geht, eigene Lösungswege adaptiert auf die jeweiligen Bedingungen vor Ort zu finden und zu beschreiten.

Gerade die europäischen Erfahrungen, wie beispielsweise die deutsch-französische Aussöhnung[325] oder Lehren aus der Vergangenheitsarbeit in Deutschland können sehr lehrreich und stimulierend für die AkteurInnen aus der Region sein. So fiel die erwähnte Studienreise der Veteranengruppe aus Bosnien-Herzegowina in Deutschland gemäss des Interviewten Edin I. auf einen nachhaltig fruchtbaren Boden und führte zu neuen Erkenntnissen, Projekten und Ansätzen in der Auseinandersetzung mit der jüngsten Vergangenheit. Der regionale und internationale Austausch und die

325 Georg Kreis: *Etappen auf dem Weg der französisch-deutschen Verständigung bis 1963* – mit einem Ausblick auf die Zeit danach und einem Beitrag von Marie-Noëlle Brand Crémieux (Basler Schriften zur Europäischen Integration, 94). Basel 2011.

Zusammenarbeit zwischen den verschiedenen Akteuren, welche sich in ihren jeweiligen Kontexten engagieren, versprechen dabei ein besonderes Potenzial. Gerade Einsichten in die Vielfältigkeit der Herausforderungen und Herangehensweisen sowie die Entdeckung von Gemeinsamkeiten können wichtige Denkanstösse und inspirierende Impulse für die Vergangenheitsarbeit geben. Konkret sollten mehr Gelegenheiten, Räume im weiteren Sinne oder auch institutionalisierte Formen für den interdisziplinären, interpersonellen und interethnischen Austausch geschaffen werden. Daneben sollten insbesondere Begegnungen zwischen den jungen Generationen stärker gefördert werden; sei es über Studienaufenthalte und Stipendien oder Kooperationen zwischen Schulen, Bildungsinstitutionen oder Jugendwerken.

Die Themenbereiche der Vergangenheitsarbeit weisen hierbei ein weites Spektrum auf und reichen, um nochmals die wichtigsten Felder zu benennen, von neuen Lehrplänen und Schulmaterialien, über Gedenkstättenarbeit und neuen Formen der Vermittlung im Bereich der Forschungs-, Museums-, Archiv- und Dokumentationsarbeit, neue Wege in der politischen Bildung (zum Beispiel ähnlich den Zentralen für politische Bildung in Deutschland), zu neuen medialen und gesellschaftlichen Diskursen, der Auseinandersetzung im Bereich von Kunst und Kultur, der nationalen Rechtssprechung und Strafverfolgung, der Lustration, dem Dialog mit Veteranen, der Anerkennung politischer Verantwortung und schliesslich zur Wiedergutmachung respektive Opferentschädigung und insbesondere zur psychosozialen Betreuung breiter Bevölkerungsgruppen.

Bei aller Unterstützung, die nötig sein wird, sollten gleichzeitig die Anforderungen nicht zu hoch angesetzt werden. Kritik an unrealistischen, weil überfliegenden Erwartungen ist angebracht und erfolgt nun verstärkt seitens der Friedens- und Konfliktforschung: "[...] But it would be inappropriate to expect civil society actors to bring about broader political change and have an impact beyond this role. Excessively high expectations put people who are active at the grassroots level under extreme pressure, and may ultimately cause them to break under the strain."[326]

Die letzten Jahre haben gezeigt, dass es vor allem der anhaltende Druck der internationalen Gemeinschaft war, der die politischen Führungen in der Region dazu bewegt hat, wichtige Zugeständnisse im Bereich der *Transitional Justice* zu machen und beispielsweise den Verpflichtungen gegenüber dem ICTY nachzukommen. Gleichzeitig muss daran erinnert werden, dass dieser Druck von Aussen nicht mit zweierlei Mass verabreicht werden sollte: So gehört die Europäische Union zur wichtigsten Mahnerin gegenüber den Staaten in der Region und knüpft Bedingungen für die EU-Integration unter anderem an die Fortschritte in der Vergangenheitsarbeit. Hingegen harren EU-Mitgliedsstaaten wie beispielsweise Portugal, Griechenland oder Spanien selber noch immer einer umfassenden Auseinandersetzung mit ihren Vergangenheiten, die überdies weitaus ferner zurückliegen. Solches Verhalten trägt dazu bei, Vergangenheitsarbeit als solches zu desavouieren und zu politischen Zwecken zu missbrauchen. Welche Folgen dies nach sich ziehen kann, wurde eingangs anhand der Kritik von Jelena Subotić skizziert.

Zudem sollte man sich bewusst machen, was Politologen angemahnt haben: Zivilgesellschaftliches Engagement kann bei aller Wichtigkeit, die es spielen kann, keine grosser Wirkung in Staaten mit schwachen demokratischen Strukturen bewirken. Schliesslich ist auch zu betonen, dass der Aufbau beziehungsweise die Entwicklung einer Zivilgesellschaft grundsätzlich Zeit erfordert, entsprechend dürfe man keine unrealistischen Erwartungen hegen[327]. Im Falle der hiesigen Region gilt dies im Hinblick auf die

326 Martina Fischer: *Civil Society in Conflict Transformation: Strenghts and Limitations*. http://www.berghof-handbook.net/documents/publications/fischer_cso_handbookII.pdf (letzter Zugriff: 29.12.2012), S. 304.

327 Paul Stubbs: Civilno društvo ili ubleha? In: *20 poticaja za budjenje i promenu*. O izgradnji mira na prostoru bivše Jugoslavije. Centar za nenasilnu akciju (Izd.), [20 Anregungen für Erweckung und Wandel. Von der Friedensförderung im Gebiet des ehemaligen Jugoslawien. Hg. vom Zentrum für gewaltlose Aktion]. Beograd, Sarajevo 2007.

historisch nachhinkende Entwicklung in diesem Bereich vermutlich noch mehr. Hier trafen schwach bis kaum ausgebildetete Zivilgesellschaften auf immense Herausforderungen (Kriege der 1990er Jahre), um in einem überaus sensiblen und schwierigen Themenbereich (der Vergangenheitsarbeit) als bisweilen alleinige Akeure in dysfunktionalen und demokratisch noch unerfahrenen Staaten zu wirken. Nicht vergessen werden darf der Umstand, dass seit den 1990er Jahren Hunderttausende von gut ausgebildeten, tendenziell den zivilgesellschaftlichen Kräften nahestehenden jungen Leuten die Region verlassen haben oder angesichts der schwierigen Umstände gegenwärtig daran denken ins Ausland zu migrieren. Mit diesem Brain-Drain verlieren die Gesellschaften ihr wichtigstes Kapital für die Zukunft, nämlich kritische Menschen, die etwas verändern möchten.

«Wir sind wie Ameisen ...», entgegnete die interviewte Jasmina L. aus Sarajewo, zu ihrer Einschätzung der Zivilgesellschaft in ihrem Land und in der Region befragt. Damit implizierte sie ein Bild von den zahlreichen, kleinen, emsig-rastlos Mitwirkenden, die sich für immens wichtige Veränderungen in ihren Ländern und in der Region stark machen und dabei doch oft nur kleine Schritte zurücklegen. Erst die Masse und die Ausdauer kann dabei Entscheidendes bewirken, wenngleich – um in ihrem Bild zu bleiben – allgegenwärtig die Gefahr mitschwingt, von Ereignissen, Umständen oder mächtigeren Akteuren niedergetreten zu werden.

Wie geschildert, sind dies im konkreten Fall, das Desinteresse jener, die sich ganz grundsätzlich und ideologisch gefärbt jeglicher Auseinandersetzung verweigern sowie jener, die in schwierigen Zeiten ihre Energien für das materielle Überleben einsetzen müssen und keine Ressourcen für gesellschaftliche Anliegen aufzubringen vermögen; und nicht zu vergessen schliesslich jene reaktionären politischen Kräfte, die kein Interesse an Lustration, Aufklärung oder historischer Aufarbeitung sehen, weil damit ihre Privilegien und ihr Ansehen in Mitleidenschaft geraten würden.[328]

328 In Bezug auf die Überprüfung von Personen im öffentlichen Dienst und Entfernung aus ihren Positionen siehe Magarditsch Hatschikjan, Dušan Reljić, Nenad Šebek (Eds.): *Disclosing hidden history: Lustration in the Western Balkans*. A project

Damit aus diesen Belastungsproben nicht Zerreissproben werden für das zivilgesellschaftliche Schaffen in der Region, wäre es wichtig, dass die Unterstützung aus dem Ausland nicht nachlässt.

Angesichts der geschilderten Widerstände und des Generationenwechsels innerhalb der Zivilgesellschaften wäre es angebracht, die Initiativen von Akteuren und Akteurinnen der Vergangenheitsarbeit umsichtig zu unterstützen, Rahmenbedingungen hierfür zu fördern und dabei mitzuhelfen, dass die kommenden Generationen am Erreichten anknüpfen und die Arbeit weiter voranbringen können; dies auch, weil kein Verlass darauf ist, dass die Politik vor Ort sich zu einem Motor dieser Veränderungen aufschwingen könnte. Um mit den Worten René Holensteins zu schliessen: «[...] Im rasanten Veränderungsprozess auf dem Balkan nach den Kriegen wären gesellschaftliches Engagement, sozialer Mut und Zivilcourage dringend notwendig, und es wäre die Aufgabe der politischen Elite, die geistigen Ressourcen des Landes zu entdecken und zu mobilisieren. Es gibt auf dem Balkan Tausende solcher [...] Stimmen von jungen Leuten, welche die Region vorwärts bringen könnten. Zusammen bilden Sie ein Potenzial geistiger und moralischer Ressourcen, um kreative Vorschläge und Lösungen für die Zukunft zu finden.»[329]

---

documentation, implemented by the Center for Democracy and Reconciliation in Southeast Europe CDRSEE, Thessaloniki 2005.

329 Holenstein: *Dieses Schicksal unterschreibe ich nicht*, S. 9.

6. Bibliografie

6.1. Quellen

Belgrade Circle, et al.: Declaration of the Obligation of the State of Serbia to Undertake all Measures aimed at Protecting the Rights of the Victims of War Crimes, particularly the Rights of the Victims of the Srebrenica Genocide, http://www.eurozine.com/articles/2005–07–08-belgrade-en.html (letzter Zugriff: 1.4.2013).

Ćirić, Sonja: Čin ljubavi i prijateljstva. Interview mit Borka Pavičević, Vreme Nr. 991–992, 29. Dezember 2009, http:/www.vreme.com/cms/view.php?id=905103 (letzter Zugriff: 26.2.2013).

Kaliterna, Tamara: Na patriote razbroj's, vom 24.12.2012, http://pescanik.net/2012/12/na-patriote-razbrojs/ (letzter Zugriff: 28.2.2013).

"The Statute Proposal" vom 26. März 2011 o. A., http://www.zarekom.org (letzter Zugriff: 27.3.2013).

UN-Report des damaligen UN-Generalsekretärs Boutros Boutros-Ghali: An Agenda for Peace, New York 1992, http://www.unrol.org/files/A_47_277.pdf (letzter Zugriff: 26.3.2013).

http://news.bbc.co.uk/2/hi/europe/1347218.stm, inkl. Fotoaufnahme von Ron Haviv (letzter Zugriff: 27.3.2013).

http://www.b92.net/eng/news/crimesarticle.php?yyyy=2008&mm=10&dd=22&nav_id=54410 (letzter Zugriff: 13.3.2013).

http://www.hartford-hwp.com/archives/62/063.html (letzter Zugriff: 30.3.2013).

http://www.canvasopedia.org/images/books/OTPOR-articles/Chronology-OTPOR.pdf (letzter Zugriff: 30.3.2013).

http://www.icty.org/x/cases/zeljko_raznjatovic/cis/en/cis_arkan_en.pdf (letzter Zugriff: 29.1.2013).

http://www.eurozine.com/articles/2005–07–08-belgrade-en.html (letzter Zugriff: 1.4.2013).

6.2. Literatur

Aleksov, Bojan: Resisting the Wars in the Former Yugoslavia: Towards an Autoethnography. In: *Resisting the Evil. (Post-)Yugoslav Anti-War Contention.* Ed. by Bojan Bilić and Vesna Janković (South-East European Integration Perspectives, Vol. 7). Baden-Baden 2012, S. 105–126.

Akkaya, Gülcan: *Nichtregierungsorganisationen als Akteure der Zivilgesellschaft.* Eine Fallstudie über die Nachkriegsgesellschaft im Kosovo. Wiesbaden 2012.

Bandović, Igor: The Role of Non-Governmental Organizations and their Impact on Good Governance in Serbia. In: *Civil Society and Good Governance in Societies in Transition.* Ed. by Wolfgang Benedek. Belgrade 2006, S. 185–208.

Batarilo, Katarina: Die Vermittlung politischer Kultur durch Schule am Beispiel Kroatiens und Bosnien-Herzegowinas – Chancen und Hindernisse. In: *Politische Kultur in (Südost-)Europa.* Charakteristika, Vermittlung, Wandel. Hg. von Sonja Schüler (Südosteuropa-Studien, Bd. 77). München, Berlin 2012, S. 107–118.

Bieber, Florian: *Nationalismus in Serbien vom Tode Titos bis zum Ende der Ära Milošević* (Wiener Osteuropa Studien, Bd. 18). Wien 2005.

Bieber, Florian: *Post-War Bosnia.* Ethnicity, Inequality and Public Sector. New York 2006.

Bieber, Florian: Die Grenzen des ICTY: Nach den Freisprüchen von Gotovina, Markač und Haradinaj; Beitrag zum Themenschwerpunkt «Die Urteile des ICTY zu Gotovina und Haradinaj und die Folgen». In: *Südosteuropa Mitteilungen*, 2 (2013), S. 31–84.

Bilić, Bojan: *We Were Gasping for Air*: (Post-)Yugoslav Anti-War Activism and its Legacy (Southeast European Integration Perspectives, Vol. 8). Baden-Baden 2012.

Bilić, Bojan; Janković, Vesna (Eds.): *Resisting the Evil: (Post-)Yugoslav Anti-War Contention* (Southeast European Integration Perspectives, Vol. 7). Baden-Baden 2012.

Bilić, Bojan: Islands of Print Media Resistance. In: *Resisting the Evil: (Post) Yugoslav Anti-War Contention* (Southeast European Integration Perspectives, Vol. 7). Baden-Baden 2012, S. 159–174.

Bläss-Rafajlovski, Petra: Versöhnung auf dem Balkan – rechtliche und politische Fragen/Reconciliation on the Balkans – Legal and Political Questions. Internationale Symposium, Berlin, 27.1.2012. In: *Südosteuropa Mitteilungen*, 3 (2012), S. 118–122.

Bleeker Massard, Mô: Introduction and Recommendations. In: *Dealing with the Past.* Critical Issues, Lessons Learned, and Challenges for Future Swiss Policy. Ed. by

Mô Bleeker Massard and Jonathan Sisson, KOFF-Series 2/2004 (swisspeace Working Papers). Bern 2004, S. 5–14.

Boeckh, Katrin: *Serbien, Montenegro. Geschichte und Gegenwart* (Ost- und Südosteuropa, Geschichte der Länder und Völker). Regensburg 2009.

Bollack, Eloïse: L'après-guerre: Quelles perspectives pour la jeunesse bosnienne? In: *L'ex-Yougoslavie dix ans après Dayton*. De nouveaux États entre déchirements communautaires et intégration européenne. Ed. par André-Louis Sanguin, Amaël Cattaruzza, Emmanuelle Chaveneau-Le Brun. Paris 2005, S. 48–58.

Bremer, Thomas; Popov, Nebojša, Stobbe, Heinz-Günther (Hg.): *Serbiens Weg in den Krieg*. Kollektive Erinnerung, nationale Formierung und ideologische Aufrüstung. Berlin 1998.

Brunnengräber, Achim; Klein, Ansgar; Walk, Heike (Hg.): *NGOs im Prozess der Globalisierung*. Mächtige Zwerge – umstrittene Riesen (Bundeszentrale für politische Bildung, Schriftenreihe, Bd. 400). Bonn 2005.

Calic, Marie-Janine: Der serbisch-kroatische Konflikt in Kroatien. In: *Der ruhelose Balkan*. Hg. von Michael Weithmann. München 1993, S. 108–148.

Calic, Marie-Janine: *Geschichte Jugoslawiens im 20. Jahrhundert* (Bundeszentrale für politische Bildung, Schriftenreihe, Bd. 1093). Bonn 2010.

Centar za nenasilnu akciju (Izd.): *20 poticaja za budjenje i promenu*. O izgradnji mira na prostoru bivše Jugoslavije [Zentrum für gewaltlose Aktion (Hg.): 20 Anregungen für Erweckung und Wandel. Von der Friedensförderung im Gebiet des ehemaligen Jugoslawien]. Beograd, Sarajevo 2007.

Collin, Matthew: *This is Serbia Calling*. Rock and Roll and Belgrade's Underground Resistance. London 2001.

Ćorović, Vladimir: *Istorija Srba* [Geschichte der Serben]. 2. Aufl. Beograd 1993.

Daniel, Ute: *Kompendium Kulturgeschichte*: Theorien, Praxis, Schlüsselwörter. 3. Aufl. Frankfurt am Main 2002.

Debiel, Tobias; Niemann, Holger; Schrader, Lutz: Zivile Konfliktbearbeitung. In: *Friedens- und Konfliktforschung*. Hg. von Peter Schlotter und Simone Wisotzki (AFK-Friedensschriften der Arbeitsgemeinschaft für Friedens- und Konfliktforschung, Bd. 35). Baden-Baden 2011, S. 312–342.

Dević, Ana: Anti-War Initiatives and the Un-Making of Civic Initiatives in the Former Yugoslav Republics. In: *Journal of Historical Sociology*, Vol. 10 (1997) Nr. 2, S. 127–156.

Dinges, Martin: Neue Kulturgeschichte. In: *Kompass der Geschichtswissenschaft*: Ein Handbuch. Hg. von Joachim Eibach und Günther Lottes. Göttingen 2002, S. 179–192.

Dragović-Soso, Jasna: Why did Yugoslavia Disintegrate? An Overview of Contending Explanations. In: *State Collapse in South-Eastern Europe*. New Perspectives on Yugoslavia's Disintegration. Ed. by Lenard J. Cohen and Jasna Dragović-Soso. West Lafayette, Indiana 2008, S. 1–39.

Dragović-Soso, Jasna: Conflict, Memory, Accountability: What does Coming to Term with the Past mean? In: *Conflict and Memory: Bridging Past and Future in (South East) Europe*. Ed. by Wolfgang Petritsch and Vedran Džihić (Southeast European Integration Perspectives, Vol. 3). Baden-Baden 2010, S. 29–46.

Dragović-Soso, Jasna; Gordy, Eric D.: Coming to Terms with the Past: Transitional justice and reconciliation in the post-Yugoslavlands. In: *New Perspectives on Yugoslavia*. Key Issues and Controversies. Ed. by Dejan Djokić, James Ker-Lindsay. London, New York 2011, S. 193–212.

Falina, Maria: Svetosavlje. A Case Study in the Nationalization of Religion. In: *Schweizerische Zeitschrift für Religions- und Kulturgeschichte*, Bd. 101 (2007), S. 505–527, http://ebookbrowse.com/falina-szrkg-101-pdf-d45962983 (letzter Zugriff: 23.2.2013).

Fischer, Martina (Ed.): *Ten Years after Dayton*. Peacebuilding and Civil Society in Bosnia-Herzegovina. Berlin 2006.

Fischer, Martina: Zivilgesellschaft und Friedenskonsolidierung. Erfahrungen in Bosnien-Herzegovina. In: *Die Friedenswarte, Journal of International Peace and Organization*, Bd. 85 (2010) Heft 4, S. 77–97.

Fischer, Martina: Struggling for Justice, Truth and Reconciliation in the Western Balkans. In: *Nach Krieg, Gewalt und Repression*. Vom schwierigen Umgang mit der Vergangenheit. Hg. von Susanne Buckley-Zistel, Thomas Kater (AFK-Friedensschriften, Bd. 36). Baden-Baden 2011, S. 59–79.

Fischer, Martina: Civil Society in Conflict Transformation – Ambivalence, Potentials and Challenges. In: *Berghof Handbook for Conflict Transformation*, http://www.berghof-handbook.net (letzter Zugriff: 29.12.2012).

Fischer, Martina: *Civil Society in Conflict Transformation*: Strenghts and Limitations. http://www.berghof-handbook.net/documents/publications/fischer_cso_handbookII.pdf (letzter Zugriff: 29.12.2012).

Fischer, Martina; Petrović-Ziemer, Ljubinka (Eds.): *Dealing with the Past in the Western Balkans*. Initiatives for Peacebuilding and Transitional Justice in Bosnia-Herzegovina, Serbia and Croatia. Berghof Report No. 18, Februar 2013, http://www.berghof-foundation.org/en/news/201/dwp-western-balkans (letzter Zugriff 5.3.2013).

Franović, Ivana: *Dealing with the Past in the Context of Ethnonationalism*. The Case of Bosnia-Herzegovina, Croatia and Serbia (Berghof Occasional Papers, Nr. 29). Berlin 2008.

Gagnon Jr., Valère Philip: International NGOs in Bosnia-Herzegovina: Attempting to Build Civil Society. In: Sarah E. Mendelson, Johan K. Glenn (Eds.): *The Power and Limits of NGOs*. A Critical Look at Building Democracy in Eastern Europe and Eurasia. New York 2002, S. 207–231.

Goldstein, Ivo: The Experience in Croatia (Public debates on the Past: The Experiences in the Western Balkans). In: *Lustration in the Western Balkans*. A project documentation, implemented by the Center for Democracy and Reconciliation in Southeast Europe CDRSEE. Ed. by Magarditsch Hatschikjan, Dušan Reljić, Nenad Šebek. Thessaloniki 2005, S. 99–101.

Goldstein, Slavko: Der Zweite Weltkrieg. In: *Der Jugoslawienkrieg*. Handbuch zu Vorgeschichte, Verlauf und Konsequenzen. Hg. von Dunja Melčić. Opladen, Wiesbaden 1999, S. 167–184.

Gordy, Eric D.: *The Culture of Power in Serbia*. Nationalism and the Destruction of Alternatives. Pennsylvania 1999.

Gordy, Eric D.: What does it mean tobreak with the past? In: *Facing the Past, Facing the Future*: Confronting Ethnicity and Conflict in Bosnia and Former Yugoslavia. Ed. by Florian Bieber and Carsten Wieland. Ravenna 2005, S. 85–101.

Gordy, Eric D.: *Guilt, Responsibility and Denial*: The Past at Stake in Post-Miloševic Serbia. Philadelphia 2012.

Hajdarpašić, Edin: "But my memory betrays me": National Master Narratives and the Ambiguities of History in Bosnia and Herzegovina. In: *Conflict and Memory: Bridging Past and Future in (South East) Europe*. Ed. by Wolfgang Petritsch and Vedran Džihić (Southeast European Integration Perspectives, Vol. 3). Baden-Baden 2010, S. 201–214.

Hatschikjan, Magarditsch; Reljić, Dušan; Šebek, Nenad (Eds.): *Disclosing hidden history: Lustration in the Western Balkans*. A project documentation, implemented by the Center for Democracy and Reconciliation in Southeast Europe CDRSEE. Thessaloniki 2005.

Haumann, Heiko; Schaffner, Martin: Überlegungen zur Arbeit mit dem Kulturbegriff in den Geschichtswissenschaften. In: *Uni nova*, 70 (1994), S. 18–21.

Haumann, Heiko; Mäder, Ueli: Erinnern und erzählen. Historisch-sozialwissenschaftliche Zugänge zu lebensgeschichtlichen Interviews. In: *Versorgt und vergessen*. Ehemalige Verdingkinder erzählen. Hg. von Marco Leuenberger und Loretta Seglias. Zürich 2008, S. 279–287.

Haumann, Heiko: *Konfliktforschung aus lebensweltlicher Perspektive.* Unveröffentlichtes Manuskript der Rede anlässlich der Festtagung zum 60. Geburtstag von Prof. Dr. Ueli Mäder, Basel, 18.5.2011.

Haumann, Heiko: Hermann Diamanski (1910–1976). *Überleben in der Katastrophe.* Eine deutsche Geschichte zwischen Auschwitz und Staatssicherheitsdienst. Köln, Wien, Weimar 2011.

Haumann, Heiko: Geschichte als Waffe. Über die Bedeutung einer Aufarbeitung der Vergangenheit Südosteuropas. In: ders.: *Lebenswelten und Geschichte.* Zur Theorie und Praxis der Forschung. Wien, Köln, Weimar 2012, S. 22–34.

Haumann, Heiko: Lebensweltlich orientierte Geschichtsschreibung in den jüdischen Studien. Das Basler Beispiel. In: ders.: *Lebenswelten und Geschichte.* Zur Theorie und Praxis der Forschung. Wien, Köln, Weimar 2012, S. 70–84.

Haumann, Heiko: Geschichte, Lebenswelt, Sinn. Über die Interpretation von Selbstzeugnissen. In: ders.: *Lebenswelten und Geschichte.* Zur Theorie und Praxis der Forschung. Wien, Köln, Weimar 2012, S. 85–95.

Haumann, Heiko: *Schicksale.* Menschen in der Geschichte. Ein Lesebuch. Wien, Köln, Weimar 2012.

Hayner, Pricilla: Responding to a Painful Past. In: *Dealing with the Past.* Critical Issues, Lessons Learned, and Challenges for Future Swiss Policy. Ed. by Mô Bleeker Massard and Jonathan Sisson, KOFF-Series 2/2004 (swisspeace Working Papers). Bern 2004, S. 45–51.

Hazan, Pierre: Measuring the impact of punishment and forgiveness: a framework for evaluating transitional justice. In: *International Review of the Red Cross*, Vol. 88 (March 2006), No. 861, S. 19–47.

Hildermeier, Manfred; Kocka, Jürgen; Conrad, Christoph (Hg.): *Europäische Zivilgesellschaft in Ost und West.* Begriff, Geschichte, Chancen. Frankfurt am Main 2000.

Höpken, Wolfgang (Hg.): *Öl ins Feuer?* Schulbücher, ethnische Stereotypen und Gewalt in Südosteuropa / Oil on Fire? Textbooks, Ethnic Stereotypes and Violence in South-Eastern Europe (Studien zur internationalen Schulbuchforschung, Bd. 89). Hannover 1996.

Höpken, Wolfgang: Stadt und Zivilgesellschaft in Südosteuropa: Anmerkungen aus historischer Perspektive. In: *Zivilgesellschaftliche Entwicklungen in Südosteuropa.* Hg. von Anton Sterbling (Südosteuropa-Jahrbuch, Bd. 36). München 2009, S. 111–156.

Höpken, Wolfgang: Gibt es eine «balkanische» politische Kultur? In: *Politische Kultur in (Südost-)Europa.* Charakteristika, Vermittlung, Wandel. Hg. von Sonja Schüler (Südosteuropa-Studien, Bd. 77). München, Berlin 2012, S. 23–43.

Holenstein, René: *Dieses Schicksal unterschreibe ich nicht.* Gespräche im Balkan. Zürich 2007.

Hren, Marko: The Slovenian Peace Movement: An Insider's Account. In: *Resisting the Evil. (Post-)Yugoslav Anti-War Contention.* Ed. by Bojan Bilić and Vesna Janković (South-East European Integration Perspectives, Vol. 7). Baden-Baden 2012, S. 63–82.

Janković, Vesna: Ask Questions, Speak Up, Disobey! In: *Peace News* (2003–2004), http://peacenews.info/node/3981/ask-questions-speak-disobey (letzter Zugriff: 20.3.2013).

Ilić, Saša: Dečko koji je voleo trendove [Der Kerl, der Trends liebte]. In: *Polit-Forum Peščanik*, 19.9.2012, http://pescanik.net/wp-content/uploads/2012/09/Ron-Haviv-Bijeljina-1992.jpg (letzter Zugriff: 24.12.2012).

Kandić, Nataša: Dealing with the Past – Step by Step. In: *Conflict and Memory: Bridging Past and Future in (South East) Europe.* Ed. by Wolfgang Petritsch and Vedran Džihić (Southeast European Integration Perspectives, Vol. 3). Baden-Baden 2010, S. 229–234.

Kleck, Monika: Working with Traumatised Women. In: *Ten Years after Dayton.* Peacebuilding and Civil Society in Bosnia-Herzegovina. Ed. by Martina Fischer. Berlin 2006, S. 343–355.

Kostovicova, Denisa: *Civil Society in the Western Balkans*: Vehicle for or Obstacle to Transitional Justice? In: *Conflict and Memory: Bridging Past and Future in (South East) Europe.* Ed. by Wolfgang Petritsch and Vedran Džihić (Southeast European Integration Perspectives, Vol. 3). Baden-Baden 2010, S. 287–293.

Koulouri, Christina: The Joint History Project Books: An Alternative to National History? In: *How to (Re)write European History?* History and Text Book Projects in Retrospect. Ed. by Oliver Rathkolb. Innsbruck 2010, S. 131–149.

Krasniqi, Gëzim: "For Democracy – Against Violence": A Kosovar Alternative. In: *Resisting the Evil. (Post-)Yugoslav Anti-War Contention.* Ed. by Bojan Bilić and Vesna Janković (South-East European Integration Perspectives, Vol. 7). Baden-Baden 2012, S. 83–103.

Kreis, Georg: *Etappen auf dem Weg der französisch-deutschen Verständigung bis 1963* – mit einem Ausblick auf die Zeit danach und einem Beitrag von Marie-Noëlle Brand Crémieux (Basler Schriften zur Europäischen Integration, 94). Basel 2011.

Kurtović, Larisa: The Paradoxes of Wartime "Freedom": Alternative Culture during the Siege of Sarajevo. In: *Resisting the Evil. (Post-)Yugoslav Anti-War Contention.* Ed. by Bojan Bilić and Vesna Janković (South-East European Integration Perspectives, Vol. 7). Baden-Baden 2012, S. 197–224.

Kušić, Siniša: *Zwischen Euphorie und Ernüchterung – Kroatien auf dem Weg in die EU* (Sozio-ökonomische Perspektiven in Südosteuropa, Bd. 1). Frankfurt am Main 2007.

Lovrenović, Ivan: *Bosnien und Herzegowina.* Eine Kulturgeschichte. Wien 1999.

Marcon, Giulio; Andreis, Sergio: Human rights, civil society and conflict in Bosnia-Herzegovina. In: *Civil Societies and the Politization of Human rights*. Ed. by Raffaele Marchetti und Nathalie Tocci. New York 2011, S. 123–138.

Miller, Nick: Intellectuals and Nationalism in Tito's Yugoslavia. In: *State Collapse in South-Eastern Europe*. New Perspectives on Yugoslavia's Disintegration. Ed. by Lenard J. Cohen and Jasna Dragović-Soso. West Lafayette, Indiana 2008, S. 179–200.

Mäder, Ueli: Unterwegs. In: *Vom Nutzen der Geschichte. Nachbardisziplinen im Umgang mit Geschichte*. Hg. von Claudia Opitz-Belakhal und Regina Wecker (Basler Beiträge zur Geschichtswissenschaft, Bd. 181). Basel 2009, S. 97–103.

Malcolm, Noel: Kosovo. A Short History. London 1998.

Melčić, Dunja (Hg.): *Der Jugoslawien-Krieg*. Handbuch zur Vorgeschichte, Verlauf und Konsequenzen. Opladen, Wiesbaden 1999.

Minkina-Milko, Tatiana: Teaching History for Reconciliation and Tolerance: Experience of the Council of Europe. In: *How to (Re)write European History?* History and Text Book Projects in Retrospect. Ed. by Oliver Rathkolb. Innsbruck 2010, S. 241–258.

Mladjenović, Lepa: Notes of a Feminist Lesbian in Anti-War Initiatives. In: *Resisting the Evil. (Post-)Yugoslav Anti-War Contention*. Ed. by Bojan Bilić and Vesna Janković (South-East European Integration Perspectives, Vol. 7). Baden-Baden 2012, S. 127–136.

Münkler, Herfried: *Die neuen Kriege* (Schriftenreihe der Bundeszentrale für politische Bildung, Bd. 387). Hamburg 2002.

Nietsch, Julia: Zivilgesellschaft in Kosovo und Bosnien-Herzegowina. In: *Zivilgesellschaftliche Entwicklung in Südosteuropa*. Hg. von Anton Sterbling (Südosteuropa-Jahrbuch, Bd. 36). München 2009, S. 239–251.

Pavlović, Srdja; Dragojević Milica: Peaceniks and Warmongers: Anti-War Activism in Montenegro, 1989–1995. In: *Resisting the Evil. (Post-)Yugoslav Anti-War Contention*. Ed. by Bojan Bilić and Vesna Janković (South-East European Integration Perspectives, Vol. 7). Baden-Baden 2012, S. 137–158.

Petritsch, Wolfgang; Džihić, Vedran: Confronting Conflicting Memories in (South East) Europe: An Introduction. In: *Conflict and Memory: Bridging Past and Future in (South East) Europe*. Ed. by Wolfgang Petritsch and Vedran Džihić (Southeast European Integration Perspectives, Vol. 3). Baden-Baden 2010, S. 15–27.

Pfaffenholz, Thania; Spurk, Christoph: *Civil Society, Civic Engagement, and Peacebuilding*. Social Development Papers – Conflict Prevention and Reconstruction, Paper No. 36, Washington D. C. 2006.

Pfaffenholz, Thania: *NROs als Friedensbringer*? Möglichkeiten und Grenzen. In: *Die Friedenswarte, Journal of International Peace and Organization*, Bd. 85 (2010) Heft 4, S. 11–27.

Popović, Tanja: *Die Mythologisierung des Alltags*. Kollektive Erinnerungen, Geschichtsbilder und Vergangenheitskultur in Serbien und Montenegro seit Mitte der 1990er Jahre (Basler Studien zur Kulturgeschichte Osteuropas, Bd. 5). Zürich 2003.

Puhovski, Žarko: Lessons from the Case of Croatia (Public debates on the Past: Effects on Democratic Structures). In: *Lustration in the Western Balkans*. A project documentation, implemented by the Center for Democracy and Reconciliation in Southeast Europe CDRSEE. Ed. by Magarditsch Hatschikjan, Dušan Reljić, Nenad Šebek. Thessaloniki 2005, S. 127–129.

Radić, Radmila: Die Kirche und die «serbische Frage». In: *Serbiens Weg in den Krieg*. Kollektive Erinnerungen, nationale Formierung und ideologische Aufrüstung. Hg. von Thomas Bremer, Nebojša Popov, Heinz-Günther Stobbe. Berlin 1998, S. 183–203.

Radonić, Ljiljana: *Krieg um die Erinnerung*: Kroatische Vergangenheitspolitik zwischen Revisionismus und europäischen Standards. Frankfurt am Main 2010.

Ramet, Sabrina Petra: Shake, Rattle and Self-Management: Making the Scene in Yugoslavia. In: *Rocking the State*. Rock Music and Politics in Eastern Europe and Russia. Hg. von Sabrina Petra Ramet. Boulder, San Francisco, Oxford 1994, S. 103–139.

Ramet, Sabrina Petra: *Die drei Jugoslawien*. Eine Geschichte der Staatsbildungen und ihrer Probleme. Hg. von Ulf Brunnbauer und Konrad Clewing (Südosteuropäische Arbeiten, Bd. 136). München 2011.

Richers, Julia: Zeiten des Umbruchs und der Liminalität. Lebenswelten Budapester Juden im Vormärz. In: *Konzeptionen des Jüdischen*. Kollektive Entwürfe im Wandel. Hg. von Petra Ernst und Gerald Lamprecht. Innsbruck, Wien, Bozen 2009, S. 106–131.

Riedel, Sabine: *Die Erfindung der Balkanvölker*. Identitätspolitik zwischen Konflikt und Integration. Wiesbaden 2005.

Ristić, Katarina: Silencing Justice: War Crime Trials and the Society in Former Yugoslavia. In: *Südosteuropa Mitteilungen*, 3 (2012), S. 32–42.

Rosenthal, Gabriele: *Erlebte und erzählte Lebensgeschichte: Gestalt und Struktur biographischer Selbstbeschreibung*. Frankfurt am Main, New York 1995.

Roth, Klaus: Zivilgesellschaft in Südosteuropa? Beobachtungen aus ethnologischer Sicht. In: *Zivilgesellschaftliche Entwicklungen in Südosteuropa*. Hg. von Anton Sterbling (Südosteuropa-Jahrbuch, Bd. 36). München 2009, S. 45–64.

Rüb, Friedbert W.: Von der zivilen zur unzivilen Gesellschaft: Das Beispiel Jugoslawien. In: *Systemwechsel 5*. Zivilgesellschaft und Transformation. Hg. von Wolfgang Merkel. Opladen 2000, S. 173–201.

Savić, Obrad: Parallele Welt. Die Belgrader NGO-Szene. In: *Verschwiegenes Serbien*. Stimmen für die Zukunft? Hg. von Irina Šlosar. Klagenfurt 1997, S. 41–54.

Sinanović, Ermin: Building Democracy Top-Down: The Role of International Factors in Promoting Civil Society and Democracy in Bosnia and Herzegovina. In: *Ownership Process in Bosnia and Herzegovina*. Contributions on the International Dimensions of Democratization in the Balkans. Ed. by Christophe Solioz and Svebor Dizdarević (Democracy, Security, Peace, Vol. 159). Baden-Baden 2003, S. 120–128.

Slapšak, Svetlana: Gibt es überhaupt serbische Alternativen? In: *Europa im Krieg*. Die Debatte über den Krieg im ehemaligen Jugoslawien. Frankfurt am Main 1992, S. 73–80.

Slapšak, Svetlana: Die Frauen und der Krieg im ehemaligen Jugoslawien. In: *Verschwiegenes Serbien*. Stimmen für die Zukunft? Hg. von Irina Šlosar. Klagenfurt 1997, S. 179–191.

Spaskovska, Ljubica: Landscapes of Resistance, Hope and Loss: Yugoslav Supra-Nationalism and Anti-Nationalism. In: *Resisting the Evil. (Post)Yugoslav Anti-War Contention*. Ed. by Bojan Bilić and Vesna Janković (South-East European Integration Perspectives, Vol. 7). Baden-Baden 2012, S. 37–61.

Spaskovska, Ljubica: Stairway to Hell: The Yugoslav Rock Scene and Youth during the Crisis Decade 1981–1991. In: *East Central Europe*, Vol. 38 (2011), No. 2–3, S. 355–372.

Steindorff, Ludwig: *Kroatien – Vom Mittelalter bis zur Gegenwart*. Regensburg 2001.

Sterbling, Anton (Hg.): *Zivilgesellschaftliche Entwicklungen in Südosteuropa*. 46. Internationale Hochschulwoche der Südosteuropa-Gesellschaft in Tutzing 8.–12.10.2007 (Südosteuropa Jahrbuch, Bd. 36). München 2009.

Stojanović, Dubravka: Der traumatische Kreis der serbischen Opposition. In: *Serbiens Weg in den Krieg*. Kollektive Erinnerungen, nationale Formierung und ideologische Aufrüstung. Hg. von Thomas Bremer, Nebojša Popov, Heinz-Günther Stobbe. Berlin 1998, S. 379–398.

Stojanović, Dubravka; Vučetić, Radina; Petrović Todosijević, Sanja; Manojlović Pintar, Olga; Radić, Radmila: *Novosti iz prošlosti*. Znanje, neznanje, upotreba i zloupotreba istorije [Neuigkeiten der Vergangenheit. Wissen, Unwissen, Gebrauch und

Missbrauch der Geschichte]. Hg. vom Belgrader Zentrum für Menschenrechte. Beograd 2010.

Stubbs, Paul: Civilno društvo ili ubleha? In: *20 poticaja za budjenje i promenu.* O izgradnji mira na prostoru bivše Jugoslavije. Centar za nenasilnu akciju (Izd.), [20 Anregungen für Erweckung und Wandel. Von der Friedensförderung im Gebiet des ehemaligen Jugoslawien. Hg. vom Zentrum für gewaltlose Aktion]. Beograd, Sarajevo 2007.

Subotić, Jelena: *Hijacked Justice – Dealing with the Past in the Balkans*. Ithaca, London 2009.

Sundhaussen, Holm: Eliten, Bürgertum, politische Klasse? Anmerkungen zu den Oberschichten in den Balkanländern des 19. und 20. Jahrhunderts. In: *Eliten in Südosteuropa.* Rolle, Kontinuitäten, Brüche in Geschichte und Gegenwart. Hg. von Wolfgang Höpken und Holm Sundhaussen (Südosteuropa-Jahrbuch, Bd. 29). München 1998, S. 5–30.

Sundhaussen, Holm: *Geschichte Serbiens 19.–21. Jahrhundert.* Wien, Köln, Weimar 2007.

Sundhaussen, Holm: Metakriege. Kriegserfahrung und Kriegsbewältigung im ehemaligen Jugoslawien. In: *Kulturelle Orientierungen und gesellschaftliche Ordnungsstrukturen in Südosteuropa.* Hg. von Joachim von Puttkamer und Gabriella Schubert (Forschungen zu Südosteuropa, Bd. 4). Wiesbaden 2010, S. 161–200.

Sundhaussen, Holm: *Jugoslawien und seine Nachfolgestaaten 1943–2011.* Eine ungewöhnliche Geschichte des Gewöhnlichen. Wien, Köln, Weimar 2012.

Šušak, Bojana: Die Alternative zum Krieg. In: *Serbiens Weg in den Krieg.* Kollektive Erinnerungen, nationale Formierung und ideologische Aufrüstung. Hg. von Thomas Bremer, Nebojša Popov, Heinz-Günther Stobbe. Berlin 1998, S. 399–417.

Thompson, Mark: *Forging War: The Media in Serbia, Croatia and Bosnia-Herzegovina.* Luton 1999.

Van de Kerhof, Stefanie: Historische Friedensforschung – eine Geschichte des Friedens? In: *Friedens- und Konfliktforschung.* Hg. von Peter Schlotter und Simone Wisotzki (AFK-Friedensschriften der Arbeitsgemeinschaft für Friedens- und Konfliktforschung, Bd. 35). Baden-Baden 2011, S. 381–49.

Van Meurs, Wim: Leitideen und Rahmenbedingungen zivilgesellschaftlicher Zivilgesellschaft – für, gegen oder ohne den Staat? In: *Zivilgesellschaftliche Entwicklungen in Südosteuropa.* Hg. von Anton Sterbling (Südosteuropa-Jahrbuch, Bd. 36). München 2009, S. 31–44.

Vidačak, Igor; Božić, Jasmina: *Civil Society and Good Governance in Societies in Transition*: The Case of Croatia. In: *Civil Society and Good Governance in Societies in Transition.* Ed. by Wolfgang Benedek. Belgrade 2006, S. 55–75.

Vodopivec, Peter: Slowenien. In: *Der Jugoslawien-Krieg*. Hg. von Dunja Melčic. Opladen, Wiesbaden 1999, S. 28–39.

Volčič, Zala; Planšak, Mojca: Radio Stations as Spaces for Political Alternatives during the Yugoslav Wars. In: *Resisting the Evil. (Post-)Yugoslav Anti-War Contention*. Ed. by Bojan Bilić and Vesna Janković (South-East European Integration Perspectives, Vol. 7). Baden-Baden 2012, S. 175–196.

Zakošek, Nenad: Elitenwandel in Kroatien 1989–1995. In: *Eliten in Südosteuropa*. Rolle, Kontinuitäten, Brüche in Geschichte und Gegenwart. Hg. von Wolfgang Höpken und Holm Sundhaussen (Südosteuropa-Jahrbuch, Bd. 29). München 1998, S. 279–287.

Zirojević, Olga: Das Amselfeld im kollektiven Gedächtnis. In: *Serbiens Weg in den Krieg*. Kollektive Erinnerungen, nationale Formierung und ideologische Aufrüstung. Hg. von Thomas Bremer, Nebojša Popov, Heinz-Günther Stobbe. Berlin 1998, S. 45–61.

Živanović, Miroslav: Civil Society in Bosnia and Herzegovina: Lost in Transition. In: *Civil Society and Good Governance in Societies in Transition*. Ed. by Wolfgang Benedek. Belgrade 2006, S. 23–53.

Zupan, Natascha: Facing the Past and Transitional Justice in Countries of Former Yugoslavia. In: *Ten Years after Dayton*. Peacebuilding and Civil Society in Bosnia-Herzegovina. Ed. By Martina Fischer. Berlin 2006, S. 327–342.

6.3. Working Papers

Dealing with the Past in Peace Mediation. In: *Peace Mediation Essentials*. Ed. by the Mediation Support Project (swisspeace/ETHZürich CCS) in consultation with the Mediation Support Unit (United Nations Department of Political Affairs). Bern 2009.

Swisspeace: A Conceptional Framework for Dealing with the Past. Holism in Principle and Practice. Dealing with the Past Background Paper. Bern 2012, http://www.swisspeace.ch/topics/dealing-with-the-past.html (letzter Zugriff: 6.1.2013).

UNDP: Voice and Accountability for Human Development: A UNDP for Global Strategy to Strengthen Civil Society and Civic Engagement, http://www.undp.org/content/undp/en/home/librarypage/operations/donors_partners/civil_society/voice_and_accountabilityforhumandevelopment/ (letzter Zugriff: 5.1.2013).

6.4. Websites

http://antiratnakampanja.info (letzter Zugriff: 28.3.2013)
http://www.belgradepride.info/index.php/en/history (letzter Zugriff: 25.3.2013)
http://www.centar-za-mir.hr (letzter Zugriff: 3.3.2013)
http://www.cms.hr (letzter Zugriff: 3.3.2013)
http://www.czkd.org (letzter Zugriff: 25.12.2012)
http://www.czzzr.hr (letzter Zugriff: 23.3.2013)
http://www.documenta.hr (letzter Zugriff: 12.3.3013)
http://www.dverisrpske.com (letzter Zugriff: 10.1.2013)
http://www.exitfest.org/en (letzter Zugriff: 12.12.2012)
http://www.hrw.org (letzter Zugriff: 28.12.2012)
http://www.ictj.com (letzter Zugriff: 1.2.2013)
http://www.krug99.ba (letzter Zugriff: 28.1.2013)
http://www.medicamondiale.org (letzter Zugriff: 3.4.2013)
http://www.mirovna-akademija.org (letzter Zugriff: 12.3.2013)
http://www.mirovni-institut.si (letzter Zugriff: 12.3.2013)
http://www.obraz.rs/ (letzter Zugriff: 5.1.2013)
http://www.pescanik.net/wp-content/uploads/2012/09/Ron-Haviv-Bijeljina-1992.jpg (letzter Zugriff: 24.12.2012).
http://www.snp1389.rs (letzter Zugriff: 2.1.2013)
http://www.zarekom.org (letzter Zugriff: 30.3.2013)
http://www.zeneucrnom.org (letzter Zugriff: 23.3.2013)